# 法華經講義

——第十五輯

——平實導師 述

ISBN 978-986-9497-07-7

執著離念靈知心爲實相心而不肯捨棄者，即是畏懼解脫境界者，即是畏懼無我境界者，即是凡夫之人。謂離念靈知心正是意識心故，若離**俱有依**（意根、法塵、五色根），即不能現起故；若離**因緣**（如來藏所執持之覺知心種子），即不能現起故；復於眠熟位、滅盡定位、無想定位（含無想天中）、正死位、悶絕位等五位中，必定斷滅故。夜夜眠熟斷滅已，必須依於**因緣**、**俱有依**緣等法，方能再於次晨重新現起故；夜夜斷滅後，已無離念靈知心存在，成爲無法，無法則不能再自己現起故；由是故言**離念靈知心是緣起法**、**是生滅法**。不能現觀離念靈知心是緣起法者，即是未斷我見之凡夫；不願斷除**離念靈知心常住不壞之見解**者，即是恐懼解脫無我境界者，當知即是凡夫。

——平實導師——

一切誤計**意識心為常**者，皆是佛門中之常見外道，皆是凡夫之屬。意識心境界，依層次高低，可略分爲十：一、處於欲界中，常與五欲相觸之離念靈知；二、未到初禪地之未到地定中，暗無覺知而不與欲界五塵相觸之離念靈知，常處於不明白一切境界之暗昧狀態中之離念靈知；三、住於初禪等至定境中，不與香塵、味塵相觸之離念靈知；四、住於二禪等至定境中，不與五塵相觸之離念靈知；五、住於三禪等至定境中，不與五塵相觸之離念靈知；六、住於四禪等至定境中，不與五塵相觸之離念靈知；七、住於空無邊處等至定境中，不與五塵相觸之離念靈知；八、住於識無邊處等至定境中，不與五塵相觸之離念靈知；九、住於無所有處等至定境中，不與五塵相觸之離念靈知；十、住於非想非非想處等至定境中，不與五塵相觸之離念靈知。如是十種境界相中之覺知心，皆是意識心，計此爲常者，皆屬常見外道所知所見，名爲佛門中之常見外道，不因出家、在家而有不同。

——**平實導師**——

如《解深密經》、《楞伽經》等聖教所言，成佛之道以親證阿賴耶識心體（如來藏）爲因，《華嚴經》亦說**證得阿賴耶識者獲得本覺智**，則可證實：證得阿賴耶識者方是大乘宗門之開悟者，方是大乘佛菩提之眞見道者。經中、論中又說：證得阿賴耶識而轉依**識上所顯真實性**、**如如性**，能安忍而不退失者即是**證真如**、即是大乘賢聖，在二乘法解脫道中至少爲初果聖人。由此聖教，當知親證阿賴耶識而確認不疑時即是開悟眞見道也；除此以外，別無大乘宗門之眞見道。若別以他法作爲大乘見道者，或堅執**離念靈知**亦是實相心者（堅持意識覺知心離念時亦可作爲明心見道者），則成爲實相般若之見道內涵有多種，則成爲實相有多種，則違實相絕待之聖教也！故知宗門之悟唯有一種：親證第八識如來藏而轉依如來藏所顯眞如性，除此別無悟處。此理正眞，放諸往世、後世亦皆準，無人能否定之，則堅持離念靈知意識心是眞心者，其言誠屬妄語也。

——**平實導師**——

# 目次

第九輯：



第十輯：



第十一輯：



第十二輯：

**第十八輯：**



**第十九輯：**



**第二十輯：**



**第二十一輯：**

# 自序

大乘佛法勝妙極勝妙，深奧極深奧，廣人極廣大，富麗極富麗，謂此唯一佛乘妙法，意識思惟研究之所不解，非意識境界故，佛說為不可思議之大乘解脫境界，名為大乘菩提一切種智，函蓋大圓鏡智、成所作智、妙觀察智、平等性智；然而此等極勝妙乃至極富麗之佛果境界，要從因地之大乘眞見道始證，次第進修方得。然大乘見道依序有三個層次：眞見道、相見道、通達位。眞見道者位在第七住；相見道位始從第七住位之住心開始，終於第十迴向位滿心；通達位則是圓滿相見道位智慧與福德後，進修大乘慧解脫果，再依十無盡願的增上意樂而圓滿，名為初地入地心菩薩。眾生對佛、法、僧等三寶修習信心，十信位滿心後進入初住位中，始修菩薩六度萬行，皆屬外門六度之行；逮至開悟明心證眞如時，方入眞見道位中；次第進修相見道位諸法以後，直到通達而得入地時，歷時一大阿僧祇劫，故說大乘見道之難，難可思議。

大乘眞見道之實證，即是證得第八識如來藏，能現觀其眞實而如如之自性，名為證眞如；此際始生根本無分別智，同時證得本來自性清淨涅槃。乃至證悟般若不退而繼續進修之第七住位始住菩薩，轉入相見道位中，歷經第一大阿僧祇劫中三十分之二十有四的長劫修行，同時觀行三界萬法悉由此如來藏之妙眞如性所生所顯，證實《華嚴經》所說「三界唯心、萬法唯識」正理；如是進修眞如後得無分別智，終能具足現觀非安立諦三品心而至十迴向位滿心，方始具足眞如後得無分別智，相見道位功德至此圓滿，然猶未入地。

此時思求入地而欲進階於大乘見道之通達位中，仍必須進修大乘四聖諦，現觀四諦十六品心及九品心後，要有本已修得之初禪或二禪定力作支持，方得相應於慧解脫果；或於此安立諦具足觀行之後發起初禪為驗，證實已經成就慧解脫果；此時已能取證有餘、無餘涅槃，方得與初地心相應，而猶未名初地。而後再依十大願起惑潤生，發起繼續受生於人間自度度他之無盡願，不畏後世長劫生死眾苦，於此十大無盡願生起增上意樂而得入地，方得名為大乘見道之通達位，眞入初地之入地心中，完成大乘見道位所應有之一切修證。此時已通達大乘見道位應證之眞如全部內涵，圓滿大乘見道通達位應有之無生法忍智慧，及慧解脫果與增上意樂，方證通達位之無生法忍果，方得名為始入初地心之菩薩。

然而觀乎如是大乘見道之初證眞如，發起眞如根本無分別智，得入第七住位，成爲眞見道菩薩摩訶薩；隨後轉入相見道位中繼續現觀眞如，實證非安立諦三品心而歷經十住、十行、十迴向位之長劫修行，具足眞如後得無分別智，生起初地無生法忍之初分，配合解脫果、廣大福德、增上意樂，名爲通達見道位眞如而得入地。如是諸多位階所證眞如，莫非第八識如來藏之眞實與如如二種自性，同屬證眞如者。依如是正理，故說未證眞如者，皆非大乘見道之人；證眞如者謂現觀如來藏運行中所顯示之眞實與如如自性故，實相般若智慧依如來藏之眞如法性建立故，萬法悉依如來藏之妙眞如性而生而顯故，本來自性清淨涅槃亦依如來藏之眞如法性建立故。

如是證眞如事，於眞藏傳佛教覺囊巴被達賴五世藉政治勢力消滅以後，由於時局紛亂不宜弘法故，善知識不得出世弘法，三百年間已經不行於人世。及至時局昇平人民安樂之現代，方又重新出現人間，得以繼續利樂有緣學人。然而，縱使末法時世受學此法而有實證之人，欲求入地實亦匪易，蓋因眞見道之證眞如已經極難親證，後再論及相見道位非安立諦三品心之久劫修行，而能一一教授弟子四眾者，更無其類；何況入地前所作加行之教授，而得具足實證大乘四聖諦等安立諦十六品心、九品心者？眞可謂：「善知識者出興世難，至其所難，得值遇難，得見知難，得親近難，得共住難，得其意難，得隨順難。」如是八難，具載於《華嚴經》中；徵之於末法時世之現代佛教，可謂誠言，眞實不虛。

縱使親值如是善知識已，長時一心受學之後，是否即得圓滿非安立諦三品心及安立諦十六品心、九品心而得入地？觀乎平實二十餘年度人所見，誠屬難事；殆因大乘見道實相智慧極難實證，何況通達？復因大乘慧解脫果並非隱居深山自修而可得者，如是證明初始見道證眞如已屬極難，更何況入地進修之後，所應親證之初地滿心猶如鏡像現觀，解脫於三界六塵之繫縛；二地滿心猶如光影之現觀，能依己意自定時程及範圍而轉變自己之內相分，令習氣種子隨於自己施設之進程而分分斷除；三地滿心前之無生法忍智慧，能轉變他人之內相分；以及滿心位之猶如谷響現觀，能觀見自己之意生身分處他方世界廣度眾生，而使無生法忍及福德更快速增長。至於四地心後之諸種現觀境界，更難令三賢位菩薩了知，何況末證謂證、末悟言悟之假名善知識，連第七住菩薩眞見道所證眞如都只能想像者？

雖然如此，縱使已得入地，而欲了知佛地究竟解脫、究竟智慧境界，亦仍無法望其項背，實因初地菩薩於諸如來不可思議解脫及智慧仍無能力臆測故。縱使已至第三大阿僧祇劫之修行——已得八地初心者，亦無法全部了知諸佛的境界，則無法了知佛法之全貌，如是而欲了知十方三世諸佛世界之關聯者，即無其分。以是緣故，世尊欲令佛了四眾如實了知三世佛教之亙古久遠、未來無盡，以及十方虛空諸佛世界等佛教之廣袤無垠；亦欲令弟子眾了知世間萬法、出世間法及實相般若、一切種智無生法忍等智慧，悉皆歸於第八識如來藏妙眞如性者，則必於最後演述《妙法蓮華經》而圓滿一代時教；是故 世尊最後演述《法華經》時，一仍舊貫而如《金剛經》稱此第八識心爲「此經」，冀諸佛子醒悟此理而捨世間心、聲聞心，願意求證眞如之理，久後終能確實進入絕妙難思之大乘法中。斯則 世尊顧念吾人之大慈大悲所行，非諸凡愚之所能知。

然而法末之世，竟有身披大乘法衣之凡夫亦兼愚人，隨諸日本歐美專作學問之學者謬言，提倡六識論之邪見，以雷同常見、斷見外道之邪見主張，公開否定大乘諸經，謂非佛說，公然反佛聖教而宣稱「**大乘非佛說**」。甚且公然否定最原始結集之四大部阿含諸經中之聖教，妄判為六識論之解脫道經典，公然貶抑四阿含諸經中之八識論正教，令同於常見外道之六識論邪見；全違 世尊依八識論而解說聲聞解脫道之本意，亦令聲聞解脫道同於斷見、常見外道所說之解脫，則無餘涅槃之境界即成為斷滅空而無人能知、無人能證。如是住如來家，著如來衣，食如來食，藉其弘揚如來法之表相，極力推廣相似像法而取代聲聞解脫道正法，最後終究不免推翻如來正法；如斯之輩至今依然寄身佛門破壞佛法，而佛教界諸方大師仍多心存鄉愿，不願面對如是破壞佛教正法之嚴重事實，仍多託詞高唱和諧，而欲繼續與諸多破壞佛教正法者**和平共存**，以互相標榜而**維護名聞利養**。吾人若繼續坐令如是現象存在，則中國佛教復興，以及中國佛教文化之推廣，勢必阻力重重，難以達成；眼見如是怪象，平實不得不詳解《法華經》之眞實義，冀能藉此而挽狂瀾於萬一。

如今承蒙會中多位同修共同努力整理，已得成書，總有二十五輯，詳述《法華經》中 世尊宣示之眞實義，因名《法華經講義》，梓行於世，冀求廣大佛門四眾捐棄邪見，回歸大乘絕妙而廣大無垠之正法妙理，努力求證，共為復興中國佛教文化、抵禦外國宗教文化之侵略而努力，則佛門四眾今世、後世幸甚，中國夢在文化層面即得實現。乃至繼續推廣弘傳數十年後，終能使中國成爲全球最高階層文化人士的歸依聖地、精神祖國；流風所及，百年之後遍於歐美社會各層面中廣爲弘傳，則中國不唯民富國強，更是全球唯一的文化大國。如是復興中國佛教文化之舉，盼能獲得廣大佛弟子四眾之普遍認同，乃至廣有眾人付諸實證終得廣爲弘傳，廣利人天，其樂何如。今以分輯梓行流通在即，因述如斯感慨及眞實義如上，即以爲序。

佛子 **平實** 謹序

公元二〇一五年初春 謹誌於竹桂山居

第十五輯：

# 《妙法蓮華經》

## 〈從地踴出品〉第十五（上承第十四輯〈從地踴出品〉未完內容）

所以說，很多事情要如實瞭解並不容易；但是今天諸位要瞭解，正因爲是五濁惡世，所以我們要在這裡修行；也正因爲我們福德不夠，越發要在五濁惡世修行來度別人——自度也度他人。如果你的福德夠多了，就可以跟他們在娑婆世界下方虛空中住，去學更深的法；因爲福德不夠，所以我們就留在人間繼續努力。至於該怎麼樣成爲他們那個境界呢？就是先要作到前面兩句「不樂在人眾，常好在禪定」；就是心性該怎麼樣去轉變：「我要把所有的時間，除了生活中謀生上面必須使用的時間以外，全部用來修集福德，幫助我成就菩提道。」能夠這樣作的時候，福德夠了，你的心性就跟他們一樣啦：

「不樂在人眾，常好在禪定。」（編案：此段文字爲上一輯最後一段，重列於此，使前後段內容聯貫一氣。）

接著說下面這兩句：「爲求佛道故，於下空中住。」這樣是不是有衝突？沒有衝突。因爲前面這兩句是講他們的心性，也在講他們的證量；後面這兩句，是說他們爲什麼在娑婆世界下方的虛空中住。也就是說，在娑婆世界下方虛空中，那一些帶領大家進修的菩薩摩訶薩等人，他們的證量不是八地就是九地，不是九地就是十地。這是當然的，三地滿心以上的菩薩繼續留在人間，他們能跟誰學法？是人間的眾生要跟他們學，不是他們跟別人學，所以沒有人可以利益他們啊！那他若是想要再提昇，或是想要快速提昇無生法忍，當然就要跟隨八地、九地、十地的菩薩修學；可是那些菩薩通常不在人間，所以他們就跟著那些菩薩摩訶薩們在娑婆世界下方的虛空中安住，跟隨他們修學。所以說這些菩薩們，至少得要三地滿心。

「常好在禪定」，這禪定到底是在講什麼？因爲他們已經證得無生法忍，世尊已經講過，大家都熟知了，可是這裡特地要指出來說「常好在禪定」，是什麼原因？如果沒有原因就不必特地指出來啊！因爲像這樣的菩薩既然

**「忍辱心決定」**，法忍已經有了，還要有具足的禪定證量及五神通，才可以到那裡去，否則你想去，都沒門。那麼禪定是通外道法的，菩薩所修得的禪定雖然跟外道相通，可是功德就大大不同，就是因爲有「無生法忍」，所以使得禪定的功德增益了。因此，外道不敢想像同樣的四禪八定在菩薩身上到底威力如何？

那麼這就要先談到禪定了，可別以爲說：**「佛法修的只是智慧，跟禪定無關吧？爲什麼要講禪定？」**有人也許會這樣想。其實不然，如果時節因緣到了，你也得修禪定啊！不能偏廢的。那麼我們就來說一說，禪定的修行大略上來講，究竟是要怎麼修？因爲關於修學禪定的境界與法門，三、四十年來在佛教界已經是錯得一塌糊塗，不是只有離譜而已。禪定無非就是指四禪八定，就是初禪、二禪、三禪、四禪加上四空定，也就是空無邊、識無邊、無所有、非想非非想處。這個禪定的修行先要去修證未到地定，因爲每一個禪定，前面都有一個中間禪，就稱爲「未到地定」。地，就是「境界」的意思，未到地就是未到達那個境界的定。比如初禪前的未到地定或者二禪前的未到地定，乃至四禪前的未到地定，都是未到地定。可是無色界相應的四空定的定境之前，就沒有未到地定了。

那麼我們就來談談，末法時代有很多人，宣稱說他們已經開悟般若證得三果、四果。在正覺同修會出現之前，所謂修學佛法的證果，竟然都是聲聞果，都是初果到四果；打從我們開始弘法以後，才提出菩薩修行的五十二個階位，原來他們錯把聲聞果當作佛菩提果，也將佛法修證內容貶低爲離念靈知意識境界。這還不打緊，荒唐的是他們把聲聞果的修證內容還弄錯了，那我們暫且不談它。當他們宣稱證得阿羅漢果、三果的時候，他們爲何沒有那個本質？是因爲他們對於證果的內涵不瞭解。所以當我們《阿含正義》寫好印出來說，證得三果的人一定要有初禪；若沒有初禪，就不可能是證三果的人。我們還怕他們沒注意到，特地用顏楷粗體字寫在那一章那一節的最前面：**有證得初禪的凡夫，沒有不證初禪的三果人或阿羅漢**。因爲到末法時代，這已經沒有人知道了。

當我們提出這個說法之後，漸漸沒有人敢自稱是阿羅漢或三果了，因爲他們知道自己沒有初禪，還沒有離開欲界愛。我們《阿含正義》印出去以後，有人開始在宣稱有初禪的證量，他的目的是在告訴大家什麼意思？說他至少是三果人啦！但初禪是怎麼回事？既然他自稱證得初禪了，總得爲大家講一講吧？就算沒有親自體驗或者有體驗而沒有具足，至少也該依文解義爲大家講一講吧？可也從來沒聽他講過啊！這就表示他對禪定也是不懂的，就是沒有實證而只是想像。而不懂的情況最嚴重的是藏傳的假佛教，所以我們必須要把這個禪定的修證原理講出來；方法就先不談，等將來正覺寺建好了，那時再找時間來說。

禪定的實證，得要先修得深厚的未到地定；修得未到地定之後，才能修得初禪。那麼未到地定要怎麼修？當然得要用方法。這方法有的人是從九想的「不淨觀」來除掉煩惱，因爲他貪欲特重；有的人是因爲他的瞋心很重，必須要修「慈心觀」，煩惱就不會再生起，心就容易得定；有的人心中很掉散，他的攀緣非常重，妄想一大堆，心定不下來，就叫他修「數息觀」；那有的人是愚癡，放不下煩惱，就叫他修「因緣觀」來對治煩惱；我們會裡則是運用「念佛觀」。就是用對治的方法，把他的煩惱先給對治下來，雖然沒有斷三縛結，但至少先對治下來，心可以定下來了。心定下來之後，接著就是繼續保持不攀緣的狀態，讓他的意識覺知心住於一個不搖動的境界之中，也就是住於離念靈知的境界裡面，就是修定。所以那些所謂證得離念靈知就是開悟的人，其實是「以定為禪」，錯將禪定當作是禪宗的禪！這樣修行久了以後，每天靜坐，讓心保持不動、不起語言文字妄想；用不同的對治方法，看自己需要哪一種方法，就選用可以對治的方法來對治，讓自己制心一境而不移動，不再生起語言文字妄想。時間漸漸久了以後，就會進入未到地定中，也就是一念不生的境界，不斷地繼續安住。

接著就是談到會有一些變化了：有的人因為往世的善根，所以他在修未到地定的過程中——未到地定還沒發起之前，他會先產生一個「欲界定」。當他有了欲界定的時候，就會開始喜歡打坐了，他每次一坐下來都不必用力，身體就很安定地坐住了。以前都要用腰力保持住，當他欲界定發起的時候就不必用力了；即使坐時彎腰駝背都沒關係，反正他就自然地安住了。那欲界定發起，也不能空口白話，得要有那個實質啊！也就是說，當他欲界定發起的時候，他突然間會感覺到，身體表皮好像被一層薄薄的膜包住了，好像什麼膜呢？譬如龍眼、荔枝，一般人都是一捏、破成兩半，撕開了就吃；會看到果皮內層亮亮的、光光滑滑的；可是有人剝的時候是一小片、一小片剝，只剝除粗厚的外皮，裡面一層很薄的皮還在，好像膜一樣包住果肉。

那個膜其實都還算粗糙，但就像是那樣子，如同有那種膜包住你的身體而不會動搖。那層膜，你一旦把它撕破，荔枝的甜汁就會爆出來；你若不把它撕破，整顆就蠻紮實的，這表示那一層細皮是可以鞏固那個荔枝的果肉。欲界定發起的時候就像這樣，好像有一層薄膜把你很穩定地鞏固著，你根本就不會搖動。這時你不會生起粗的有語言的妄念，這就是欲界定的發起啊！這表示說，你死後一定有資格往生欲界天啦！因爲你的善根足夠，你的福德足夠了，才會發起欲界定；那你將來就可以往生到欲界六天去了，都不必求爹爹、告奶奶，更不必去一貫道搞什麼天堂掛號。你自己已經在天堂掛號了，不必靠別人。一貫道說要幫你掛，其實也上不去，得靠你自己的善業才能上去。這就是欲界定啊！

那接著繼續修，過個幾天，也許一、兩個月，那個狀況會消失，不要去執著它。消失以後就開始把那些感覺排除掉，只是一念不生地安住下去，安住到最後也忘了自己一念不生，也忘了自己存在，然後漸漸的外面聲音沒聽到了；等你聽到聲音的時候，可能是一個鐘頭、兩個鐘頭出定以後的事了。

你還坐在那裡，突然聽到聲音了，然後知道說：「啊！原來我剛才在定中。」因爲在定中你不會生起一個念頭說：「我現在是住在未到地定裡面。」這才是「未到地定」的實證。

像這樣的未到地定就算是很深厚了。如果你打坐的時候，眼睛是半閉的，留著三分眼看著地上，當你沒有聽到聲音的時候，就同時沒有看見地上；可是如果你「知道」自己沒有看見地上的時候，表示你已經又有看見了。當你「知道」你沒有聽到聲音的時候，你一定已經重新聽到聲音了。你住在那個當下是不知道的，那才是深未到地定。淺的未到地定至少也要一念不生半個小時、一個小時，都不生起語言文字，那才叫作未到地定。你們無相念佛功夫好的人，那就是動中的未到地定：還不是很深啦！算是一般性的動中未到地定，有一般的功夫了。如果無相念佛功夫很深，坐久了你就會離開五塵，就是深未到地定。而這個只是未到地定，還不能稱爲二禪，因爲還沒有初禪善根發，哪來的二禪？

這樣子終於有「未到地定」了，憑著這個未到地定的功夫，然後一心想要努力精進提昇道業，在人間或者欲界天的五欲已經不想要了，不是只有你意識覺知心不想要，是你意根眞的也不想要了。不管是欲界天的五欲或者人間五欲都不想要了，然後已經心得決定了，這種決定力產生了，再過一段時間初禪就會自動發起；如果沒有把欲界愛—財色名食睡—捨棄，或者身口捨棄了，但心中未得決定，意根層面還有愛樂，那你每天在那邊坐等初禪也是等不到的。所以修初禪不是在練腿功、練心功一念不生，而是要先把欲界定修成之後，接著要在境界上離開欲界愛，進入深的未到地定中；如此深心離開了欲界愛之後，以深未到地定爲依憑，初禪就會自動發起。你不必運用什麼功夫去幫助它，而是它自動會發起。

那麼發起的時節是有種種的不同：也許你正在慢慢地走路，也許你正在切菜，用心在定上面；也許正在讀書或者正在蹲馬桶，都不一定；也許你剛好閒著沒事坐在椅子上繼續保持你的定心，然後它就突然發起了。但初禪的善根發有兩種：一種是一般人運運而動的善根發；第二種是大梵天王都一定會經歷的，就是剎那間「遍身發」。那麼第一種運運而動的善根發又分爲兩種，其中一種是由上而發，從頭部漸漸往下遍滿全身；另外一種是由下而發，漸漸往上。那麼，由下而發是從會陰開始產生了一種樂觸，你心中都沒有淫欲之念，可是那個樂觸就在那裡產生了。你是離欲了，但它在那裡產生了，有一種緩慢蠕動的感覺，伴隨樂觸；隨著蠕動的範圍漸漸往上升，有一點水平的模樣漸漸往上升，最後會到頭頂，那就遍身都有樂觸，但是心中沒有欲望——特別是對男女之間的細滑觸。

這一種由下而發的善根發，大部分只要有繼續在離欲上面用心，有繼續在未到地定上面用心，這一種善根發漸漸會圓滿具足；可能要兩個月，可能要半年，有人得要一年、兩年不等，最後會全身都具足。另外一種是由上而發，是從頭頂百會穴開始產生，它會漸漸地蠕動往下發展，大致也是水平式的往下；可是這一種善根發大部分都會退失，很難得有人能夠遍身具足，所以「由上而發者多退，由下而發者多進」。

那麼第二種善根發是剎那間遍身發。也就是說他也許正在打坐，也許正在吃飯，也許正在作一件什麼單純的事，突然間全身皮膚好像通電的感覺；就好像遇到靜電一樣，但靜電沒有那麼強，它那個比靜電還要強；那陣感覺才只有一、兩秒鐘就過去了，接著是從頭頂到腳底每一個毛孔都有樂觸；那時會附帶著天眼，因爲這時是你的色界天身發起了，所以在那個當下你同時會有色界天的眼根功能，你可以看見自己身體裡面，也可以看見身體外面的境界。那你看見自己身體裡面的時候看不見什麼東西，只看見身體裡面是空的，沒有五臟六腑，可是卻空而不空，因爲裡面「如雲如霧」。

你如果在濃霧裡面，比起這時所見的初禪天身中，所看見的霧還太稀薄，不夠濃；可是比起大晴天很高的白雲，那又太濃。就介於霧跟那個白雲的中間，把它們混合一下，那個濃度就恰恰好，當時你會看見身體裡面如雲如霧。智顗法師寫的論裡面說，初禪遍身發是看見身體裡「如雲如影」，我說他講的不對，是如霧，因爲沒有影啊！哪來的影？那時是天眼同時存在的，根本沒有影可說啊！所以看見身體裡面是如雲如霧。當下每一個毛細孔都有樂觸，爲什麼會有樂觸？當時你會好奇，會再觀察：原來身體裡面的那些如雲如霧，好像很濃的霧氣一樣，可是你沒有感覺到它有水分，就好像你在霧裡面沒有感覺到它是水一樣。那些如雲似霧的空氣在每一個毛細孔進進出出，這時你的每一個毛細孔就都有樂觸——每一個毛細孔都覺得快樂；也許這時你就不想作事了，坐下來繼續向內觀察，閉起眼睛來看看身體裡面到底是怎麼回事；這時也許正好有人來跟你講話，你恐怕那個境界會消失掉，所以你就保持著、很溫柔的慢慢地跟人家應答，然後你會發覺它不會消失，這就是初禪善根發的遍身發時的狀況。

然後不管你住在初禪境界裡面多久，也許你在裡面住個半天，也許住個一小時不等，然後你離開了初禪的等至位，這個善根發的狀況就消失了；消失了就沒有全身的樂觸了，然後只剩下在哪裡有樂觸？在胸腔，以後就遍滿整個胸腔都開始有快樂了。諸位大概很難想像為什麼胸腔裡會有快樂，但事實就是這樣啊！好！不管是運運而動、最後遍滿全身的初禪善根發，或者剎那間遍身發而滿全身的善根發，最後胸腔裡都會有這個樂觸。但這個樂觸是你想要有的時候它才會有，你如果不想要有，它就不會有；就是由你一個念頭決定有或無，都沒有語言文字，你決定要，它就有了。那你想要的時候只要心裡面一提就有了。我說是覺知心一提就有，不是用心臟提；你若是不想要那個樂觸，把那個作意丟掉它就消失了。這是第一個階段的初禪樂。繼續進修之後，會開始有八種觸覺：涼、暖、輕、滑、癢（編案：猗）……等，總共有八種，因為當年的體驗已經很久了，我現在已經忘了一些（編案：請詳《釋禪波羅蜜次第法門》卷五）。當這八種觸覺出現時，一樣會伴隨著快樂；有時你會覺得身體非常輕，可是正輕時身體好舒暢，全身都快樂；有時你覺得溫暖，然而你全身都快樂；有時覺得癢，有時候覺得涼，都是伴隨著快樂的。

那麼「猗」，七覺支中不是有個「猗覺分」嗎？動物旁加上個奇怪的奇——猗覺分。猗覺分是指什麼？就是初禪的證量。那為什麼初禪的證量要用這個猗？有兩個意涵：一個意涵是說，因為這一個猗的現象出現時，它往往是從會陰先出現的；出現時你是離欲的，但是就會在那個器官有興奮的現象出現，然而你是離欲的，由於這個緣故就稱之為「猗」。還有另一個緣故，是因為這個猗的現象出現的時候，你胸腔的快樂會增長。那胸腔的快樂怎麼說明呢？這胸腔的快樂也要用猗來表示，就有點像什麼呢？比如有一條下坡的馬路很平坦、很寬廣、有點陡，路上都沒有人，也沒有坑洞或障礙物，你騎著單車快速往下溜……胸腔覺得好像沒有重量，然後產生一個快樂的、有點類似癢癢的感覺，有沒有？騎過腳踏車下坡時就知道了，怎麼還不懂？（大眾笑……）類似那樣，是類似啦！但不完全相同。當你不斷用四十幾公里、五十公里的速度一直往下騎，很安全又都沒有掛慮，就覺得好舒暢，有沒有！胸腔有一種稍微癢癢的感覺，初禪善根發以後的胸腔快樂就類似這樣。只能說類似，因為世間沒有什麼可以跟它等視齊觀，這樣說明比較相近。

這是第二個階段樂觸的存在。你也可以說有一點癢癢的，所以它就叫作猗覺分，七覺支中的猗覺分就是指這個。所以諸阿羅漢們，或是諸三果人托缽回來以後，以什麼來自己娛樂呢？就是以初禪來自己娛樂。如果沒有說法、聞法的時間，就這樣子，整個下午、整個晚上就這樣度過，所以它就叫作猗覺分，這就是三十七道品裡面的一種。所以，如果有人認為說：「他們出家人好可憐：人家居士有夫妻之樂，他們都沒有，眞的好可憐。」但他們不可憐，他們有猗覺分，你還不一定能得到咧！他們是清淨的快樂啊，這是初禪第一個階段。

當前八種現象出現之後，你要轉進到二禪裡面去，那時你就必須要捨棄這八種樂觸及平常在胸腔裡的樂觸。可是捨了以後，繼續修未到地定時並不是馬上可以得到二禪，因為你初禪的階段還沒走完。這初禪的樂觸階段一捨了以後，接著你就不想要那個快樂，就捨掉了；你繼續修你的未到地定，想要去證得二禪；當你繼續修、不要初禪樂觸了，它漸漸消失了，這時你不必擔心未來還會不會有這個樂觸；過了一段時間，你的初禪又更增長了，它又會出現了——那個猗覺分又在胸腔出現了。但這回出現之後可就和以前不同了，這回不管你要不要它，這個樂觸一直都在。在第一個階段，得要你心裡提一下——起一個作意：我要享受這個快樂。因爲現在閒著沒事想要享受一下，於是就出現了。可是到第二個階段時，你心裡面不管是要或不要、提或不提，它就是有快樂在。但這次的快樂比前次微弱，可是比較細膩；前次那個樂觸比較粗糙，這次比較細膩，而且它永遠存在。

這個階段就跟以前不一樣了，你如果專心在作事時，或者像我以前說法時，當我專心說法的時候，講得越專心時定力就會越強，然後那個快樂就會變得很強烈；可是我的支氣管不好，於是就會開始咳嗽，我得要喘個氣、動一動把定力散掉一些，然後我重新繼續說法。現在已經沒有那個現象了，因爲已過那個階段了。那麼那個階段的猗覺分是時時刻刻都在的，只有一種狀態不在，就是你睡著了，因爲這境界是跟意識相應的。四禪八定的境界都是跟意識相應的，不像是如來藏，如來藏不跟這些相應。那麼意識都跟這些相應，所以四禪八定不論修得怎麼好，全都是意識境界，不要騙人說他開悟了。

那麼這第二階段的猗覺分出現時，接著還會一再度去體驗那八種變化的現象；就是在粗糙的階段體驗過的癢、涼、輕、滑、暖……等，只是比上一回微細而勝妙一些。

當這些你都體驗過了，然後你不想要了，因爲覺得住在這個境界裡面享受快樂，雖然是三十七道品的猗覺分，但是如果要繼續往上進修，不論是要證俱解脫，或者是要證得三地的境界，這境界也得要捨掉呀！因爲你必須要去證二禪，轉進二禪中。那麼證二禪，當年在經論中沒有讀過二禪是怎麼證的；以前我要證這個二禪的時候，花了好多心思去尋找、整理、思惟，很久都找不到答案，就不知道該怎麼修證。最後好像是在《佛本行集經》還是《大智度論》中（忘了是哪一本經論），好像是找到了幾個字，確定了我思惟出來的結果是正確的——「**住一識處**」。就只有這四個字確定下來，我才知道應該是住在只剩下一個識的處所——住一識處。那意思就是說，你得要把識陰中的前五識全部滅掉，只剩下意識一個識，然後你住在意識自己一個識的境界裡面，不再跟前五識相應了，前五識都停止而不再對五塵有所覺知了。

思惟清楚了，在那個時候我終於知道說：原來就是要重新進入未到地定，要離開初禪。因爲你想要進入二禪時，就得進入二禪前的未到地定啊！

那麼爲什麼叫未到地定？譬如說，初禪前的未到地定，是因爲它未到初禪地，所以稱爲未到地定。那麼二禪前的未到地定也是一樣，就是未到二禪地。當你超過了欲界，欲界六天的境界已經超過了，已經住在初禪天的境界中了，那你從初禪天想要到達二禪天時，要先把初禪天的境界捨掉；可是這時還沒有到達二禪天，在這中間的境界就叫作未到地定。所以你如果得到初禪之前的未到地定，沒有發起初禪時，你還到不了初禪天，還在欲界天與初禪天的中間，那麼這時捨報生天時會生到哪裡去？會落到欲界天裡面去。欲界的最高天界是他化自在天，有祖師又稱之爲魔天，就去當天魔的眷屬。所以得到初禪前的未到地定的人，千萬別希求未到地定的果實，也就是不要希求那個果報，因爲一定會生到他化自在天。往生去那裡只是在享受福德而已，別人變化的各種物品就拿來自己用——他人所化而你都能自在使用；這其實是在享用別人的變化功德啊！化樂天好不容易辛辛苦苦作意變化出來的，結果他化自在天人隨意拿來用，這叫作「他化自在天」。得到深厚未到地定的人就是這個果實，結果是到不了初禪天，就落到下一天——欲界的他化自在天。那對自己不好，損福德呀！因爲把別人變化的東西拿來用，那不是在損害福德嗎？所以不要貪求未到地定的果報，要趕快修到初禪。

那麼因爲未到初禪地，所以叫作未到地定；同樣的道理，捨離初禪之後要到二禪這中間，還沒有到達二禪的時候，這個中間定就是二禪前的未到地定；因爲未到二禪地，當然要稱爲未到地定。一直到四禪爲止，都有未到地定；四禪前有未到地定、三禪前也有未到地定，因爲未到三禪地、未到四禪地。那麼你想要進入二禪，得要先把初禪第二個階段的樂觸捨棄，一點都不要留戀，就起作意——捨棄、捨棄、捨棄。有時你一天就可以捨棄，有的人也許要捨一個月才能捨掉，因爲他想要捨又捨不得，就會拖很久，我當年是一、兩天就捨掉了。

然後繼續修二禪前的未到地定，這一關就難過了；因爲要進入二禪等至位中眞的很難，這時對煩惱的降伏要更徹底，簡簡單單並非貪欲的煩惱也得捨。例如有時記掛起某人：「不曉得他現在的道業怎麼樣了？不知他的功夫作得怎麼樣了？」然後又想起誰來：「也許明年他可以眼見佛性了吧？」淨想這些事情而不能進入二禪中，很冤枉欸！都不是想自己的事情，都想別人的事情，這樣也沒有辦法證得二禪啊！就是要全部放下。而那一些所想的事情都不是有語言文字出現，都只是一個念頭掛在心中，也就是你們所知道的看話頭境界。

即使已經進入二禪了，但就像看話頭那樣突然間生起一念來，然後你就不能住在二禪中了。所以剛開始修證二禪時很難，那個未到地定必須要比初禪前的強很多，於是時間修久了才能夠發起二禪或久住二禪。但是在這段修學過程中很辛苦，因爲度眾生的煩惱一直在你心中；你已經到了初禪，不會再想什麼世間法，那些財色名食睡等五欲的事，你絕對不會想；你會想的就是正法的將來、同修們的道業，只會想到這些。可是你在未到地定中很努力、很努力，最後才終於剛剛離開五塵時，突然間一個念頭生起來，雖然都沒有語言文字，你就又離開了定境，於是五塵又具足了。

剛開始第一次是怎麼樣呢？第一次是好不容易坐到剛好離開五塵，自己發覺到了，這一發覺到了心中好歡喜；才剛剛一歡喜，就完了！（大眾笑…）第一次都是這樣啦！不管誰修得二禪，第一次永遠都是如此；因爲拼鬥了好久才終於離開五塵，所以心裡面很歡喜，但因爲很歡喜就離開二禪等至了。然後又要拼很久，也許要拼到明天，也許要後天才能重新再進去。就是這樣子修啊！這時最討厭人家來干擾，如果這時有誰打電話來，一定氣死了，因爲電話鈴聲一響，你就出定了，馬上又退回初禪去了，沒辦法繼續在二禪等至位中安住。

如果有一隻狗突然叫了一聲，你又出定了，退回初禪去了，沒辦法，只好又重新在未到地定裡面努力去修。就是要這樣持續修持，修到很習慣，才能在二禪中久住。這比初禪難修，可是這個修成以後心中非常歡喜，出定以後就覺得：我終於可以證得二禪，終於能在二禪中平等安住了，這時心中是非常歡喜的。當然不會表現在外，外人所看到的只是他作事情很安詳，不疾不徐，但是你看不到他的喜悅，因爲他與定相應。二禪的定是很強烈的，因爲二禪偏定。就這樣子，繼續一天又一天、一天又一天這樣子去安住。

但是我不建議諸位這樣修，因爲如果你這樣修二禪，那就走上我當年的老路，那你修二禪時會修得很苦、很累。後來因爲我也沒有時間可以打坐了，自從咱們買了台北九樓這個講堂以後，我就沒時間打坐了，因爲那時大家就一直湧進正覺來，我就沒時間打坐了。剛裝修九樓講堂時，我是每週都要來三、四天，在這裡大大小小工作我都與大家一起做的。我每週至少要來四天，包括當時這邊的漏水，請專家來，卻說不保證一定不漏水，我說：「不保證，那還行？」我一定要專家保證不漏水，不然我這個地板就完蛋了。所以我自己設法把它解決，你看現在幾年了，十年了也沒有漏過水啊。我比那個防漏的師傅還行，雖然我是土法煉鋼就解決了，所以我們這邊櫃子的地板下面是有文章的，那是我自己想出來的方法，土法煉鋼把漏水解決掉，也不必請人來抓漏。

那時沒有來這裡工作的其他時間就是要上課，所以打從那時就開始了苦命的時代，就沒有時間可以打坐了。從此沒有自己的時間了，接著又寫書，一本又一本印出來，也就忘記了繼續修定。後來有一次，好像是三歸依或是傳戒法會時，中午休息時間我在十樓小參室坐下來，又開始打坐了，因爲沒有什麼事情可以讓我作，就算想要幫著大家作，人家也會趕我：「這事情您不能作，您是法主。」好！我就打坐。坐著坐著，不知不覺入定了。當時也不知道自己入定，推廣組長進來，大概是時間到了就進來呼喚：「老師啊！」沒反應，又叫了一聲：「老師啊！」也沒反應，好像叫了第三聲吧，我才聽到，因爲她可能叫得大聲了，也許那時候有點不耐煩了：「爲什麼不理我？」

我終於聽到了，然後就把事情處理處理，後來我突然想起來問：「妳剛才是叫我幾聲？」她說：「三聲。」但我只聽到一聲。可是並不是睡著，因爲若是睡著了被叫起來，就會這樣子（導師作個睡醒的表情）。

然後我才發覺說：啊！修二禪應該這樣修！這是我事後檢討的結果，二禪應該要這樣修：把更細的煩惱除掉。你只要煩惱除掉，事來則應、無事不預；有事來了就處理，沒事情就不需要去構思說你要作什麼，當個無事人。當你心中沒有煩惱的時候，你在椅子上隨便一坐也不會起妄想，那你在蒲團一上座，當然更不會有妄想啊！這樣修二禪不就很好修嗎？爲什麼在很多煩惱的時候，一個又一個跑出來時跟它對抗？都不需要嘛！所以荒廢了六、七年沒有打坐了，結果並沒有失掉。原因在哪裡呢？在於斷煩惱，這才是最重要的。因此，以後你們如果要修二禪時，不必提前去修；就只要努力爲正法去作事，爲眾生努力去作事，把自己放下，沒有煩惱了，然後終於有空了，那時你要修二禪就容易了。藉著眾生的磨練去消除煩惱，煩惱修除了，你要修二禪就容易修。

那麼這樣子，二禪得了以後會有什麼現象？二禪的境界——心喜勇動；

心裡非常歡喜，所以會忘了一個現象：其實胸腔裡面還是有樂觸，只是變得更微細，如果你不仔細觀察就會忘了它的存在。其實還是有，不是沒有，但是它變得更微細。由於上座時終於可以離開五塵，所以心中很歡喜就忘了這件事。所以二禪主要就是在心的歡喜上面：終於實證了。二禪之後，總不能繼續原地踏步吧，原地踏步只能有一段時間，就是怎麼樣把二禪的定力更鞏固，使定境更深厚，要把它鞏固下來，把它具足圓滿；具足圓滿之後，接著你要修三禪了，那你就要把自己的歡喜捨掉，然後就進入三禪前的未到地定——依舊是未到地定。

在三禪前的未到地定中，是什麼境界都沒有，要把二禪的境界捨棄，住在未到地定中，長時間繼續安住，讓定力增長。但這時所需要增長的定力就不像要進入二禪前那麼強烈奮鬥了，這時再增加的定力大概就是二禪前那個未到地定的一半，這時所需要增加的定力不是很多，所以得二禪後只要你的福德夠，只要你的時間夠，接著想要修三禪就比二禪容易。因此，接著就是轉入三禪前的未到地定中，在那裡面長時間安住；當這個未到地定繼續增長，降伏的煩惱也越多，更微細的念也不會再生起了；也就是你對二禪的境界根本就沒有執著了，然後有一天，自然而然就發起了三禪。當三禪發起的時候，你身中的快樂都回來了，胸腔裡那個快樂又回來了；可是回來之前的善根發，又類似初禪刹那間遍身發的那個善根發，又會出現一次。那，如果是運運而動的人，就不會有這個現象，只是胸腔的快樂又回來了，這時三禪地的身樂，也會兼有二禪地的心中歡喜；因爲這時定力更深厚，境界更微細，你知道這時的定樂是三界中再也找不到的了，因爲這時是身心俱樂。

初禪之中，心有苦；因爲覺得要離開所剩下的三塵很困難；在剛入座的時候是五塵具足的，在等持位中還有五塵，進入等至位中則還有三塵，你想要離開它們很難。初禪是身樂，可是心中有苦——當你想要進得二禪就會有苦。到了二禪時心中很歡喜，可是身樂很微細，不容易覺察；可是當三禪發生的時候，身樂又變得很強，然後心中又很歡喜：超越二禪地，終於到了三禪地了，這時知道死後一定可以往生三禪天。當然目的不是爲了生三禪天，而是爲了完成道業。譬如想要完成解脫道的俱解脫道業，這時知道又完成一個階段了；或者想要滿足三地心時，知道這時又完成一個階段。這時身心俱樂，這是三界中最大的快樂。當三界中最大的快樂證得了以後，還是得要繼續保持，否則你還是會退失的；因此還是得要每天打坐，沒打坐時，每天在斷除更微細的煩惱上面用心，這就是三禪的快樂。那如果接著想要證得第四禪的快樂，那就甭想了，因爲四禪境界中沒有快樂。可是要修第四禪，就要等下週再來聽了。

上週講到一百四十三頁第一行「常好在禪定」。「禪定」，今天要從第四禪開始講起。菩薩在三地心的後期，證得第三禪之後，接著還要進修第四禪。爲什麼菩薩也要修證世間禪定？因爲世間禪定雖然是共於外道，是世間定，可是菩薩將來是要成佛的，現在因地菩薩位中也是要攝受眾生的；如果菩薩自己在世間禪定中的證量都比眾生差，又如何能攝受眾生？而且世間禪定的具足，也是無生法忍中應該具備的修證，也可以藉四禪八定的具足來生起五神通，再藉無生法忍來深觀三界的法界相，所以菩薩也得要修證四禪八定，那就看應該在什麼時候修證。

那麼在佛菩提道的修學次第中，這是放在三地即將滿心前的階段，才需要具足修證四禪八定。另外一個原因是菩薩將來成佛時，也是要憑藉第四禪的定力來成佛；將來示現入涅槃的時候，也是要在第四禪中來示現入涅槃，所以得要修證第四禪。第三個原因是在三地後的實證，雖然都是無生法忍，卻要依第四禪的定力作基礎才能完成，所以菩薩在三地滿心前，也得要證得第四禪，還得要修四空定、五神通，才能發起三昧樂意生身，否則無法圓滿三地心，進不了第四地。

那麼回到上一次講經的禪定脈絡，繼續來談四禪八定。第四禪跟第三禪究竟有什麼差別？在三禪中有身體上的快樂，也就是胸腔快樂的樂觸，同時也有在二禪中離諸五塵干擾的心境歡喜，所以「三禪有」是身心俱樂。但是在菩薩道的修證過程中，要超越世間禪定的境界，所以對三禪的身心俱樂境界，也是應當要捨棄的。雖然如此，這個身心俱樂卻是清淨之樂，屬於梵行；所以有時在阿含部的經中記載著，阿羅漢們托缽回來以後，經行完了就以禪悅自娛。當年的佛弟子，很多、很多人都是有快樂的，因為以三禪為樂；至少也有初禪樂，作為他們的娛樂，所以他們不是全然無娛樂；但這種娛樂是斷離了欲界法而產生的色界天樂，這就是當年三果人、四果人都有的娛樂。

那我為什麼說是「很多人」？因為諸位看到的往往只是一千二百五十位大阿羅漢，可是這一些大阿羅漢們座下，都會有一個、二個、五個、十個，乃至二十個、三十個弟子也是阿羅漢，所以我才說「很多的佛弟子們，都有禪悅的娛樂」。那麼，在佛道的修學過程中，你要繼續往前進，必須要超越三禪的境界，表示你不受三禪的境界所繫縛，那就要往第四禪去修證。在修證的過程中就是要把身心二樂都給捨了，捨了三禪中的身心俱樂時，若是捨得了，微細念也努力在清淨了，就會進入四禪前的未到地定中。在未到地定裡面什麼都沒有，就只是覺知心一念不生清淨地安住；這樣子住久了，對於三禪天的境界愛已經降伏了，把三禪天的境界都捨清淨了，微細念也就跟著清淨了，這時已經具足超越三禪天的境界了，就可以進入四禪天。這時眞是捨到很清淨了，無語言文字之念也清淨而無所念了，漸漸就轉入第四禪。

在剛剛轉入第四禪前的未到地定中，剛開始還是有呼吸、還是有心跳；當這個未到地定漸漸深入以後，心跳越來越慢、呼吸越來越慢，最後全部停止了；息脈俱斷猶如死人一樣，既沒有心跳也沒有呼吸。當這個現象出現之後，表示四禪越來越近了，這時心不驚慌，繼續深入這個未到地定中，最後就會自然進入第四禪中。也就是說，在息脈俱停的情況可以保持很久以後，喜愛遠離三禪的境界了，就會進入第四禪中。進入第四禪的時候，他的「念」

心所已經究竟清淨了，他的「捨」心所也是究竟清淨了；因爲三界中最難捨的是三界中的至樂——三禪之樂，而他已經能捨，所以其他的色界愛也就能捨，這時就稱它爲「捨清淨」，是說捨心已經夠清淨了。

那麼我們前面有講過，進入二禪時如果有一個念頭出現，你知道那個念頭是什麼意思，雖然那個念頭都沒有語言文字；但這一個念頭出現時，你就離開了二禪等至位。所以，雖然已有無相念佛的功夫，有看話頭的功夫，也有思惟觀的功夫，這時全都沒有用；只要那種念頭一動，就離開了二禪等至位。這表示什麼？表示對一般學佛人來講，那已經是很難想像的念頭了。對你們來講，那種念頭並不難想像，因爲你們會無相念佛、會看話頭，就知道那是什麼樣的念頭。可是，即使是他們所難以想像的無語言文字的念頭，在覺知心中一閃而過，就已經回到初禪等至位去了，已經離開二禪了。

然而這樣更微細的念一樣要捨，不但要捨，還要捨離更微細的清淨念。換句話說，當你住在第四禪中，假使你的心突然動了，那你知道心動了，就立刻離開第四禪等至位，呼吸、心跳接著全都回來了。至於那個心動是爲什麼心動？它的內涵，你自己完全無所知，只知道心動了。不是心臟動喔！而是覺知心動了，這是很微細的念，究竟其中有什麼意思，你根本就不知道。在三禪之中也常常會有一種念出現，那個念是什麼意思，你也不知道；可是那個念一出現，你就離開了三禪等至位了，就立刻退回二禪去了。可是，在四禪中根本不是那種念，就只是覺知心動了一下，然後心跳就開始回復了；那時你如果沒有很好的定力，就無法馬上回到第四禪等至位中；所以心臟跳了一下以後，也許兩秒鐘、三秒鐘、四秒鐘後又跳了一下，然後你就離開四禪了，呼吸就跟著生起來，已經退到三禪中了。

這意思是說，在第四禪之中，連這種心動的現象都不許有；這就表示你把念心所已經修到非常清淨，連這一種不知道是什麼意思，甚至於也不叫作是念頭，只是心動了一下而已，然後就會離開第四禪；連這種念都不存在了，這表示在第四禪之中，對於念是已經清淨了，對於應捨的煩惱也已經是捨乾淨了，所以叫作「捨、念清淨定」。捨與念合起來說，叫作「捨念清淨定」。

在我們弘法早期，由於很早就講過《童蒙止觀》，也就是佛門中很多人所聽過的《小止觀》；那是智顗法師寫的，全名叫作《修習止觀坐禪法要》。那是我出來說法的早期，應該是我出來說法的五、六年時就講過了（編案：

當時還沒有正覺同修會)。當時我就把禪定如何修證，以及初禪發起的內容給說清楚了；有的同修說：「這個太好了。」他們就主動去製作錄音帶。我記得一套好像是六十幾卷，有藍色的硬皮盒子，總共三大盒裝了起來，那時CD光碟片還不流行。外面的道場也有人聽到了風聲，來向同修們借去聽；他們聽了以後評論說：「我們修的禪定比你們更高，你們講的才只得初禪而已；我們是從第四禪先修證的，然後再往下一一來證，最後才證初禪。」

我一聽就說：「那叫作不懂禪定的凡夫，而且是愚癡人。」因爲禪定的實證是有次第性的，沒有未到地定不能得初禪，沒有初禪不能得二禪，沒有三禪就不能得四禪，他們都沒有得前面的未到地定、初禪、二禪、三禪，說他們直接就證第四禪，看是很神啦！所以他們講話的時候是很神氣的。好吧！我就說：「你下回要是再見了他們，再問他們：『你們證得第四禪，呼吸還有沒有？心臟還跳不跳？』他們一定聽不懂，你就告訴他們：『第四禪中息脈俱斷，你們的呼吸、心跳還在不在？』」那位同修去問了以後，結果就再也沒消息了。爲什麼呢？因爲他們錯把住在欲界五塵中的一念不生，當作是第四禪的「捨、念清淨定」。

他們誤以爲坐到覺知心中沒有生起語言文字的妄想時，就是捨念清淨定，就是第四禪。那麼你們以爲只有一般的小法師這樣誤會嗎？不然！這種誤會是很平常的，還有誤會得更嚴重的。例如大約二十年前（編案：這是二〇一一年十一月說的），美國卡普勒禪師來到台灣，想要尋找「禪的根」；因爲那時候流行的是美國黑人回去非洲尋根，所以他想：「**我學的是中國禪，日本的那一套並不是禪的根本。**」那時大陸也還沒有開放，當然也不能去，他只能來台灣尋找「禪的根」。結果他找來找去，找上了誰？放著實證中國禪的土城老和尚不去找，他去找聖嚴法師、南懷瑾，再加上一個耕雲居士。

但這些人全都沒有禪宗的證量，也沒有禪定的證量。且不說他們沒有初禪，連未到地定都沒有。他們錯將禪定當作禪宗的禪，這且放著不說；他去拜訪了南懷瑾老師尋根，然而南老師有一本書很有名，流通很廣的《如何修證佛法》，他在第一章第一節裡面就談到無想定了。無想定比四禪的境界還高，因爲無想定是要經過四禪的實證以後才能證得的。然而南老師說：什麼叫作無想定？當你打坐，坐到沒有語言文字妄想的時候，就是無想定。哎喲！我得要唸兩句：「阿彌陀佛！阿彌陀佛！」這眞是錯得離譜欸！

很早期以前，我應邀去信義路說法，到他創建的「十方禪林」去演講，才會有《禪淨圓融》那本書整理出來印行。那麼講完以後，他們有一本雜誌叫作「十方」，就開始連載了；連載完第一期，那時南老師住在香港，有個香港的信徒看到了，就拿了那一期雜誌趕快跟他報告：「老師！老師！我們這一期連載的第一篇，內容眞是太好了！」他一看，作者是蕭平實，就問：「這是何許人？」於是打電話回來台灣問主編：「第二期的連載排版了沒？」「排了！」「撤掉！」於是就撤掉了！所以《十方月刊》只「連」載了《禪淨圓融》的第一篇。這是一段以前我跟他有關的事情。但是隨著我們的書漸漸流通更多以後，他當然也會去讀一讀，會去比對一下經論，當然最後也會自我檢討，因爲南老師並不是一個沒有基本佛法知見的人。

我記得好像是前年吧，在他的官網上面貼了一篇文章，大意是說：我南老師講的並不是佛法，不管我講的是不是佛教的經典，我講的不是眞正的佛法；如果有人要把我所講的當作是佛法，那是他們自己的事，跟我無關。這意思是什麼？表示他有良心啊！他的意思是表明說：我說的不是佛法，只是佛學；你們若是要把它當作佛法，那是你們自己的事；以前你們不知道，可能我有過失。我現在告訴你們了，你們若是還要再當作是佛法，那就是你們自己的事，跟我無關。那他就不必再背負妄說佛法的因果了。這表示他是有良心、懂因果律的人。雖然沒有很清楚地說明他沒有開悟，這樣應該也算是向大眾聲明自己沒有開悟的事實，我們寧可隨喜。

那麼，我舉出這個例子來，是在告訴大家什麼道理？我的意思是說，禪定在現在的台灣或大陸佛教界，乃至於南洋，都是沒有人實證的。以前退轉的最後那一批人，他們曾經在同修會裡面放話說：「我們正覺同修會修禪不修定，」說正覺都只修般若智慧而不修禪定，「所以我去法鼓山學禪定。」他們就去法鼓山設在安和路的安和分院學禪定。我聽了覺得很好笑，因爲我在增上班的課程或是講經的時候就講過了：「他們堂頭和尚連禪宗的話頭都看不見，當然更沒有證得初禪，你去那邊學什麼禪定？我們同修會中是有禪也有定，我們是一開始就講了禪定。那你去法鼓山，他們堂頭和尚以及下面的法師們都沒有證得禪定，你能學到什麼禪定？」

我們正覺現在不教禪定，是因爲我判斷會出問題。我要等大家悟了以後，好好磨練心性，爲正法、爲眾生作事，磨到性障低了，那時我再來教禪定，就不會出問題。否則我要一天到晚跟在你們後面，等著幫你們善後，那可就麻煩了，我沒那麼多時間可以用在這上面。我弘法早期是教禪也教定的呀！可是有人很喜歡定境，就因此出問題了。他老兄計程車開著，不論去到哪裡，若是沒有載到客人的時候，他就在車裡打坐；貪愛定境，不愛智慧。有一次在保安宮這邊，看到對向車道的客人招手，他迴轉過來時，一眼看到保安宮那邊有個東西；是什麼東西就別說它，反正不是人類就對了；然後載了客人，去到一個地方；那客人下了車，他回來時經過墳墓邊，心想「這邊最清靜」，於是在車子裡盤起腿來，又開始打坐，然後就出了問題了。

出了問題，他被家人送到農禪寺去，因爲以前他是在農禪寺往來的。我們以前在三個地方說法，學人的來處各不相同，他是從農禪寺過來的。他的家人就把他送到農禪寺去，他一個人個子小小的，卻是四個壯漢也拉不住；沒想到他出問題的時候蠻力很大，把人家的門窗都給踹壞了，四個漢子拉不住他。後來聖嚴法師交代說：「把他送去榮民總醫院。」就強送過去。後來聽說他住進榮總去了，我想：「師兄弟一場。」那時他們不稱我爲老師，大家都稱我蕭師兄；我就去看望他，我記得好像是長青樓（編案：那是多年前的醫療分配，現在在隔壁已經另有一棟專收精神病患的大樓。）的第四或是第五樓，那一層樓收的全都是精神病患。

那時我進去看望時，裡面也有台北市長候選人，也有……反正是什麼樣的人都有；精神病患住進去以後，都是會被打很強的鎮靜劑。那位台北市長候選人，一天到晚都來看他，要爲他說法；他不想聽，也聽不進去，因爲對方根本是什麼也不懂。然後我去探望時，那個市長候選人見了我就一直跟前、跟後，反正就是不離開我；我走到哪裡，他跟到哪裡，一直叫著：「師父！師父！」認我作師父了。說了話，繼續又呼喚說：「師父！如何、如何……」，叫得可親了。但我沒時間理會那位市長候選人，直接爲開計程車的師兄說法開示：在如來藏的境界中是沒有任何六塵的，你所住的眼前這些境界都在六塵中，都不曾離我所。我就這樣把五陰十八界，從頭爲他開示；最後爲他講如來藏的境界，離一切法，才是解脫，才是菩薩境界。就這樣每天早上去看他，扶著他在裡面走路時爲他說法，連講了七天。

七天之後再經過一、二天，精神科的醫生就放他出院了！因爲精神科醫生講的是世間法；出院前好像都要考一些題目，他都很正常；可是說起實相智慧來，那一位師兄講的東西，醫師聽不懂，卻找不出毛病來，也就放他出院了。可是，在這裡面還有個插曲，我每天早上去長青樓看他，爲他開示，否則救不出來啊！必須要讓他轉變到正知見裡來，他才能夠離開鬼神的干擾。我每天去看他，連著七天爲他說法，都得在每天的午齋前；因爲午齋前是鎮靜劑的力量已經減少很多的時候，那時扶著他在那層樓裡面走來走去，一面走路一面講解。我如果不這樣，而是坐下來講的話，那個市長候選人就會一直聽著、一直提問來麻煩我，而他也會昏沉，就沒辦法爲他好好講解了。扶著他走路時，他才不會打瞌睡，所以我就拉著他一面走、一面講；他歪歪晃晃地，一面讓我扶著，我就一面說。就這樣開示了七天，才轉過來。

可是在那七天中的第三天，我去看望他的時候，在電梯間裡遇到他的三姊，他的三姊那天也去看望他。電梯門一關起來，他的三姊就說了：「蕭老師！你如果放了什麼給他的話，請你收回去！」（大眾爆笑⋯⋯）這意思聽得懂嗎？意思是說：如果我放了什麼符咒、鬼神給他的話，請我把它收回去！我說：「我從來不裝神弄鬼啊！妳錯會了！我們教的是無境界法，怎麼會放什麼給他？」你看，我好心把法免費送給他，他自己貪著定境出了問題，我還得每天去看他，還要被人家說「我放了什麼給他」，你看我多冤枉啊！那他為什麼會這樣？因為沒有如實轉依所悟的如來藏心；也就是說他心中還貪求著種種境界法，那他這樣繼續打坐下去，最後就出了問題。

他們根本不懂正覺的禪定境界，去沒有禪定證量的法鼓山學法，當時我在上課時不指名道姓的說：「我們不是沒有禪定的證量，是因為教禪定的時間還沒有到，所以我不教。那我不管你們去找法鼓山或者四大山頭中的哪一個山頭，他們都沒有禪定的實證，你們這樣去學禪定，能學得到嗎？」好了！我這麼一講，他知道我是講他，心裡氣壞了（編案：此人後來在二〇〇三年與楊先生一道退轉了）。可是也無可奈何，因為我講的是事實。我最怕的是追求定境、愛神通的同修們，當我們教授禪定的實證方法以後，假使他們被鬼神誘惑而出事，我的時間很寶貴，不可能常常去收拾這些人的爛攤子。

我講這一些話的意思，是在告訴諸位說，在現代，禪定已經沒有人實證了。且不說這一些大山頭，前年台南也有一個法師宣稱他有初禪，其實也是沒有實證。更早以前有一位很有名的居士，佛教界對他側目，他宣稱他有二禪，那時我都還沒有破參明心。可是我後來自參自悟又發起禪定以後把他作了檢查，從他的錄音帶（他以前在復興北路或是光復北路的菩提園演講，菩提園有賣他的錄音帶，我買回來聽過），後來檢查他的錄音帶、書籍，發現那也不是二禪，連初禪都沒有啊！所以，現代佛教界實際上是沒有人實證禪定的。現在能夠把禪定實證的境界講出來，也能說明實證的理論與方法的，就只有我們正覺同修會。所以在末法時代已經沒有人知道禪定了，因此他們把第四禪，以及四禪後的無想定，都可以誤會到一塌糊塗，就是爲我們證明說：現在眞的是末法時代。

所以第四禪的捨念清淨定，不是把念頭捨棄了，變成無語言文字的清淨心，而是兩個意涵：第一個是念清淨，另一個是捨清淨。就是三禪天以下的可愛境界全都捨得清淨了，再過去就成爲四空定，已是四陰所住的無色界了。所以，眾生五陰所能接觸到的最清淨境界，就是第四禪等至位中的境界，才會叫作捨清淨、念清淨。不是捨掉語言文字妄想的妄念以後便可以叫作四禪中的清淨心，這顯示佛教對第四禪與無想定存在著很普遍的誤會。

還有一種對禪定的誤會，也是很嚴重的，就是把初禪的實證當作開悟，所以古時候外道證得初禪的時候，就自以爲是出三界的阿羅漢了！那是因爲初禪有個名稱叫作「離生喜樂定」，就認爲說：「既然離生，就可以不受生死了！」原來他變成五現見涅槃外道裡面的第二種，把初禪的境界當作是涅槃的境界了。那麼這樣看來，禪定顯然也是不容易了知的。

這樣講完了第四禪，不曉得在座的各位，是不是有人就發起初禪、二禪了？（大眾笑…）以前，優波離尊者的媽媽說：「佛陀在人間出現的因緣好難得。」就送她的兒子優波離去奉侍 佛陀：「請佛陀您看看我這個兒子，可不可以奉侍您？當您需要理髮的時候，由他來幫您理髮。」他媽媽眞的很聰明：能夠爲 佛陀理髮，這福德多大啊！佛陀就說：「你就來幫我理髮吧！」正當優波離幫 佛陀理髮的時候，佛陀又說：「身子彎得太低了。」優波離聽了 佛陀的開示後，改正姿勢就發起初禪了；後來 佛陀又指示說：「優波離理髮時的身子太高仰了。」優波離一聽，隨即改正，就入二禪了；在理髮過程中，世尊繼續指導，優波離繼續改正，不久就證得第四禪了。當他入了第四禪的時候，佛陀馬上叫比丘們把他扶住，接過他手裡的剃刀，否則他就會跌倒在地上而且割傷自己；她的母親正在身旁就立即接過剃刀。

你們看，人家是這樣得四禪的呢！所以他成爲俱解脫阿羅漢，也可以說是勢所必然的。這個剃頭的孩子，可以成爲大阿羅漢，這意味著什麼？意味著他本來就無貪無瞋，往世早就是個修行人，心地本來就是清淨的，所以佛陀這樣爲他指示了以後，他馬上就證得第四禪了；然後他出了家，爲他說法，後來就成爲俱解脫阿羅漢了，他就是十大弟子中的持戒第一大阿羅漢。所以，要修禪定不是不好，但是應該在心性清淨以後再來修，才不會出問題。而且，心性還不是很清淨的時候來修禪定，鬼神的干擾是很嚴重的，因此我們現在還沒有想要講解禪定。一則沒有場地，二則我現在也沒有時間，第三個原因就留給諸位自己想一想，不必我來說，免得傷感情。

所以，證得四禪是佛菩提道中遲早必修的，可是在三地滿心前不只如此，還有許多道業要先實證才行。得了第四禪以後息脈俱斷，在等至位中不觸五塵，假使要喚他出定，只有一個辦法，就是敲引磬。得了四禪之後，接著四空定也要實證，因爲你要走佛菩提道，不能不懂四空定，否則你修不到三地滿心的；將到六地心滿足前想要證滅盡定，也沒辦法證啊！那麼俱解脫阿羅漢所證的滅盡定，你就無法如實理解。因此，在第四禪中熟練了，接著還要捨離第四禪，就轉入空無邊處；空無邊處定之前，就沒有所謂的未到地定，就是在第四禪的等持位裡面，直接轉入空無邊處。

要入空無邊處是觀什麼？觀十方虛空無量無邊，而自己的心能夠了知十方虛空，所以跟著也不斷地擴散，無量無邊。自己的覺知心那時候非常廣大，擴大到極限後就覺得說，這樣子心好像一直在擴散；一直擴散的結果，定力就會開始散漫，發覺到有這個過失了。剛開始並不知道，時間久了就知道有過失，然後就拉回來——把心收攝回來，應該緣於自己，不要緣於虛空；所以這時把心拉回來，住在自己意識心的境界裡面，自然轉入識無邊處。可是後來發覺，這意識心的功能無量無邊，所以一點一滴不斷地開始跑出來了；發覺到意識的功能無量無邊，不斷地出現了，那麼所緣也是越來越多，定力也就無法更好。這樣又發覺到，進入識無邊處也是不正確的，仍然應該捨離，否則就沒辦法繼續深入禪定的境界中，於是就捨離了識無邊處。

空無邊捨了，識無邊捨了，那就是全部都捨了，剩下什麼呢？什麼都沒有。就「什麼都沒有」這樣安住，進入了無所有處。無所有處是意識能夠了知自己的最微細境界了，所以這是有意識所住的最微細處所。因此，從初禪到無所有處，這七個禪定的層次，就稱爲七種「識的住處」；所以我在《阿含正義》裡面說明這個叫作「七識住」，是七種「意識所住的處所」。接下去就是非想非非想定了：他在無所有處的定境中，想要去取證無餘依涅槃時，聽說無餘依涅槃之中是沒有自己存在的，但由於他還沒有斷我見，所以他就想：「**我就把覺知心自己放下，放下以後不再了知自己的存在，自己也就消失了。**」他以爲覺知心這樣存在而不對自己了知的境界，就是覺知心不存在的境界，就是進入了無餘依涅槃。

其實他只是進入非想非非想處，當他進入非想非非想定中，就不會再反觀自己的存在，誤以爲自己是不存在的了。爲什麼他不能反觀？因爲他想自己應該消失，可是又有一個問題：自己眞的消失了，是應該把自己全面否定，而他卻沒有否定自己——未斷我見啊！所以他其實只是自己的意識心存在，住入非想非非想定裡面，沒有了知自己而錯會是自己消失了，所以那叫作「非想非非想定」，不是自己已經消失後的無餘涅槃。

這處所爲什麼不稱爲「住」而說是「入」？因爲他在裡面不反觀、不了知自己存在，方便說爲無所住，跟前面所說的七種禪定有意識了知自己所住境界是不同的。爲什麼又不是眞的無所住？因爲他住於非非想定的法塵境界中，其實還是有所住，是因爲他的證自證分不現前而不了知自己依舊存在，所以他對非非想定的境界只能夠「入」而沒有「住」，因此這是「七識住」以外的另一個入處，與外道進入無想定中而無所住的入，合稱爲「二入」。進入非想非非想定的定境裡面是沒有「住」的，就如同無想定一樣，也是進「入」以後沒有「住」；就如同無想定中的意識不存在了，那還有什麼「住」可說？意識存在而且能了知自己的存在時才有「住」可說。因此，無想定與非想非非想定合稱爲兩個「入處」，而不是「住處」；都是意識所入的處所，入了無想定以後意識不在了，所以無「住」。

入了非想非非想定以後，既有知、又不是有知，不了知自己正在非想非非想定中，所以稱爲非想非非想。想就是知，《阿含經》中說「想亦是知」，也就是說，非想非非想定亦名「非知非無知定」，爲什麼這麼說？因爲進入了非想非非想定以後，意識覺知心還在，他是進入了非想非非想定的定境法塵裡面，可是他這時已不反觀而不了知自己正在定中，當他不了知自己存在的時候就等於是無「知」；那麼這樣子也許三天，也許一個月，出定了以後，自己並不知道已經過了三天、過了一個月，就這樣子成爲非想非非想定，所以此定也可以稱爲「非知非非知定」。

那麼修到這裡，四禪八定就具足了。四禪八定具足的人，只要聽善知識說法，斷了我見，立刻就可以證得俱解脫果，就是俱解脫大阿羅漢。可是三地即將滿心的菩薩，不想要證滅盡定，他認爲證滅盡定沒有意義，因爲那是會障礙成佛的，所以四禪八定修完之後，接著就開始修四無量心，也就是慈無量心、悲無量心、喜無量心、捨無量心。這時四無量心就容易修了，因爲初禪具足圓滿，就容易修慈無量心；二禪具足圓滿，就容易修悲無量心；三禪具足圓滿，就容易修喜無量心，也是因爲他此時是身心俱樂；到第四禪時一切境界具捨，一切念清淨，因此可以迅速修得捨無量心。

將滿三地心之前，四禪八定具足了，也把四無量心都修成了，他捨報後是可以到四禪天當天主的，但菩薩都不會去當天主，除非 佛陀有任務交給他：「一定要去某一天當天主，護持正法。」否則他是不會去的。四無量心修完了，他隨時可以成爲俱解脫的大菩薩，但他對解脫沒有興趣，就不想證滅盡定；他要的是佛地的功德，於是又繼續修五神通。這時是回頭來修五神通，別人是急著要修五神通，入地的菩薩反而不急，都是留到即將滿足三地心時，最後再來修。很多人愛神通，愛得不得了，羨慕得不得了，心想：「我如果有天眼通，該多好！我如果有他心通，該多好！」其實不好！因爲有不少人有了天眼通、天耳通以後，結果他連睡覺都睡得不安生，一天到晚鬼神都要來找他；有福鬼、無福鬼、有力鬼、無力鬼都要來找他，有的甚至強制他必須幫忙作一些事情；有的鬼神威德不如他，就來懇求他，一天到晚弄得他沒有辦法安心過生活。

結果是，當鬼神發現他不肯幫忙時，鬼神說：「我就弄得你事業失敗、家庭破碎，剩下你自己孤家寡人，那時看你要不要幫忙我？」最後可能就變成這樣子。有的人卻不是有通，而是被鬼神選了去當乩童；如果是被正神看上而去當乩童的，倒也還好；如果是被鬼神抓去當乩童的，那他的日子也不是很好過，所以很多人到後來都後悔了。我以前也跟諸位講過，哪一天假使你偷偷地修神通，我不知道，沒關係。算你修成功好了，假使你在路上走著，對面來了一個鬼神，你就裝作沒看見，直直地撞過去，讓他來閃你，不要你去閃他；因爲你若是主動閃過他，他馬上知道你有看見他。你的眼神也不要盯著他的眼睛，把焦距放在他的身後，焦點不要放在他身上；你往他的身後看去，當作沒看見他，要直直撞過去。你只要身子一閃或眼神一動，他知道你看得見他，於是這個風聲就會傳開，你的事情就沒完沒了。

在鬼神界不必打電話，傳得很快，於是一天到晚你就開始麻煩了。如果我今天有神通，不管是修得或是把往世的神通恢復了，問題也會跟著來，一天到晚會有人來「問事」：「我家小花走失了，麻煩師父幫我看一看，跑到哪裡去了？」「我太太那顆五卡拉的鑽石戒子丟了，請你幫我找找看，哪裡去了？」等等。所以每天就要發掛號牌，並且門口也不能有戶限。「戶限」知道嗎？就是門檻，閩南語叫作「戶町」。門口地面得要是平的，不然很快就會被踩平了——戶限爲穿。早也要被踩平，晚也要被踩平，乾脆自己撤了就好。那你還能爲弘揚正法作事嗎？沒時間了！

假如不幫他們解決問題的話，他們又會說：「這算是什麼菩薩？菩薩大慈大悲，我們有困難，竟然還不幫我們！」好啦！就偶爾爲之吧！結果風聲傳開了，每天都是這樣的人來問事：「師父！請您看看我的兒子是什麼因果病吧！」這麼一來可糟糕了，因爲還要去爲他調解因果呢！凡是因果病都是背後有過去世的因果，你得要去幫他調解呢！調解得不好，還會惹麻煩上身呢！俗語不是說「公親變事主」嗎？因為你現在的威德還不夠，有了神通可就麻煩了！可是你如果入地以後，有空而去修神通，倒也無妨；因為你的威德夠，鬼神拿你沒奈何。至少，你也要有四禪的禪定，那你在鬼神界裡面的威德就很大；因為禪定是有威德的，鬼神這時至多不過是個欲界定吧，他們就不敢拿你怎麼樣，你也就沒事了。所以，菩薩通常是等到三地即將滿心前，必須藉五神通來成就三地心的猶如谷響現觀時，再來修神通。等五神通修完了之後，可以藉無生法忍來變化出意生身，那跟一般的神足通又不一樣，可以變化出很多的意生身。這是三地滿心之前要修的，否則無法圓滿三地心。

所以說，菩薩為什麼一定要修禪定的原因，就在這裡。

這樣子大略說過了四禪八定，諸位不必懂很多，心中有個概念就行了；因為若要詳細講，那可有得講了，就不是在講《法華經》了。禪定修學之目的是為了什麼？目的是為了佛菩提道的進一步修證。因為這一些在娑婆世界下方虛空中住的菩薩摩訶薩們，他們要住在那個地方，就必須要具足四禪八定和五神通的實證，否則他們沒有辦法住在那裡。由於他們往昔「常好在禪定」，所以能夠有現在的證量；如果是一天到晚要遊山玩水，閒來沒事就打電話呼朋引件：「三缺一。」都是在世間法上用心，不可能證得禪定的。

因爲證得四禪八定的人，心是安止不動的，沒有事情需要作的時候，他心中是沒有妄想念頭的；這是因爲他已經把三界法的執著斷了或者降伏了，所以他心中沒有妄想、沒有煩惱是正常的。正因爲「不樂在人眾，常好在禪定」，所以他們悟後這樣子修行，才可能成爲現在這樣的證量。可是他們人數那麼多，總不能大家都擠到兜率天宮去吧？所以，得要有個地方讓他們可以安單，可以繼續往上進修，於是有許多八地、九地、十地菩薩帶領他們，就讓他們在娑婆世界下方的虛空中安住，然後由上位菩薩爲他們說法。

接著說：「我等從佛聞，於此事無疑；願佛爲未來，演說令開解。」這表示 彌勒菩薩是爲大家而問。凡是能夠走到等覺、妙覺位來，都已經對這些事有所知了；而他已經是妙覺菩薩了，是當來下生成佛的一生補處，難道妙覺菩薩在過去世的等覺、十地、九地、八地位中，沒有聽過其他的佛講《法華經》嗎？不可能的，早就聽過了。但是，雖然已經知道了，仍然沒有完全理解；可是大眾絕對是不知的，因此要爲大眾請問，才說：「我彌勒等人，隨從於佛陀您的座下聽經聞法，我們對於從地踊出的無量無邊菩薩摩訶薩們的這些事情，心中沒有懷疑，可是我們很希望世尊您，爲未來世讀誦《法華經》的佛弟子們加以演說，令後世的佛弟子們讀經以後，可以打開迷惑，眞正瞭解這個事實。」因爲《法華經》這裡所說的很難令人相信，單單依文解義就很難讓人信受了，更何況是沒有一些佛法基本實證的後世末法時代的凡夫眾生們，當然更沒辦法瞭解啊！

所以接著請求說：「若有於此經，生疑不信者，即當墮惡道。願今爲解說，是無量菩薩，云何於少時，教化令發心，而住不退地？」這是先說明理由：在後末世如果有佛弟子，對於這部《妙法蓮華經》，心中生起懷疑而不相信的話，他們不免會毀謗說是僞經。這絕對不會言過其實，且不說《法華經》，像《般若經》的那一些大乘經典，只是三賢位的般若總相智與別相智，並不是很深的經典，末法時代的現在都已經有很多人反對而主張「大乘非佛說」，而且都還公然寫在書中，明明白白說：大乘佛法、大乘經典是聲聞部派佛教分裂以後，經過長期的創造、編輯，才結集出來的。像這樣的話都敢說了，更何況是這種無法想像的《妙法蓮華經》的境界，當然更會毀謗啊！毀謗了以後捨報就是下墮地獄，因爲有這個緣故，所以「願今爲解說」，請求佛陀對後末世的弟子們加以解釋、說明。那麼到底是要解釋說明什麼？當然是針對讀了《妙法蓮華經》這一品之後，所會生起疑惑的地方。那個疑惑就是：「這一些從地踊出的無量無邊菩薩摩訶薩眾，數目太多了，難以計數，世尊您是怎麼樣作到的？怎麼可能在這麼短的時間内，才不過幾十年就能夠教化這一些菩薩摩訶薩們，讓他們發心？而且是住在行不退這麼高的階位之中呢？」確實，這眞的是很難相信，因爲釋迦牟尼佛成佛以來，才不過四十幾年；而這一些菩薩們能夠修到這樣的境界，不是一大阿僧祇劫就能夠完成的，爲什麼這一些人可以在世尊成佛後才短短幾十年，就在世尊的教化之下，證得這麼高的智慧和境界？問得也是啊！

可是問題來了：大家都只看表相，不看實質。所以，彌勒菩薩知道末法後世一定會有這種疑心情況發生，因此預先爲我們請問了。世尊當然就得要作開示，因爲佛陀是正遍知者，不該是弟子們問了而無法回答！具有正見的佛弟子問了而不能回答的各種佛，其中之一種，叫作密宗佛。可是釋迦如來不是密宗的假佛啊！祂是眞正的無上正等正覺，是正遍知者，當然會回答，接著就要藉如來的壽量來開始說明這個事情，才能解答大眾的疑惑。

## 《妙法蓮華經》

### 〈如來壽量品〉第十六

經文：【爾時佛告諸菩薩及一切大眾：「諸善男子！汝等當信解如來誠諦之語。」復告大眾：「汝等當信解如來誠諦之語。」又復告諸大眾：「汝等當信解如來誠諦之語。」是時菩薩大眾，彌勒為首，合掌白佛言：「世尊！惟願說之，我等當信受佛語。」如是三白已，復言：「惟願說之，我等當信受佛語。」】

語譯：【這時佛陀告訴諸菩薩以及一切大眾：「諸位善男子啊！你們應當要信受而且理解，如來說的誠實而且正確無誤的開示言語。」這樣說完以後呢，又重新再講一遍，又向大眾說：「你們應當要信受而且理解，如來說的誠實而且正確無誤的開示言語。」講了兩遍之後，第三遍復告諸大眾：「你們應當要信受而且理解，如來說的誠實而且正確無誤的開示言語。」這樣連著講了三遍，這時菩薩大眾之中，以一生補處的彌勒菩薩而爲首，就一起合掌向佛陀稟白說：「世尊！我們至誠地希望您爲大眾說明，我們將會信受佛陀所開示的言語！」這樣子稟明三遍之後，又重新再講了一遍說：「我們很希望世尊您爲大眾說明這件事情，我們聽聞的時候，將會信受佛陀所開示的言語。」】

**講義**：諸位看看這一段經文。彌勒菩薩以重頌再問一遍以後，佛陀三說：「你們應當要信受我在前面所說的菩薩摩訶薩眾的事情，我說的是眞實的、不虛妄的。」講了一遍不夠，再講第二遍；第二遍講了還不夠，再講第三遍。爲什麼要講那麼多遍？因爲 佛陀看到現場有很多人，對 佛陀已經產生信心危機了。剛要開始講《法華經》的時候，那五千聲聞人不就退席了嗎？現在還能夠留下來的已經算是不錯了，都是既貞又實；可是，如今從地踊出的無量無邊的菩薩摩訶薩們，證量是那麼高，顯然不是幾劫就修成的，佛陀竟然說這一些都是祂所教化的弟子，而 佛陀成佛以來，才不過四十幾年，所以大家想不通，就對 佛陀有信心危機啊！

這是很正常的，因爲一般人都只看這一世，沒有看無量的過去世。所以你們有時候也看到網站上有些人在罵我：「人家大法師們出家幾十年，專業修行都還悟錯了，嘿！那蕭平實學佛才不過幾年，就說他開悟了。」有沒有？有啊！但他們那樣罵其實是正常的，不然他們怎麼會是凡夫？因爲他們都只看這一世嘛！他們那些人中有一些是出家人，心裡想的是：「我們出家到現在四十年了，我們都已經快七十歲了，到現在都還沒辦法開悟，連初果都證不到，你蕭平實一個在家人，又不是專業修行人，學佛才五、六年，竟然就說你開悟了！這叫我們怎麼相信？」

他們心裡不相信，但是我相信啊！因爲，我相信「他們不可能相信我開悟了」！（大眾笑…）因爲他們只看到這一世，所以這都是正常的。也有人在網站上一直罵：「這個蕭平實跟著聖嚴法師學法，竟然又背叛了他，忘恩負義！」講了一大堆氣話，就是罵了一堆。我們有師兄就上去回應：「我們蕭老師悟的，不是聖嚴法師所教的內容。聖嚴法師又沒有悟，怎麼能幫他開悟？而且聖嚴法師所教的法也是錯誤的，我們蕭老師是用自己的功夫、自己的法門、自己的知見去證悟的。」

這一講了之後，反而更糟糕了！因為不講不打緊，越講他們就越氣，所以又拿了祖師的話來罵：「威音王佛之後，無師自通的，都是自然外道！」有人就這樣罵我！那我們就要問了，兩萬億尊 威音王佛中的第一尊 威音王佛，是最早的佛；而第一尊 威音王佛之後有沒有佛開悟、成佛？有啊！已經有一萬九千九百九十九億……尊 威音王佛成佛了。但不管是哪一尊佛，祂們開悟成佛的那一世，有誰來幫祂們開示、引導而開悟的呢？有沒有？都沒有！連一尊都沒有啊！如果是有前一尊佛來幫忙祂們開示、引導，才能開悟成佛的話，那麼當下就應該有兩尊佛並存在世了！噢？問題就來了。

不但如此，「二萬億尊威音王佛之後的一切佛，是否都是自然外道？」糟糕了！他們這句話一講出來，就毀謗了二萬億尊 威音王佛以後的所有一切佛，這是何等深重的謗佛罪業啊！他們毀謗了之後，竟然自己都還不知道，還得要我們幫他們提醒。但他們這些問題出在哪裡？出在他們只看一世的表相。而諸佛都是三大無量數劫修行成佛的，不能只看成佛時的那一世啊！所以，威音王佛之後無師自通的，是說沒有經過三大阿僧祇劫隨同諸佛受學，而自己學佛以後就說他成佛了，那就是自然外道，這正是現在末法時代附佛法外道們的寫照——特別是密宗外道。

可是請問，諸佛從因地開始，經過三大阿僧祇劫以後，奉侍過多少佛？供養過多少佛？追隨過多少佛學法？怎能夠說是無師自通？只有本初佛——第一尊　威音王佛，才是無師自通的，以後的佛都是曾經有諸佛教導才成佛的。那麼第一尊　威音王佛成佛的時劫，是不是要遠遠超過三大無量數劫才能成佛？因爲在沒有前佛教導的狀況下，都得要自己慢慢摸索，就一定會很慢啊！當然也不可能一世成佛。由此證明密宗的即身成佛是外道法。

同樣的道理，我這一世無師自通，在過去世都沒有隨同諸佛學法嗎？且不說我，單單說那一些信受《金剛經》，卻還沒有明心的凡夫菩薩們，他們讀了《金剛經》，信受它說的是眞實法，不當作是說一切法無常空的經典，那麼這樣的菩薩，世尊說：「當知是人不於一佛、二佛、三四五佛而種善根，已於無量千萬佛所種諸善根。」都還沒有開悟喔！只是信受《金剛經》講的是眞實法，而不是說一切法空，就已經是追隨過很多佛修學的人了；到未來很多世以後的某一世，當他證悟了，能夠說他是無師自通的嗎？不能這麼說欸！因爲他過去世曾經隨同諸佛菩薩學過了嘛！

同樣的道理，我這一世是沒有師承，可是我過去世的師承很輝煌，不但有大菩薩，也有諸佛。可是奉勸諸位，你們也別氣餒灰心，就心裡想：「我好像沒有師承。」其實不然，你們能進得同修會來聽我講經，像我這樣宣講難可思議的經教，你們能聽得進去而不會起煩惱離開，這是比聽《金剛經》而信以爲實的菩薩們，奉侍過更多的佛，追隨學法更久了。所以如果這一世悟了——可能你讀到我的書就自己開悟了，是因爲前世曾經悟過了，今世再要證悟就容易了。那時你可以說是無師自通嗎？當然不可以說。所以我也只能夠方便說：「**我這一世是無師自通。**」不能夠把無量的往世也拿來說是無師自通。因爲，每一個人成佛都要經歷三大阿僧祇劫；所以若是從無量世來說，第一尊威音王佛之後，沒有哪一尊佛是無師自通的；都是這樣子承繼下來，佛道才會走得快啊！如果全部都要自己去摸索，那就要摸索可能是幾萬幾億個阿僧祇劫，可不是三大阿僧祇劫了。

那麼在《法華經》盛會的現場，有很多人就落在這裡，他們只從這一世來看：「**我們世尊成佛以來才四十幾年，竟然教化這一些菩薩眾們成爲好幾地的菩薩呢！這個事情說來實在很難令人相信！**」因爲　世尊看出大家有這個信心危機，所以連著說了三遍：「汝等當信解如來誠諦之語。」連著說了三遍！可見大家這時眞的有信心危機。

那麼，那一些對我有信心危機的人，一樣也會退轉的，他們會想：「我運氣有那麼好嗎？眞的給我遇到眞正證悟的菩薩嗎？」他們正是這樣想的緣故，所以我濫慈悲幫他們統統開悟以後，導致他們心中懷疑：「可能這個開悟不是眞的啦！而且你看，我只是去打個禪三就開悟了！」因爲以前我們都是當最後一天參不出來，就爲他們明講。所以就懷疑說：「你看，我都不必怎麼用功，我智慧也不好，定力也不夠，福德也沒有修集，但我這樣就開悟了，這應該是假的！」原來他們不但對我有信心危機，對自己也有信心危機。

所以我後來就學乖了，不要給人家悟得那麼快，也不要悟得容易；假使他的信心是不夠的，我跟他磨上二十年才幫他開悟；這二十年中，叫他每一天都出去作義工，拼了命去幹，最後才讓他悟。這樣磨他二十年，就算二十年後我給他個「離念靈知冬瓜印」，他也不會退轉的，爲什麼呢？因爲他會想：「老子二十年才混到的，怎麼可以否定？更何況要我丟掉？」一般眾生大約是這樣的。你們有智慧而不會因此退轉，縱使有些人是由於我濫慈悲而幫忙悟出來的，也不會退轉，是由智慧來判斷而安忍下來的，否則早就沒了無生忍。但現在我不再濫慈悲了，諸位想想看，如果我一開始就是這樣子磨練，直到定力、慧力、福德、知見、性障等條件都符合了，然後幫他們開悟，他們是一定不會退轉的。

如果一開始先給他們離念靈知的境界，或是把無相念佛的境界說是開悟境界，等到哪一天假使有人眞的懷疑了：「老師！這個好像是意識欸！」我說：「好！好！你知道這個是意識了，那麼意識到底是生滅法？還是不生滅法？」「我觀察很久了，這個每天晚上睡著了就斷了，這個不是常住法；您應該給我常住法，我在同修會裡面爲正法、爲眾生，拼命作義工，已經作二十年了，您也不能這樣苛待我吧？」說得有道理啊！這時候就是我眞要幫他開悟的時候了，只要一悟，保證他不會退轉。這時候正是可以幫他證悟如來藏的時候，度眾生就是要這樣度啦！

所以我以前放手太奢侈，一開始就明講如來藏眞心，不觀根器與因緣，直接就統統有獎，這是有大過失的。這個過失，其實我以前讀過經典，只是沒有把它聯結起來；後來好多人退轉了，我才開始聯結起來。有時候我也會提出來講，例如童女迦葉度了弊宿王（編案：一個婆羅門被封而成為小小的國王，只擁有一個小鎮，但有生殺大權），她講了幾個很好的譬喻；因為那位弊宿王執著自己已經學了幾十年的斷見論，不肯棄捨，所以童女迦葉就跟他說：「譬如有兩個人結伴出去尋寶，走著走著到了一個村莊，人去樓空；但是村莊裡面卻有許多麻（就是人家製作麻繩的麻），他們想說：『這是免費的，我們就各人捆起一擔，挑著繼續往前走。如果有更好的就換，沒有更好的，或是也找不到什麼珍寶，就把這一擔麻帶回家，至少沒有空手而歸。』於是甲乙二人各挑著一擔麻繼續前進。

又到了另一個村莊，也沒有人，村莊裡面有麻縷；就是已經不是一片一片皮的麻，人家已經把麻剝成絲，然後捻成很細、很細的麻繩了；某甲就說：『我來換這個挑了再走，因為這個麻縷的價錢高，麻皮的價錢低。』於是他就換了，某乙卻沒有換，某甲就問：『你為什麼不換？』某乙說：『我這一擔麻皮從那一村，挑到這一村來，已經挑那麼遠了，你為什麼叫我要捨掉，我真的捨不掉。』所以某乙就不換細縷，兩人繼續往前走。

走著走著又到了一個村落，那個村落裡也沒有人，但是那裡已經有人用麻縷織成了細緻的麻布，還放在村裡。某甲想：『這個比麻縷的價錢更高。』他又換成麻布，他叫某乙換，某乙還是不換：『我又多挑了一段路程了，更不應該換掉，你怎麼可以叫我換？』某乙依舊不換。就這樣一村一村地過去，到最後某甲換得一擔黃金回來，某乙還是挑著那一擔麻皮回來。回到家鄉的時候，親戚好友們看見某甲挑著黃金回來，大家都去跟他巴結，歡迎他；某乙卻沒有人要理他，連家裡人也不理他。」

這在告訴我們什麼道理？告訴我們說：以往所學錯誤的見解，該丟的就趕快丟，不要光看著眼前這小小的利益。所以，錯誤的知見，該丟的趕快丟，該換的時候就趕快換。聰明人是怎麼作呢？他要去找一匹千里馬，可是當他還沒有坐騎的時候，看見驢子就先騎了再講；這叫作騎驢找馬，聰明人就是這樣作，才不會走得很辛苦啊！等到找到一匹馬，再把驢丟了而換騎馬，騎著這一匹馬繼續再找，有更好的馬就繼續換，最後換到千里馬回來。

傻瓜會怎樣呢？就是走路一直找：「這不是馬，我不要。」「這不是千里馬，我也不要。」結果他走到腳都起泡、流血了，還沒有找到千里馬，因爲他所能走的里程實在太短了，找到千里馬的機會就更少了。這就是現在佛教界的狀況，所以有智慧的人就應該要對自己有信心，對善知識有信心。假使還沒有實證的因緣，就應該認爲說：「實證是可能的，只是因緣還沒有到。但我的信心是不應該失去的，應該信受說：將來有一天善知識會出現，將來有一天我也一定可以實證。」不要老是想說：「我的運氣哪有那麼好？偏偏就讓我遇到了一位眞正開悟的菩薩，而我眞的也可以開悟？我都不知道我自己是老幾欸！」如果連對自己的信心、對善知識的信心都失去了，我保證他眞的沒辦法開悟。

所以，一般人都是信不具足，從這裡就可以看出來，哪一些人都是還在十信位之中，信位還沒有圓滿。哪一些人終於進入初住位了，哪一些人終於到了二住、三住、五住、六住位了，你從各人的表現中就可以看得出來。所以，剛進來正覺時，把你當作還在信位修學；然後隨著親教師開始教導，當布施度教完後，大家都能接受了，不是陽奉陰違，而是依教奉行，親教師就會告訴大家：「你們已經完成初住位的實證了！」你們可別懷疑，爲什麼不應該懷疑？因爲當親教師教導了布施度，你也能夠如實去作的時候，表示你往世曾經修了布施度，所以你這一世才能如實作到，否則你沒有辦法如實作到。接著講持戒、忍辱、精進、禪定、般若等等，你都可以作得到；當你把般若度也修學完了，你的智慧也到達那個地方了，那表示往世你是修過六度的；既然六度都已修了，這一世欠的就是臨門一腳。

臨門一腳是什麼意思？就是說，你站在正覺妙法大殿的門口，只欠我從你屁股後面踢你一腳；就這麼一踢，你就進門了。所以你眞的要相信親教師的教導，不能懷疑。如果你一天到晚懷疑：「我哪有那麼好的運氣，在這個小小的臺灣一島，就給我遇見了眞悟的善知識？然後我又這麼容易，一次禪三就開悟了？」最早期都還不必去打三，在平時共修我就把他們弄出來，也就開悟了，那些人就想：「我哪有那麼好的運氣？這應該是假的！」以前確實就是這樣啊！都因爲我送得太容易。

要是諸位不信的話，可以出去外面作個實驗，你拿十條金條到路上去發：「這是眞的黃金喔！送給你！送給你！」人家一定會罵你：「瘋子！」他們根本不信，因爲他們會想：「哪有可能？我有這麼好的運氣？在路上遇見了一個人，無緣無故就得到了一條黃金？」他們不會相信，一定會當下拒絕你的好意！可是，如果路過的一百人之中，有一個人相信了，他會說：「謝謝你！感恩不盡！」他不就得了嗎？對啊！所以信心危機是很大的問題，我們弘法的過程中就不斷地遇見這個現象。

同理，在《法華經》講到這個地步的時候，大眾中眞的很多、很多人有信心危機了，所以 如來才要連說三遍：「汝等當信解如來誠諦之語。」不是只有信受，還要能信受之後再理解。說要信受而且還能夠理解，是因爲有的人信而不解，也會產生懷疑；有的人則是既不信、更不解，因爲這眞是難可想像，所以 如來要連著說三遍。當 如來連著說三遍以後，彌勒菩薩該怎麼樣？不能只說三遍，所以他連著請求四遍：「惟願說之，我等當信受佛語。」

有時候，有些人讀了以後都不信：「唉！怎麼可能這樣子？這是很簡單的道理，爲什麼要連著講三遍，或是連著請求四遍？」可是他們不知道當時的情況，才會有這種懷疑。那麼，這樣爲諸位解析了一番之後，諸位就知道，當時的大眾眞的是有信心危機。所以，彌勒菩薩爲了幫大家解決這個問題，也就連著請求四遍。他請求了四遍以後，世尊總得開示了。

**經文：【爾時世尊知諸菩薩三請不止，而告之言：「汝等諦聽，如來祕密**

神通之力，一切世間天、人，及阿修羅，皆謂：『今釋迦牟尼佛，出釋氏宮，去伽耶城不遠，坐於道場，得阿耨多羅三藐三菩提。』然善男子！我實成佛已來無量無邊百千萬億那由他劫。譬如五百千萬億那由他阿僧祇三千大千世界，假使有人抹爲微塵，過於東方五百千萬億那由他阿僧祇國乃下一塵，如是東行，盡是微塵；諸善男子！於意云何？是諸世界，可得思惟校計知其數不？」彌勒菩薩等俱白佛言：「世尊！是諸世界無量無邊，非算數所知，亦非心力所及；一切聲聞、辟支佛以無漏智，不能思惟知其限數；我等住阿惟越致地，於是事中亦所不達，世尊！如是諸世界，無量無邊。」

語譯：【這個時候，世尊知諸菩薩三請不止，所以就告訴諸菩薩眾說：「你們要詳細而正確地聽著，如來有祕密之力、神通之力。一切世間天、人，以及阿修羅們，都這麼認爲：『如今釋迦牟尼佛，離開了釋迦王宮，去到距離伽耶城不遠的地方，坐於道場，證得無上正等正覺。』然而善男子啊！我釋迦牟尼其實成佛以來，已經過無量無邊百千萬億那由他劫了。譬如五百千萬億那由他阿僧祇的三千大千世界，假使眞的有人有那個能力，把這些世界國土全部抹爲微塵，帶著這些微塵往東方去，每經過五百千萬億那由他阿僧祇的國土之後，才放下一顆小小的微塵；就像這樣子繼續往東前行，全部都放置完了所有微塵，諸位善男子啊！你們的意下如何呢？這一些世界有沒有辦法想像、思惟、計算，到底有多少數目呢？」

這時彌勒菩薩摩訶薩等人，同時都向佛陀稟白說：「世尊！像這麼大範圍空間裡的所有世界，無量又無邊，這眞的不可能用算數來計算而能知道的，也不是我們能夠思惟想像的心擁有的能力而能夠到達的智慧；一切聲聞、一切辟支佛以無漏的智慧，同樣都不可能思惟而知道，這麼大的空間裡面究竟是有多少佛國世界。不但是他們不知道，就算我們這一些人，已經住在一生補處不退轉地，對於這些事情也是無法通達瞭解的。世尊！您的譬喻中所說的諸世界，眞是無量無邊啊！」】

**講義**：世尊看到 彌勒菩薩他們這樣請求，這眞的是三請不止，因為都已經到了第四請了。可是這件事情眞的難以想像，什麼事情呢？釋迦如來的壽量到底有多少？大家都只看這一世，不看祂往昔成佛的過程和經歷，而只看到示現成佛的這一世。可是，釋迦如來成佛以來其實已經很久了，大家無法想像，所以才要用譬喻來說明。也許有人想：「釋迦如來不過就是賢劫千佛之一，明明就是現在才成佛的，爲什麼說釋迦如來的壽量無量無盡呢？爲什麼說祂是無數劫以來就已經成佛的？」

眞的無法想像！我先作一個譬喻，再回來講這一段經文。假使你有無量劫的宿命通，然後你來看這一世所扮演的角色，你會不會認爲你只是在演戲？會不會？爲什麼有人不敢點頭？爲什麼有人不敢點頭？其實你們之中有人不敢點頭的原因，我也能諒解；因爲你沒有看見自己過去世的事情，現在只能用想像、思惟的，就變成是純粹的比量了，因此也就心存懷疑。假使你有了如夢觀，知道自己過去世曾經有過哪些事情，你再把它們依照前後次序串聯起來，你將會發覺：一世、又一世都只是在菩薩道上扮演角色。

所以，當你剛有如夢觀的時候，你的看法就開始轉變了。沒有如夢觀以前，對世間的很多事情都很看重；如果家裡的寶貝女兒，被鄰居哪個男孩子欺負的時候，你一定要上門去理論：「這是我的心肝寶貝、掌上明珠，豈容得這個野孩子欺侮！」這都是正常的嘛！好了！當你有了如夢觀，看見過去某一世，你有多少的眷屬；另外的某一世，又有多少的眷屬；你如果往前看見十幾世就夠了，不必看很多。因爲你有的並不是宿命通，所以如夢觀所看的往往是很多劫以前的事；有時也許是幾千年前，有時也許是幾萬年前的事，你把那段時間裡的很多事都串聯起來，再想一想：「我這一世有這些眷屬，我以前哪一世不是都有眷屬？」

所以，從這個時候開始，你就不會說：「這是我過去世的老爸，應該怎麼樣再來好好孝順、孝順他。」「另外那一個，是我幾萬年前的老媽，我也應該孝順、孝順。」眞要這樣的話，最後恐怕你就要蓋起一個大村落，把他們全都迎請回來孝順；然後，你這一世的老爸、老媽開始不高興了說：「沒事找一堆老男人、老女人回來供養，對我們兩位生身之父、生身之母，倒反而不看在眼裡了。」心裡有些不平衡了！然而這時你眞的不會再這樣子想，更不會想要把所知道的往世所有父母迎請回家供養。

這就是說，當你看清楚以後，到後來就會漸漸習慣了；對往世的父母們，你可以幫忙的部分會隨緣去幫忙，但是不會刻意地在世俗生活上不斷地去幫忙。因爲你每一世都有眷屬，這一位幫忙了，前一世、前二世的眷屬要不要幫？啊？不幫？要啊？那你怎麼有辦法幫得完？是不是要把往昔每一世的眷屬全都找回來幫忙？對啊！這是不可能的嘛！所以當你有了如夢觀的時候，你就不會只看這一世，但也不會把往世全都當作是這一世來看待。

剛才我們譬喻說，假使你有無量劫的宿命通，你也會這樣子看待，就會覺得說：「原來我不是只有這一世有壽命，我過去無量世以來也都有壽命，我只是一世、又一世扮演不同的某些角色。所以，我這一世該扮演什麼角色，我就來扮演。」釋迦如來也是如此，過去世跟無量眾生結了無量的善緣；在很早以前，跟那九百九十九個人當過兄弟，以前這一千個兄弟大家發願要一起來人間前後次第成佛，雖然自己很早就先成佛了，但要圓滿那個願，所以現在應該來扮演這賢劫千佛之一，那就倒駕慈航來扮演啊！所以 正法明如來也可以回來當 觀世音菩薩，金粟如來也可以再來人間當 維摩詰菩薩，文殊菩薩也是一樣成佛以後悲願再來當菩薩，就只是來扮演角色而已。這沒有什麼不可以，從這樣來看的話，釋迦如來又何妨在「無量無邊百千萬億那由他劫」以前就先成佛了呢？這樣，這個疑惑先爲各位解決，後面再依經文來說明。

《妙法蓮華經》上週講到一四三頁，最後一段已經略說完了；但是，這樣略說，可能大家還沒有辦法對 釋迦如來成佛以來，究竟已經多久了，產生正確的印象，所以還得要再來解釋一下。這是因爲 彌勒菩薩等人三請不止，一直請求到第四遍了，所以 世尊說：「如來的祕密神通的威德力，一切世間的天、人，以及阿修羅都不知道，只看見表相，都以爲說：『釋迦牟尼佛在人間出生，長大後離開了釋迦族的王宮，去到距離伽耶城不遠的地方，坐於道場，這一世才證得無上正等正覺。』可是我成佛以來，已經無量無邊百千萬億那由他劫了。」這個事情實在難以相信，因爲大家是有目共見的，都只看見 如來成佛以來不過四十幾年，竟然已經度化了那麼多難以計數的大菩薩們，就在娑婆世界的下方虛空中住，眞的無法相信。那麼 世尊就點出一個理由：「其實我成佛以來，已經無量無邊百千萬億那由他劫。」這個數目是很大的，大到我們難以想像，因爲此時人類的壽命不容易多過百歲，《阿含經》也說人壽以百歲來計算時，「少出多減」；超過百歲的人很少，大多數人都是減於百歲，所以對這麼長的時間是很難理解的。以此緣故，世尊就說了一個譬喻，讓我們來瞭解：

譬如「五百千萬億那由他阿僧祇」的三千大千世界，假使有人把這麼多難以計算的三千大千世界，全部磨成微塵。當然實際上沒有那麼大的石磨可以來磨，因此得要有一個非常強大的威神之力，把它這麼一抹變成微塵，所以說「抹為微塵」。這數目好像很多了，可是這樣還不算多；把這麼多難以計算的三千大千世界抹為微塵以後，再用這些微塵在一個地方下一點，距離這裡多遠才下一點呢？「過於東方五百千萬億那由他阿僧祇國」才下一微塵。把剩下的微塵帶著，繼續往東一直前進，每經過「五百千萬億那由他阿僧祇」佛國再下一點；這樣往東一直前進過去，把這些微塵都下完了，請問：這樣經過的世界到底有多少？不知道怎麼算了啦！雖然這些的世界你已經無法計算了，因為一個佛土世界是一個三千大千世界，從這裡到達另一個地方要經過五百千萬億那由他阿僧祇國，才下一塵；再經過同樣數目的世界以後再下一塵；然而原來的微塵數量都已經無法計算了，結果竟然要那麼遠才下一塵，全部把它下完時所經過的國土世界到底有多少？沒辦法算了！所以世尊問說：「這一些世界你們能夠思惟校計，而知其確實的數目嗎？」

彌勒菩薩等人當然只好回答說：「世尊！這一些世界無量無邊，並不是算數譬喻所能夠知道的，也不是我們的心力、智慧力所能夠到達的；一切聲聞、辟支佛，用他們的無漏智慧，也沒有辦法瞭解究竟是有多少數目。不但他們沒有辦法，就算是我彌勒如今是妙覺位、一生補處，也沒有辦法瞭解。總而言之，世尊！像您說的這麼多的世界，只能夠說是無量無邊。」這個意思是在說明什麼？是先告訴大家一個數目的概念：這些數目不是我們所能夠猜測想像的，不但我們作不到，連妙覺位的彌勒菩薩也沒有辦法知道。所以大家都無法想像究竟這個數量有多大？然後，佛陀要藉這個數量來說明，祂說的「無量劫前」，到底是在多久以前祂就已經成佛。接下來看 世尊進一步的開示：

經文：【爾時佛告大菩薩眾：「諸善男子！今當分明宣語汝等。是諸世界，若著微塵及不著者盡以爲塵，一塵一劫，我成佛已來，復過於此百千萬億那由他阿僧祇劫。自從是來，我常在此娑婆世界說法教化，亦於餘處百千萬億那由他阿僧祇國導利眾生。諸善男子！於是中間，我說燃燈佛等，又復言其入於涅槃，如是皆以方便分別。諸善男子！若有眾生來至我所，我以佛眼，觀其信等諸根利鈍，隨所應度，處處自說名字不同，年紀大小，亦復現言當入涅槃，又以種種方便說微妙法，能令眾生發歡喜心。」】

語譯：【講過前面的譬喻以後，這時佛陀就向大菩薩眾們重新再說一遍：「諸善男子！如今我應當要很清楚地告訴你們大家，這一些微塵下過的世界，不論是已經下過一塵的三千大千世界，或者是兩塵中間跳過去的五百千萬億那由他阿僧祇的國土世界，全部合計起來；再把這麼多的世界磨爲微塵，以這麼多的微塵來算，每一個微塵代表一個大劫，而我成佛以來，不只是這麼多的大劫，遠超過這一些百千萬億那由他阿僧祇劫。自從那個時候成佛以來，我就永遠都在這個娑婆世界說法教化眾生，而且我也在其餘的百千萬億那由他阿僧祇國土中，引導利樂眾生。諸善男子！我在這中間，有時候說燃燈佛的事，有時又說迦葉佛等事情，有時又說祂們入於涅槃了；像這一些說法，其實都是用方便善巧來爲大家詳細地解析分別。諸位善男子！在這麼多的世界中，如果有眾生來到我的所在，我以佛眼來觀察他們的信進念定慧等五根，看看他們這五根是猛利的或是遲鈍的，隨著他們之所應度，我在不同的世界，各自爲大家演說我的名字時，其實是不會完全相同的，而年紀大小也不一定相同；我並且又在他們面前告訴他們說，將來會入涅槃；我又用種種的方便來演說微妙法，能夠令眾生發起歡喜心。」】

**講義**：這就是說，前面所說的數目其實還不夠大，因爲在這裡下一塵，往東方過去，要經過五百千萬億那由他阿僧祇國土才再下一塵；把這些微塵都下完以後，除了已被下了微塵的世界以外，再把每二塵中間跳過去不下微塵的「**五百千萬億那由他阿僧祇**」佛土世界，全都合併起來，再全部磨爲微塵，每一個微塵代表一個大劫；這樣的微塵數量更難想像了，可是這還不夠大，佛陀說祂成佛以來，還超過這兩次磨爲微塵的總數，還要超過百千萬億那由他阿僧祇劫，所以根本不知道 如來是在何時成佛的。我們只能夠說，祂是在 威音王佛以後成佛；只能夠說，祂是在 毗婆尸如來以後成佛，很難確定祂到底是何時成佛的。因爲來到這個人間成佛，這只是一個示現的表相，所以這數目是很難說的。

在中國的算數中，十百千萬億，再過去是兆，兆過去好像是「京」吧？然後過去還有「垓」，好像也還有許多單位；但是這些單位，都不如佛經裡面講的單位那麼大。我從《華嚴經》〈入法界品〉中，列印了一小段經文出來，還是已經省略掉許多計算單位後的短短經文。我唸給諸位聽聽看，才會知道我們現代人類所知的數目是多麼小。這是〈入法界品〉中的經文，是佛自述還在當希達多太子時所學的世間法：

【「善男子！我亦能知菩薩算法：所謂一百洛叉爲一俱胝、俱胝俱胝爲一阿庾多、阿庾多阿庾多爲一那由他、那由他那由他爲一頻婆羅、頻婆羅頻婆羅爲一矜羯羅，廣說，乃至優鉢羅優鉢羅爲一波頭摩、波頭摩波頭摩爲一僧祇、僧祇僧祇爲一趣、趣趣爲一諭、諭諭爲一無數、無數無數爲一無數轉、無數轉無數轉爲一無量、無量無量爲一無量轉、無量轉無量轉爲一無邊、無邊無邊爲一無邊轉、無邊轉無邊轉爲一無等、……」】這樣子還沒有唸完，下面我就不唸了，因爲《華嚴經》中所提到的算數，眞的叫作「絡絡長」（閩南語）。可能諸位聽到這裡就有一些煩了，所以我就不再唸下去。而經中所說的數目其實是很難以想像的，我就跳過去不唸，一直到最後說：【「……不可量轉不可量轉爲一不可說，不可說不可說爲一不可說轉，不可說轉不可說轉爲一不可說不可說，此又不可說不可說爲一不可說不可說轉。」】

這才是最後的數目，但這些前後數目之間的關係不只是一倍、十倍，而是等比級數的關係倍增上去的。譬如說，一加一等於二，然後二乘二等於四，四乘四等於十六，十六乘十六等於……；這樣子一直乘上去，噢？這不是等比啊？這叫作平方？唉！因爲我的數學很差。所以這個數目是非常大的，因此世尊眞正成佛的時間，是比那些不可計數的微塵數「**復過於此百千萬億那由他阿僧祇劫**」之前，那麼這到底是多少劫以前？我們只能夠說這眞的叫作無量或者是無邊了。

在這中間有時候爲大眾說法，會有一些不同；是由於不同的原因，不是因爲所說的法義前後相違；而是因爲眾生的根性不同，所能瞭解的就會有差異，就爲他說到那個層次，以眾生能夠相應爲原則。如果不能夠相應，你說得再多也沒有用，他們聽了等於沒有聽。例如我在講《成唯識論》時，如果開放讓大家都來聽，不限制資格；那麼我講上三堂課，人數一定剩下不到一半；再講上三堂課，剩下不到四分之一；就是會一半再一半地不停減下去，減到最後剩下的人就很有限了！因爲很難懂。所以有的人抱怨說：「**爲什麼增上班的課程不讓我們聽？爲什麼進階班不讓我們聽？**」

因爲有的人希望一進正覺同修會就可以到進階班去上課，是因爲聽說進階班所說的法也是很勝妙的。問題是進去了以後卻聽不懂啊！現在都還有人轉到進階班以後，反而想要轉班；因爲本來以爲禪淨班兩年半學完了，到進階班一定聽得懂，所以很有自信地轉到最老的進階班去；結果發覺進去了全都聽不懂，因爲那個班已經開班很久了，越講越深，當然聽不懂。剛開始的進階班就會從比較淺的開始講起，這是必然的道理，所以他得要申請轉班。因此說，禪淨班畢業了轉到進階班去，都還有很多人是聽不懂的，不得不申請轉班，找個比較近期開設的進階班來上課共修。那如果禪淨班畢業了，直接到增上班來，保證聽不懂啊！

現在講《瑜伽師地論》還算好一點，因爲講得比較詳細，要講六百六十法。可是也有的人說聽不懂啊！那如果是講《成唯識論》，濃縮到百法裡面來講，更是聽不懂了。可是聽不懂的時候沒有辦法打瞌睡，因爲心裡都會有壓力；所以累到要打瞌睡也睡不著，那該怎麼辦？所以我們不是刁難大家，說那個增上班裡面有什麼祕密不讓大家聽，而是因爲還沒破參的人眞的聽不懂。這個班級的條件就是你一定要禪淨班畢業，而且剛畢業的人也不能夠到開班太久的進階班去，因爲那已經講得很深了；而增上班一定是你要破參開悟了才能聽，往往破參了以後到增上班，有人得聽上了三、四個月才開始聽懂，而這都是正常的啊！

所以並不是要刁難大家，而是說，什麼人可以聽懂什麼，我們就讓他參加那一班，這就是佛法中的觀機施教。佛陀也是以同樣的道理來說法：「眾生如果只能懂現前所看見的，就告訴他現前可以看見的法；眾生現前可以看見的就是我釋迦牟尼佛成佛十五年、二十年、三十年、四十年，因為那些眾生的心量，就只能夠知道到這裡。」如果，一開始就把真相講出來，眾生就會有信心危機。所以 如來才要告訴大家說：「汝等當信解如來誠諦之語。」講了一遍，不夠，再吩咐一遍，也還不夠，還要再吩咐第三遍。現前的那些聽眾，大都是證悟者，至少也是聲聞初果，都還會有信心危機，那麼像這樣子的法，若是對一般人這麼說，如何能信呢？所以必須要隨宜說法，不能夠一體同說。

我在人間行走是很孤獨的，因為沒有知音啊！只有星期二、星期六來這裡說法時，我才有知音。左鄰右舍很多鄰居都不知道我是什麼人，也沒有聽我講過什麼佛法；有的人看見我家二樓那 座佛龕那麼大（當然沒有正覺講堂的這麼大），講堂的佛龕是以我家佛龕的設計圖放大而製作的，這是我自己設計的圖樣。我自己畫圖，包括立面圖、側面圖、平面圖以及透視圖，我全都自己畫，規格比講堂這個小，講堂的是放大版。當時剛造好了，從工廠送來放在士林中正路傢俱店門口；因爲店面不夠大，放不進去，我去看成品時，人家從紅磚道走過去時就問：「這是哪一家廟要用的？」那天，老闆問我說，可不可以幫忙他設計傢俱？我說：「我眞的沒有那個閒功夫，若不是自己要用，才不會去設計這座佛龕。」

我家的佛龕是放在二樓，在馬路上就可以看得到，有的鄰居就來問：「你這裡有在給人家問事情嗎？」我說：「我這裡不給人家問事情。」「那麼你弄這個佛堂幹什麼？」我說：「我不幹什麼，我只在這裡寫書。」左鄰右舍只看見我家的佛堂、佛龕、佛像這麼莊嚴，可是不曉得我在幹什麼。我就一天到晚坐在電腦前面打字，從我們社區的馬路上就可以看得見。當然不會有人要問我佛法，我也不跟人家講佛法，因爲沒有知音啊！這又要從何說起？眞要講起來的話，時間要很長，我得先說次法，然後再從五陰、十八界講起，那要講到什麼時候？我沒有「美援的時間」。

所以，如果眞的要說佛法，得要觀察對方的因緣，遇到適合講的人與時機才可以講；而適合講的，究竟可以跟他講到哪一些內容，也是要斟酌的。

不是對所有人都一體明說：「佛法就是明心見性。」不能夠這樣講，因爲眾生的根性有猛利的，也有遲鈍的，而眾生的心量也不大；從諸佛的眼光來看，人類的眼光眞要叫作目光如豆；意思是說所見就只有像豆子那麼遠，要怎麼和諸佛相提並論？所以要去衡量眾生到底能夠懂多少，就爲他說到那個程度；很深很廣的法，在時節因緣沒有成熟以前，是沒辦法爲眾生說的。

世尊到了要說《法華經》之時，已經講了很多法了，幾乎全部都說完了，結果　佛陀爲了告訴大家這一些菩薩是怎麼來的，還得要吩咐三次：「汝等當信解如來誠諦之語。」要連著講三遍。然後又因爲眾生難以理解的緣故，所以先說明數目，先在數目上給大家建立一個概念，再說明：「這麼多的數目還不夠，我成佛以來還超過這些數目的無量無邊微塵數百千萬億那由他阿僧祇劫。」每一塵作一劫來算，還超過那麼多倍。然後說：「自從那個時候成佛以來，我一直都沒有離開娑婆世界，一直爲大眾說法教化，除了娑婆世界以外，也在其他百千萬億那由他阿僧祇國，引導及利樂眾生。」

這眞的難以想像，所以，如果單有信根而沒有信力，他就不可能相信；或者說，他的信力是不具足的，也是不可能相信！因此，那些六識論的凡夫法師們才敢說：「**大乘經典並非佛說。**」因為他們的心量沒有這麼大，無法信受。諸位是因為看見會裡有許多同修們，有的人明心了，有的人明心又見性了；有的人悟後當上了老師，已經在弘法，智慧那麼勝妙，所以諸位就不得不信。因為現前顯現出來是這樣：「**比我有智慧的都信了，我這笨瓜當然也要相信。**」也只好跟著信了，跟著有智慧的人走就對了；所以諸位聽我解說世尊這個開示時不會起煩惱，表示諸位的信力很好，已經不只是有信根。

接下來　世尊說，祂成佛以後在無量無邊阿僧祇劫的過程中，也為大眾說明「**燃燈佛等**」，「等」就包括還有　毗婆尸如來等。然後又說明祂們什麼時候入涅槃。這都只是方便而作的分別，因為祂們是什麼時候成佛，並不一定是表相所見的那樣；而祂們的入涅槃，也不是表相所見的入涅槃。因為諸佛證了無住處涅槃，何必還要入什麼涅槃？可是對於眼光短淺、器量狹小的人類而言，必須要示現說：以人身修行，未來是可以成佛的，因此才要示現在這裡受生，來度化這裡的人類。當然，這一些都是方便分別。

如果有眾生來到　世尊面前，世尊用佛眼來觀察，觀察他的信根、精進根、念根、定根、慧根到底好不好？如果這五根不錯，就為他講多一點，講深入一點；這五根不夠好，那麼就告訴他人間善法，或者多講一點生天的善法，連解脫道都不講。如果又有人是具有五力了，信力、精進力、念力、定力以及慧力都是不錯的，那就可以告訴他解脫之道，乃至於緣覺之道、菩薩之道。這都是要觀察眾生的根器，在這上面沒有齊頭式的平等可說。

如果要講平等，應該要追溯到每一個人過去無量劫以前，最早是什麼時候開始發心想要成佛的，要追溯到那個時候說起，才能夠說是眞平等。從這一世來看，有人在這一世之前已經學佛幾千萬億劫了，某甲學佛才兩劫、三劫，也要跟人家明心見性？那才眞的是不不等。所以，大眾所看到的都是表面上的平等，對於眞正的平等、實質上的平等，其實是不瞭解的。人類的器量小，心量不廣，所以只看到釋迦牟尼佛在這裡出生、出家、修道，成佛以來只有四十幾年，卻不知道過去世成佛已經多久了，而且講了也不信。

因此，爲了那一些五根、五力不具足的人，只好隨順於因緣，在各個不同的地方，說了不同的佛名，以不同的年紀成佛、入涅槃等等，也要說諸佛都會示現入涅槃，所以每一次示現成佛後預記入涅槃的時間也各不相同，但這些都是依著世間相所作的方便說。眞正學佛的人，眞正在修佛菩提道的人，不能單看表相，單看表相時一定會看走眼。而且有很多法其實都是方便說，一定是方便說講過了以後才會有眞實說；等講到眞實說的時候，還得要再方便說，也就是要以方便譬喻等種種施設，來講解眞實說，否則眾生聽不懂。就這樣子，隨著眾生諸根利鈍的差異，施設種種方便而爲大眾說法，這樣眾生才終於可以聽懂，才終於可以發起歡喜心，願意歷經三大阿僧祇劫來修學佛道。所以，單看表相是不正確的。

在世間法也是如此，有的醫師很會看病，可是遇上了某一些人的病，卻是怎麼也治不好：「明明是同樣的病，爲什麼在你身上就治不好？豈有此理！」治到他自己都生氣了。然而，遇到了另一個醫師，也用同樣的處方，結果竟然把那個人治好了！所以因緣就是很奇怪的事，不能只看表相，應該要從實質上來看。可是實質上往往很難令人相信，那麼就要自己忖量一下：「我的五根夠不夠？我的五力夠不夠？我能夠學到哪裡？」這個部分的知見是很重要的，如果沒有自我忖量一下，就要硬衝、硬闖，最後就是闖到頭破血流，很多人就是這樣啊！這樣子說明了以後，也許還不容易瞭解 世尊所說的眞實義，那我們就來瞭解 世尊是怎麼樣方便說法的。

經文：【「諸善男子，如來見諸眾生樂於小法、德薄垢重者，爲是人說：『我少出家，得阿耨多羅三藐三菩提。』然我實成佛已來久遠若斯，但以方便，教化眾生，令入佛道，作如是說。諸善男子！如來所演經典，皆爲度脫眾生，或說己身、或說他身，或示己身、或示他身，或示己事、或示他事，諸所言說皆實不虛。所以者何？如來如實知見三界之相，無有生死若退若出，亦無在世及滅度者，非實非虛，非如非異，不如三界見於三界；如斯之事，如來明見，無有錯謬。以諸眾生有種種性、種種欲、種種行、種種憶想分別故，欲令生諸善根，以若干因緣、譬喻、言辭，種種說法；所作佛事，未曾暫廢。如是！我成佛已來，甚大久遠，壽命無量阿僧祇劫，常住不滅。」】

語譯：【世尊又開示說：「諸善男子啊！如來看見諸眾生們，愛樂於小法，或者諸眾生們是福德淡薄而煩惱垢很粗重的人，就爲他們說：『我從少小出家，到現在證得無上正等正覺。』然而，我其實成佛以來，已經久遠到那個地步了，只是用種種的方便，來教化眾生，令眾生可以眞的進入佛菩提道中，所以才這麼說的。諸善男子啊！如來所演說的經典，都是爲了要度脫眾生，有時說自己身上的事，有時說別人身上的事；有時以自己的身相示現，有時以別人的身相示現；有時示現自己身上的事，有時示現別人身上的事；有這些種種不同的言說，其實都是眞實而不虛妄。爲何這麼說呢？因爲如來是如實知見三界的法相，沒有生死或者退、或者出；也沒有生存在世間以及滅度的人；既不是眞實也不是虛妄，既不是如如也不是變異；並不是像三界所顯現的那個樣子，但是卻顯現在三界中；像這一些事情，如來全部都分明地看見了，而沒有一點點的錯誤或者邪謬。由於所有的眾生們有種種不同的心性、種種不同的欲求、種種不同的行爲、種種臆測想像分別的緣故，如來想要令這一些眾生們生起各種善根，所以用種種不同的因緣、譬喻和言辭，作了種種的說法；然而我從無量劫以來所作的一切諸佛所應作的事情，都不曾暫時廢止過。就像是這樣子，我釋迦牟尼成佛以來，已經過非常大而久遠的時間，成佛以來至今的壽命，是無量阿僧祇劫，也是常住不滅的。」】

**講義**：世尊告訴大家說，對於眾生，應該觀察他們的根性利鈍差別，所以有的眾生是樂於小法，就應該爲他演說小法。小法是什麼？就是二乘菩提，那你們學的是大法還是小法？（眾答：大法！）眞的是大法！因爲這個

「大」，有無邊無際之意，也有能生萬法之意，所以才稱爲「大」。這個法無量亦無邊，你找到如來藏以後，請問：「祂是多大？」你根本沒辦法施設一個邊說祂有多大，祂無形無色你要如何施設？也許有人會說：「蕭老師！你講的這句話，我不服氣！因爲有時候人家問禪師說：『如來藏是多大？』禪師舉起拳頭就說：『如來藏這麼大！』那就只是拳頭這麼大而已啊！」可是，禪師講的並不是如拳頭這麼大！你會錯意了。

既然不像拳頭這麼大，你要如何體會祂的大？眞的沒辦法體會！如來藏這個法眞的大，因爲祂含攝了無量無邊的法，無一法不從祂出，那你說祂到底大不大？大啊！《楞嚴經》中說：「當知虛空生汝心內，猶如片雲點太清裡。」十方虛空在你的心內出現的時候，就好像一片小小的雲，點在太虛空裡面一樣。十方虛空有多麼大？能夠容受十方無量佛土世界；但在你的心中無邊的感知之中，只像一片小小的雲。可是你別被它騙了，「虛空」只是一個名詞，只是萬法中的一法，是因爲覺知心的認知而施設出來的法；它在覺知心所了知的萬法之中，只是那麼一點點。而覺知心從哪裡來？從如來藏中出生。

再者，如來藏能生之法，還不是只有覺知心而已，因爲萬法都從如來藏而來，那麼你說，你所學的如來藏的法到底大不大？當然大啊！因爲祂有能生的眞實義，萬法由祂生，祂當然大！諸位學的是這個法，所以你學的是大法。阿羅漢、辟支佛不必學這個法，不必證這個法，他們只要相信有如來藏眞實不滅就夠了，所以二乘菩提是小法。那麼如來藏這個妙法，從因地開始就要熏習很多劫，你無法計算它到底有幾劫；終於修到第七住位，那是一大阿僧祇劫的三十分之六，剛剛過完而進入第七住位，到底是幾劫？這時候才明心，才能夠不退轉呢！

如果前面沒有實修六度的過程，或是實修而未具足六度的內涵，就算知道了密意也會退轉啊！即使不退轉，他還沒有如實瞭解佛菩提道的五十二位階內涵，產生了大妄語而自稱入地或成佛的結果，捨壽下無間地獄時，「三位、十地一切皆失」，那是多麼嚴重！所以還是應該要一步一步按部就班地修上來，每一度都必須腳踏實地一一實修滿足，終於前進到第六度圓滿然後證悟以後，也通過了考驗，而且不退轉，眞的是不容易啊！但這才只是第一大阿僧祇劫過完三十分之六，接下去，第一大阿僧祇劫剩餘的時程還不只三分之二，還要繼續走呢！走完第一大阿僧祇劫以後，入地了，還有兩大阿僧祇劫等著你。像這樣把三大阿僧祇劫走完了還不算數，接著還有百劫苦行，要不斷地布施內財、外財，要這麼久遠才能成就，那麼你說大不大？當然大啊！所以說佛道眞是曠大久遠。

阿羅漢的修行，有的人利根，乃至一世便可以成就了，但佛菩提道至少得要三大阿僧祇劫，所以這個佛菩提是大法。既然是大法，當然就不容易得啊！所以不能夠期待說：「我去菜市場或其他地方，都常常看到會外的一些法師，覺得他們好可憐，都不懂得要進正覺來學。」其實你不必覺得他們可憐，要是他們懂得要進正覺來學，開悟的時間就快了；他們若不懂，是因爲他們還不懂得什麼叫作大法與小法，當然就不可能進來正覺修學嘛！

有的人就是要等很久，有時你們會想：「這本書寫得還不錯，然而都是依文解義。這麼有名的大居士，爲什麼都不懂得要進正覺來修學？」因爲他瞧不起正覺啊！「正覺？正覺那個法師，聽說是一個居士欸！」你這麼一聽就知道：原來他只適合小法。他講了一大堆的佛法，其實都只是小法，所以你們看他所寫出來的東西，都是用緣起性空來解釋佛菩提道，根本不能觸及實相；從這裡來看，你也會知道他若是要進正覺來學，那是「還早！還早！」這樣說，並不是瞧不起他，而是因爲認清了他的實質。

雖然這個事實是不容易讓人接受的，但是你還得要接受啊！所以能夠爲他們說的是什麼法？是小法！更何況他們連小法都學不好，因爲他們把第八識否定了以後再來講緣起性空，那個緣起性空就變成無因唯緣論，成爲外道論，就違背 佛陀所說的「有因有緣世間集，有因有緣世間滅」。所以他們不能證得涅槃，是因爲他們不懂得「有因有緣集世間，有因有緣滅世間」的正理；他們不懂這個道理，就只能學習小法，而且還學錯了。如果眾生是樂於小法的，你就不要告訴他：「正覺在教的法好大喔！可以讓人家明心見性。」因爲他才一聽就會生起煩惱：「不跟你講了。」就走了。

假如是這樣的話，你就跟他講緣起性空，說明怎麼樣才可以斷我見：「如果你用六識論來解釋緣起性空，一定不能斷我見，你一定會落入斷見與常見兩邊。」他若不信，你就向他解釋；他聽到最後，耳朵就會垂下來了。你剛開始講解時，他的耳朵是往上仰的，因爲隨時準備要聽出你的說法有什麼過失，馬上要提出來反駁你的；聽到後來覺得你說的有道理，耳朵漸漸就順了。

耳朵順了，就表示你已經可以告訴他「欲爲不淨、上漏爲患、出要爲上、五陰非我」等等，他才有機會證聲聞初果。然而若是要爲他談明心見性，那還早得很呢！因爲他只愛樂小法！

可是有的人連小法都不能學，因爲德薄、垢重。他的福德很薄，但福德薄是有其原因的，是因爲他脾氣大，世間法財色名食睡的貪著很強，所以盡幹一些不好的事情，損害了自己證得解脫的福德。當人家有一天講了出來：斷我見應該要如何修學。他偏不信，偏要主張說：「入涅槃就是離念靈知心一念不生、常住不滅。」絕對不聽你所說的五陰生滅的道理，然後就指控你說法錯誤和大妄語！當他不斷地否定正法，他的福報就越來越薄，你就知道說，不爲他說法反而是比較好的。所以有時候外道來問法，佛陀反而默然，一句話都不講；因爲講了以後他會毀謗 佛陀，反而使他的福報更薄，不如不說。即使這樣子保護那些外道，他們回去以後反而誇誇其談：「我去找瞿曇，瞿曇被我講得都不敢講話了！」

世尊是不想爲他說法，怕他不信而造謗法、謗佛的口業，所以默然；結果他回去以後還是造了口業，只是嚴重的程度有所差別而已。所以面對這些人時，就連小法都不能說，因為他們的福德很薄，積垢很深重，全都在世間法上著想。例如說：「因為釋迦如來出現在人間，所以我的眷屬流失了，我的供養、名聞都受損害了。」這就表示說，他的性障是很深重的。這幾年來為什麼我們一直要談次法？是因為性障越深重的人，佛菩提道的進程就越長遠，佛菩提的進修就越緩慢，所以這兩年我講了很多的次法；雖然不免讓人聽起來覺得很刺耳，可是我既然現在不當自己是客座的講席，要帶領同修會繼續走下去，當然就得要講了，因為這樣才是負責任。大家有在這上面努力去作，一方面修福德，一方面把損害福德的性障除掉，那麼在佛菩提道上走起來就會越來越快了。

所以，德薄垢重的人，也是不應該為他演說小法的，只能為他說明因果律；如果因果律聽得進去，接著再為他講人天善法，也就到此為止，不為他講解脫道。所以諸佛在人間示現的時候，一定都會以佛的形相示現嗎？不一定！有時反而以外道身示現，教導大家修學人天善法，不會示現八相成道的全部或局部內容，那時的世間看起來就是無佛出世，這也是諸佛的方便之一。等到因緣成熟而可以到人間來示現八相成道的時候，對於愛樂小法的人，對於德薄垢重的人，那就要依事相來說：「我在人間示現少年出家，出家之後，我修行成爲無上正等正覺。」得要這樣講。

如果一開始就告訴他們：「我實成佛已來無量無邊百千萬億那由他劫。」他們能信嗎？他們都還不懂人天善法，都還不懂得二乘小法，更沒有明心和見性，一開始就這樣對他們明講，他們一定懷疑說：「這個人好臭屁！」然後轉頭就走，無法度他們了。得要先讓他們在小法中能夠有所實證，實證了以後心中對 佛有了具足的信心，然後再告訴他更深的法，再往前進一步實證而成就大法，最後才告訴他們實際上是怎麼一回事。因此，有很多事情，是要到離開人間的時節因緣來到時才能說出來的，所以 釋迦牟尼佛成佛以來究竟有多久呢？得要到最後講《法華經》的時候才能說，否則眾生一定沒辦法相信的。到這個時候，從地踊出無量無邊的大菩薩們，出現在法華大會現場來爲大家作證，大家都還不太相信，都還會有懷疑，當然必須要留到最後才來說明。

世尊接著又說，祂成佛以來已經超過那兩次抹爲微塵的數目的百千萬億那由他阿僧祇劫的數量。這眞的是難以想像！可是不管 世尊成佛多久了，總是要用方便法來教化眾生；如果不用方便法來教化，眾生根本聽不懂。且不說諸佛，單說你們悟後在增上班學了兩年，你遇到鄰居也是學佛的人，他問你說：「佛法到底是怎麼一回事？」你一時間也不知道該怎麼爲他講，因爲佛法的內涵是那麼深、那麼廣，你要從何說起？一時簡單說了，恐怕他也聽不懂。沒奈何，只好跟他說：「你如果有時間，每週就來我家兩個鐘頭，我爲你講一點。」他一定想：「講一點佛法就要講那麼多、那麼久喔？」你再告訴他：「不但是要兩個鐘頭，而且你每週都要來，聽我講上一年之後，你大概就可以進正覺同修會了。」他不信，你就開始講解眾生有多少種類，且不說二十五有，單說四生、六道就好，這是最基礎的；如果連這個也不信，佛法就甭提了。

學佛的人，一定先要弄清楚什麼叫作三界！弄清楚了，才有辦法接著講：要怎麼樣保住人身。聽完了再講：你怎麼樣才可以生欲界天。生欲界天的法，他聽了也信了，願意修了，再告訴他：還有更高層次的天界，就是色界天、無色界天。這一些境界一一爲他說明了以後，接著說：「可是這一些都不究竟，這些都是輪轉生死之法。」「那麼，怎麼樣才是究竟？」你就爲他說明聲聞菩提。就這樣子逐漸講到佛菩提，然後說明佛菩提要如何進入？就是要明心與見性。你詳細地每週兩個鐘頭一直爲他講，講上一年之後他說：「原來如此！佛法是這麼複雜。可是，我要怎麼實證？」「簡單！」「很簡單喔？那你告訴我要怎麼樣實證？」「去正覺修學。」

然而，他還不知道你到底是什麼人物啊！等他進了正覺，學上半年、一年以後說：「我這一位朋友，聽說在正覺的增上班，而我現在才在禪淨班。」他才會知道：原來你的智慧那麼高，發現他自己智慧很淺！所以，你若是遇到一個完全都不懂的人，你要如何跟他說法？很難啊！因此必須要施設種種方便，所以世尊也說明，初成佛時曾經思索應該如何爲眾生說法，因此觀察諸佛度化眾生之事；思惟觀察之後，知道應該要怎麼樣施設，就用「次法與法、三轉法輪」的方式，來爲眾生說法。如果不這樣施設，一開始就演說大乘法，那麼在娑婆世界的五濁之世就沒有辦法弘法了。

如果我們不施設禪淨班、進階班，除了講經以外，直接像世尊當年那樣使用教外別傳的機鋒，那麼大家一定會想：「這蕭老師可能是精神不正常，因爲他的舉止、說話都很奇怪。」可能就會像這樣子妄想。所以佛法很深妙，眞的不好說明，當然就要用各種方便施設，才有辦法教化眾生。一般人不很瞭解，就會說：「佛法就只是這樣，只是四聖諦、八正道，最多再加上十二因緣，就是這樣，我都知道了。」以前還沒有正覺同修會出來弘法時，大家對於佛法的認知大約是這樣子，誰知道還有一個佛菩提道？誰知道佛菩提道並不是釋印順講的「就是解脫道」？

我們這樣子施設之後，也眞的可以幫大家斷我見、證初果，進而得二果，而且還可以明心，甚至於有的人還可以眼見佛性。這樣子十幾年下來，有人突然一天起了一個念頭：「我在正覺得法以後到底要繼續學多久？」對啊！好多人明心後跟著我二十年了，還繼續在學習，如今學完了沒有？還沒有！因爲連我自己都還沒有學完，那大家跟著我學，怎麼能學得完？所以佛法太深、太廣，難以知解，必須要施設種種方便，依照當代的時節因緣，依照眾生的根性來教化，這樣眾生才有辦法進入佛道。

所以佛所說那麼多的十二部經教，有那麼多的典籍，絕大多數人是沒有讀完的。以前有一位大法師提到，他在美濃閉關六年。這聽起來很嚇人欸！一個人的一生有幾個六年？他竟然能夠閉關六年！我這個人卻沒有閉過關，如果一定要勉強說的話，只有在自己閉門參禪的那十九天，足不出戶，不閱報紙、不看電視新聞，專心參禪，勉強算是閉關吧！不過也只有十九天。他可是閉關六年哦！可是這六年他都在幹什麼？什麼都沒幹，只有讀鈴木大拙的幾本講禪的書，就虛耗了六年。

爲什麼我說他六年之中都沒有讀經典呢？因爲他如果眞的讀過經典，那麼他寫的書、他的開示，就不應該那樣寫、那樣講啊！他如果讀過經典，就不應該那樣講「所知障」。經典中說「所知障」是什麼？是對法界的實相沒有所知，因此成爲佛菩提道上的障礙；結果這一位大法師竟然說：「所知障就是因爲對各種法所知太多，所以成爲障礙。」於是「所知障」就變成了世間法，那你說他有讀過經典嗎？當然沒有！這一位大法師如此，其他三個大山頭的堂頭和尚呢？一模一樣，沒有差異。所以，他們所講的東西，都與大乘經典中的法義扯不上關係，也跟二乘小法解脫道的法義扯不上關係，連依文解義都作不到。

可是，如來說了那麼多的經典，這一些經典裡面的法教，是在告訴我們什麼？是告訴我們五乘之道，所謂人乘、大乘、聲聞乘、緣覺乘以及佛乘；

可是他們個個都不肯讀，偏偏各都弄下一大片山頭，以盲引盲；有的還沒有入火坑，有的已經入火坑了，眞的是「相將入火坑」。所以，這一些經典眞的是須要讀啊！但他們都不讀經典，自己都沒辦法得度，何況能度脫別人？因此，這兩句世尊的開示，應該要有人告訴他們：「如來所演經典，皆爲度脫眾生。」如果自己想要度脫，就一定要讀經典；如果想要度脫眾生，自己就更應該要讀經典。

只是說，《大正藏》跟《龍藏》裡面有一些「經典」，是要先排除掉的，因爲都是外道滲透進來的僞經與外道法。所以眞正佛說的經典，應該要好好去讀，但他們不讀，還反過來加以否定；對於不應該讀的外道經典，例如《大日經》、《金剛頂經》、《蘇悉地經》，以及西藏密宗的密續裡面講的應成派中觀，他們卻讀得不亦樂乎，都把落入斷見、常見的月稱凡夫論師寫的所謂《入中論》等六識論，讀到滾瓜爛熟。讀到滾瓜爛熟的同時，卻又不能如實瞭解那些邪論裡講的是什麼東西，於是就這樣師徒互相籠罩一番而度過一生，眞是好可憐的人啊！

那麼這一些人都有一個特性，就是《本生經》所說的內涵他們全都不信，都同樣認爲是後人編造的神話。《本生經》講的是什麼？就是這三句「或說己身、或說他身，或示己身、或示他身，或示己事、或示他事」，因爲每一個人成佛，至少是要歷經三大阿僧祇劫的過程；那麼三大阿僧祇劫之中所度的眾生會有多少？沒辦法計數啊！因此，《本生經》裡面所說的，釋迦如來的過去世因緣，都是眞正經歷過的事；否則一定會有許多互相衝突、互相矛盾的事，但我們看起來卻都沒有啊！

這裡說「或說己身、或說他身，」到底是在講什麼？我們就舉一個佛經裡面所講的故事，來爲大家說明。「故事」中的「故」，講的是「舊」的意思，就是「舊的、已經過去的事情」，而不是一般說故事時編造的事情。例如說，古時候有忍辱太子跟六大臣的故事，那就是在講己身與他身。爲什麼會講這個故事呢？話說從頭，世尊有一次上忉利天說法，七天之中 世尊都不在人間，六師外道逮到機會就到處去毀謗 世尊，說 世尊是如何的不孝，才一出生母親就死了，然後給祂的姨母撫養；但現在成佛了，不把姨母當姨母，而收作徒弟，眞的很可惡……等。就這樣亂毀謗一通，說祂很不孝。

好啦！世尊在天上說法七天之後回來了，在說法之前，突然從地底下踊出一座七寶塔，大家當然覺得很奇怪：「為什麼今天出現這個異相？竟然有這個七寶塔從地踊出，這是什麼緣由？」世尊就說：「過去無邊阿僧祇劫之前，那時有一尊佛，名為毗婆尸如來。毗婆尸如來示現入滅之後，到了像法時期，那時有一位國王宅心仁厚，以法治化。可是他沒有兒子，於是就求林神、天神、地神，」反正有神他就去祈求，「祈禱之後生了個太子，這個太子的脾氣非常好，從來都不生氣。太子漸漸長大以後，又很喜歡布施，不管人家怎麼樣對待他，他都不生氣，所以就有一個外號，叫作『忍辱太子』。」「忍辱太子很賢德，又有智慧，所以眾人都愛戴；而這個國王有六個大臣，這六個大臣欺騙眾生、欺壓善良，大家對他們很生氣，常常會有人去跟國王報告，說這六個大臣多麼可惡。這六個人明白，忍辱太子長大以後，將來會承接王位，心想：『將來只有死路一條。』剛好不久之後國王生病了，而且病愈來愈重，無藥可治。太子就找了這六個大臣來問：『你們眞的沒有辦法治我父王的病嗎？』六個大臣就告訴他：『你父王的病沒辦法治，我們已經走遍了許多國家及村落，去尋求好藥，可是都找不到。』太子就問：『是什麼藥這麼名貴而找不到？』大臣說：『沒辦法告訴你，這個藥就是找不到。』

太子一聽之下就悶絕了。」

「然後這六個大臣私下商議：『如果不把太子除掉，我們將來一定沒命！』爲首的大臣就說：『太子又沒有什麼過失，我們如何除掉他？』懂得藥理的大臣就說：『我有辦法，可以除掉他。』就前去找太子，然後說：『太子！其實那一味藥雖然難尋，並不是完全找不到。』太子當然就很歡喜地問：『你趕快告訴我，我一定會想辦法找到。』那個大臣就告訴他：『這個藥難找，是因爲這個藥在一個人身上，那個人是從出生以來沒有生氣過。如果能夠找到那個人，那個人身上的眼睛與骨髓，拿下來配藥就可以治你父王的病。』忍辱太子聽過後，心中一想：『這個藥是在我身上啊！』然後就告訴大臣：『我有這個藥，你從我身上拿。』大臣假裝說：『不行！不行！您貴爲太子。且不說您是太子，單說一般人就不可能了。即使不是太子，若是要他的眼睛與骨髓，那是要他的命啊！一般人都不願意捨命，更何況您是貴爲太子！不行！不行！』」

「可是太子心意已決，爲了救父王，於是他就說：『我決定要把我的眼睛與骨髓，用來救我父王，我的命不算什麼！』於是他去向母后辭別：『父王病得這麼重，再不救就來不及了，唯一的藥是我身上的這兩樣東西，我要去救父王，故來跟您告別！』當然，媽媽一聽，抓著他就不肯放，然而母親隨即悶絕過去。太子就以水灑面將她喚醒，喚醒之後，忍辱太子就告辭了。」之後，太子叫六個大臣找來專家，研究如何敲骨出髓；古時候這是很不容易的技術，然後他就把他的眼睛與脊髓捐出去了。古時候沒有現在的技術可以用抽的，就只能斷骨出髓，是砍斷脊髓骨才能抽出脊髓。然後眼球也挖了，再加上其他的藥材調製之後，把他的父王救活了。

「父王活過來以後問說：『怎麼都不見太子呢？你們的醫術為何這麼好，竟然可以治好我的不治之症？』六個大臣就說：『國王啊！你應該知道，世間只有這個藥才能救得了你，這個藥是太子準備來的。』國王心中一驚，立刻就問說：『太子現在在哪裡？』六個大臣回答說：『太子現在命已經差不多了！』於是國王就趕快去看太子，但太子已經沒命了。國王感念太子為了救他不惜身命，就為他建造了一座七寶塔；把他的身體火化之後，就供在七寶塔裡面。」

世尊講完這個故事，接著說：「那時那位以法治化的國王，就是我這一世的父親淨飯王，那一世抱著我而悶絕過去，我死後抱著我而痛哭的母后，就是我這一世的母親摩耶夫人；而那一位忍辱太子不是別人，正是我釋迦牟尼佛的前身。因爲往世六大臣的緣故，所以今天六師外道不斷地毀謗我，因爲他們以前就謀害過我；也因爲這個緣故，所以他們毀謗我這七天之後，我現在要開始說法時，這座七寶塔就出現來作證明。」

這是在講什麼道理？正是「或說己身、或說他身」。說明自己的過去身是誰，正是「或說己身」，說明六師外道的過去身是那六個謀害他的大臣，這是「或說他身」，而過去身的國王、母后，就是現在的淨飯王、摩耶夫人。這在告訴大家說，佛道的修學是很長遠的，在無量無邊的過去世中，每一個人都跟無量無邊的眾生結過緣，所以有時候是非常親近的人，有時候是怨家仇人。過去無量劫以來經過了種種因緣，未來世佛道修學的過程中還會再相遇，於是又重新成爲一家人或者仇人。因爲過去與未來都有無量劫，所以這一些事情都是存在的，不能像釋印順他們那樣一口就全部否定。

所以一個眞正修學菩薩道的人，在眞正可以修證的法裡面，是要看過去的無量劫，也要往未來的無量劫去看待，不能單單只看眼前這一世；單看眼前這一世，一定是不正確的。那麼，這樣來看的時候，假使在佛菩提道的修學過程之中，遇到遮障時就不必太意外，也不必對別人見怪，要學習忍辱太子逆來順受。但是只要堅持下去，總有一天你可以突破遮障。因此，佛菩提道的時程是久遠的，不能只看這一世；既然是久遠的，那麼過去各種事情都曾經發生過，現在遇緣現行了，就不要覺得意外。這一些事情在你將來入地之前，自然會漸漸地看到一些，那時你就會完全相信說：原來《本生經》說的都是可能的，都是曾經發生的已故之事。這就是「或說己身、或說他身」。

接下來說「或示己身、或示他身」。這是用眞正的事例來示現。世尊在《本生經》中也曾經講過，祂與妻子耶輸陀羅，以及祂與兒子羅睺羅的事情。因爲有人覺得奇怪：「耶輸陀羅跟羅睺羅這兩個人，與世尊過去世的因緣是什麼？爲什麼這一世可以當世尊出家前的妻子跟兒子？」於是 世尊也把過去世跟他們兩個人結過的緣，爲大家說明。能夠當應身佛的妻子跟兒子，眞的不容易啊！也許有人想：「我才不要當應身佛的妻子呢！才跟祂當夫妻沒幾年就捨我而去。」確實有的人會覺得不願意，但是你要想一想，那是「佛」哦！不是凡夫俗子。你如果從佛菩提道所獲得的果報來講，在世間法上得到她們那樣的待遇其實算不得什麼。

雖然，身歷其境的時候會很痛苦，所以耶輸陀羅在後來 世尊成佛之後，回到淨飯王的王宮受供時，她還是想盡辦法要引誘 世尊還俗，再來跟她當夫妻。因爲往世所結的夫妻之緣並不是只有 世之恩，是很多世就已經結下的深緣。但是 世尊成佛之後，也幫助她入地了；這樣子，在 世尊出家六年之間，她的痛苦也就不算一回事了！對不對？可以入地欸！這是跳過一大阿僧祇劫。然而，要當祂的妻子有那麼容易嗎？不容易啊！那都是過去世就要結下深厚的緣。若在過去世沒有結下那個緣，不可能當祂的妻子。

那麼，世尊就「或示己身、或示他身」，怎麼樣示現呢？就是經由耶輸陀羅、羅睺羅跟自己這一世身分的因緣來說起。世尊就說：

【過去很多劫以前，已經沒有佛示現在人間，也沒有佛法在人間流傳，那時他是當國王，叫作妙色王，顧名思義就是說他長得很英俊、健壯。當時世間無佛也無法，可是他心裡卻有一股動力，爲了求上妙之法，所以要求他的大臣們周遍布告於全國：「如果有什麼人可以教給我勝妙的法，不管他要什麼，我都可以給他。」】就這樣全國張貼了布告。因爲他的用心是爲了要求法，所以布告貼出去了以後，驚動了忉利天主。因為這個是善法，而且這善法非常之大，他寧可捨一切而要得法；釋提桓因就想：「他眞的是求法嗎？如果他並不是眞的求法，而是求天界的果報，我的寶座就被威脅了！如果他是眞正的求佛法，對我沒有威脅，將來反而會使我忉利天的天眾增長而越來越多，天眾興盛，就不必怕阿修羅來跟我打仗了。」於是忉利天主就要來試驗一下，因此化身為密跡主——也就是密跡金剛（即守護佛法的夜叉神），就來到皇宮說：「我有勝妙法可以給國王，國王你眞的可以不惜一切而布施給我嗎？」國王就說：「我到處去貼了公告，難道不足以顯示我的誠心？你如果眞的有法可以給我，我願意隨你所求而布施給你。」

國王想：「大不了把我的國家要去，那都沒問題，只要你眞的有勝妙法給我。」這個密跡金剛就說：「我眞的有勝妙法給你，可是我現在肚子餓得不得了，沒心情跟你說法。」國王就說：「好啊！那你要吃什麼？我給你。」密跡金剛就說：「對不起！你國王吃的，我沒有興趣，我是個夜叉，吃的是生鮮的肉食。」國王說：「不然，這樣好了，我監獄裡面該處死的囚犯也不少，你要的話，就給你吃好了。」「我不想吃那些，那一些凡夫俗子的肉，吃了沒味道。」「那不然你要吃什麼？」夜叉就說：「把你兒子布施給我！」國王說：「我兒子怎麼可能布施給你！」夜叉又說：「不肯布施給我，那我就沒有心情爲你説法了。」妙色王的太子在旁邊聽了就說：「父王既然求法若渴，我就捨身讓夜叉吃了。」

這時妙色王說：「既然太子願意捨身，你就吃他吧！」夜叉就當場撕了太子的胳膊吃了，拆下他的腿吃了，也把血全部都喝了，全部吃完了。國王就說：「那你可以說法了嗎？」夜叉說：「還不行！我現在還餓！」「那你還要什麼？」夜叉說：「把你的妻子給我！」王后也願意爲他捨身，於是夜叉也當場把她吃了，血也都喝光了，連骨頭都不剩下。國王就說：「那你現在可以說法了嗎？」因爲，太子給他吃了，王后也給他吃了，還有什麼不行？應該要說法了吧！沒想到密跡金剛就說：「這樣還不夠！我還餓！」「那不然你還要吃什麼？」夜叉說：「請國王你捨身給我吃！」國王說：「我被你吃了，還能聽法嗎？」「那怎麼辦？我現在還餓！」國王就說：「我們打個商量好了，你容許我先活一會兒，你先把法告訴我；告訴我之後，我就可以讓你吃了！」夜叉說：「你會不會反悔？」「絕不反悔！我們就立下這個誓約。」

立了誓約以後，夜叉就對國王說：「你不反悔的話，我就告訴你：『如果有貪愛，就會有憂也有畏怖；如果把貪愛給捨了，憂就不存在了，畏怖也不存在了。』這就是我說的勝妙法。」因爲，世間已經沒有什麼佛法可以聽了，所以在當時這個就算是最勝妙的法。也沒有錯啊！假如把對自己的貪愛都能捨了，就沒有憂，也沒有畏怖了，就是解脱了。妙色王聽了很歡喜，就說：「可以了，我就讓你吃了。」於是走下王座，來到夜叉面前。這時候夜叉不吃了，他說：「原來你眞的是爲法，不是爲了未來世的世間福報。」於是夜叉就突然間成爲天帝之身，左右兩邊站著妙色王的王后和太子，原來沒有吃掉，只是神通變化，看起來好像把他們吃掉了，然後就把王后和太子還給國王。】

如果不是因爲這個往世因緣，耶輸陀羅當不了應身佛 釋迦如來的王妃；如果不是因爲這個因緣，羅睺羅也當不了應身佛的兒子。而祂的王妃和兒子，在祂示現成佛以後跟著出家，後來也都入地而被授記了。那你想想，在因地願意爲妙色王捨身，獲得這樣的果報，這是有因果酬償作用的。所以，如果往世不願意爲法捨身，而當應身佛來的時候，一定要佛幫忙而可以證得初地、二地、三地；這樣的主張是沒道理的！這其實就是《楞嚴經》中講的「眾生頑迷不自忖量」的道理。

佛弟子求證法時，都應該先打量一下：「我有沒有往世留下來的福德？」如果沒有那個福德，硬要說：「我這一世一定要入地。」或者說：「我這一世一定要成爲八地菩薩。」他在佛道上就一定會出問題。所以這是 世尊爲大眾的方便施設，告訴大家說：每一個階位的實證，都應該有它背後需要具備的條件；如果那些條件不具足，那一個階位的實證就不可能。世尊講的就是這個道理，所以特地要「或示己身、或示他身」，來彰顯過去世的因果。如果沒有過去世所造的因，這一世就不可能有實證妙法這個果。耶輸陀羅爲什麼會成爲應身佛的妻子，然後經過那個痛苦、離別，最後引誘 釋迦如來回家不成，跟著出家修道，不但證了阿羅漢果，還成爲入地的菩薩，這都是有往世的因緣，不可能無因無緣就這樣獲得。而羅睺羅要不是因爲往世那麼樣地爲妙色王捨身，讓祂可以成就佛道，今世也不會成爲祂的兒子，然後證了阿羅漢果，後來也入地。

然而羅睺羅爲什麼會住胎六年才能出生？當然也有過去世的因緣，說明這件事情的前因與今世果，也是「或示己身、或示他身」。但是我們講《法華經》的目的，不是爲了要說故事，所以就不能把很多《本生經》中的故事，拿來證明《法華經》中這一段經文的眞義，還是要側重在法義上來講；所以在這裡只是舉出兩個《本生經》中的例子，來爲大家說明。也就是說，其實你們每一個人過去生，都跟某一些人有很特殊的因緣；只是你有胎昧，這一世忘記了。未來世你成佛的時候，這一些跟你有特殊因緣的人，還是會在你身邊出現，這是行菩薩道三大阿僧祇劫的過程中，一定會存在的事實；這個事實是不能抹滅的，因此不能說《本生經》中所說的，都是後人編造出來的故事。意思是說，那不是編造的事情，而是陳舊的事情，是已經過去的事情，但那是必然會經歷的過程，因爲每一個人的過去世都有無量世。即使開始修學佛法以後，也得要歷經三大阿僧祇劫的時程；在三大阿僧祇劫之中要跟許多眾生結緣，這是必然的！

接著說：「或示己事、或示他事。」爲什麼說完「或示己身、或示他身」以後，還要「或示己事、或示他事」？因爲成佛不是小事，每一尊佛成佛之後的未來無盡時，還會不斷地在人間示現八相成道；而這個示現也不是小事，所以每一尊佛成佛時，一定會有許多的事情，在自己身上、在別人身上出現。如果是在五濁惡世、人壽百歲的時候，示現來人間成佛，一定會有自己身上的許多事情，來示現給眾生看，也會在別人身上配合著出現許多事情來一起示現。所以悉達多太子為了我們這一些眾生，在人間示現時也有很多事情示現。例如祂的受生就有一些異相出現，住胎的時候有許多異相出現，出生時也有許多異相出現，乃至正式出生在人間時有七寶具足；諸佛在人間的示現，一定同時有七寶出現，這也是「或示己事、或示他事」。

「事」就是一種現象，譬如說，釋迦如來初降生於人間，本身一定會有一些事相的示現，也會有一些別人的事相伴隨著出現，這是諸佛示現的常軌。就好像說，假使有轉輪聖王出現在人間，就一定會有七寶，所謂象寶、馬寶、玉女寶、神珠寶、主藏臣寶、主兵臣寶、輪寶；當他想要以法統一天下，鐵輪王起念的時候，就會有鐵輪於空中出現，依於鐵輪就可以讓他帶著軍隊飛到他國，威懾而降服諸國，於是他就統一了一大天下。而銅輪王可以統治兩大天下，乃至金輪王可以統治四大天下。而這些都是外在的現象，他們本身也會有三十二大人相，只是不明顯，這就是轉輪聖王出現在人間一定會有的現象；這是祂自己身上的事，當然就會有別人身上所示現的事，顯示與祂有互相關聯。

又例如佛陀說祂往世當轉輪聖王的時候，有一次正在船上，船在河上行進，他想要試驗他的主藏臣寶是否爲眞；也就是說，轉輪王要什麼寶藏，主藏臣寶就要能夠立即幫他找出來，讓他可以使用。那一次就想要試驗他的主藏臣寶，他想：「在陸地上找出寶藏都沒問題，那麼在河上行進中，你作得到嗎？」於是就要求主藏臣寶說：「我現在就想要有寶物，你現在就得給我。」當然，這位主藏臣寶說：「現在在水上是不可能的，一定要在陸地上才能夠找到寶藏。」釋迦菩薩因地時的轉輪聖王就告訴他：「那你這樣就有愧主藏臣寶之名了！」所以那位主藏臣不得不把手伸到河水裡去，經過一會兒也拿出一個寶物來給轉輪聖王。

這意思是說，他自己是一個轉輪聖王，自己身上有三十二大人相的事示現，而他的主藏臣寶、象寶、馬寶、玉女寶、神珠寶、主兵臣寶、輪寶，也要各各示現。所以金輪王出現在人間時是七寶具足，他根本也用不著冷氣；因爲他的玉女寶夏天抱起來是清涼的，能除掉他的熱惱，就不會覺得熱；到了冬天，玉女寶的身體是溫暖的，他也用不上暖氣、烘爐。當他出生的時候，玉女寶也隨著出生，並且還有八萬四千綵女同時出生，而以玉女寶爲最殊勝。同樣地，又有八萬四千白象出生，其中就有一頭最特別的白象王同時出生；馬寶等等亦復如是。這就是「己事與他事」。

佛來人間出生時也一樣有這個情形，所以那時的南閻浮提有兩萬寶女出生，其中以耶輸陀羅最爲殊勝；也有兩萬寶馬出生，其中以一匹叫作揵陟的馬最爲殊勝，就是離開王宮出家時所乘的那一匹馬；也有男女各八百人與太子同時出生，其中以車匿最爲殊勝；所以悉達多太子有這一些在別人身上示現的事情顯現出來，乃至有寶藏……等。因此，剛剛出現在世間時，就有第一個現象，就是諸天以清水爲祂沐浴，然後由天而降種種花雨作爲供養。當 釋迦如來示現爲太子身的時候，淨飯王同時又發現了一些寶藏，所以可以廣爲布施給眾生。那麼，顯然祂在人間示現出生，所應該要有的，全部都具足了；正因爲這個緣故，所以淨飯王把這個太子命名爲「悉達多」，也就是諸事圓滿具足的意思，所以悉達多這個名號並不是隨便命名的。

這也就是說，不論誰來人間示現成佛，一定會有自己身上的示現，就是三十二種大人相；因爲這三十二種大人相，所以淨飯王找了最有名、功夫最好的相士，來爲祂占相。其中一個仙人看了相以後，心想太子三十二種大人相非常分明，不可能去當轉輪聖王，將來一定會出家成佛；因爲轉輪聖王的三十二種大人相，不會那麼分明。這位仙人看完後，掉下眼淚來，這時候害淨飯王嚇了一跳，以爲有什麼不祥之事會發生；因爲除了喜極而泣以外，哭所代表的意思，一般就是認爲將來會有禍事。所以在驚疑之下，就請問了這一位仙人，是不是將來會有不吉祥的事？這位仙人說：「太子出生之後，永遠都是吉祥的，不會有不吉祥的事發生。」淨飯王就覺得奇怪：「那麼你爲什麼要哭泣？」仙人就說：「我已經年老了，活不到那個時候來面見世尊、追隨學法，所以自己傷悲啊！」這就是在示現己事，也同時示現他事。

一個菩薩即將到人間成佛時，一定會有一些事情要示現的！同時也會有其他的事情一起示現，例如祂所需要的那一些寶藏……等，這是在成佛的過程之中，都用得著的。因爲，不可能 如來在人間示現時，竟然令眾生窮困貧苦、無以爲生；所以這一些寶藏就會在這時先出現，讓淨飯王可以作大施，於是藏富於民。這就是 如來在人間示現的時候，應該示現祂自己身上的事情，和別人身上所應該示現的事情，這樣才能夠說祂來人間是成佛啦。

所以，由於這麼多的事情：「或說己身、或說他身，或示己身、或示他身，或示己事、或示他事。」這一些都不是編造的故事，這一些都是諸佛示現的時候必定會有的現象。但這一些現象當然會讓眾生覺得疑惑，因此就應該為眾生說明。所以，在本生因緣裡面，佛陀說了許多弟子們的過去世，是什麼樣的因緣在往世與 佛陀結緣，又是什麼樣的因緣今世進入正法之中，證果的時候這麼離奇曲折，證果了以後又產生了很多離奇曲折的事，都是有過去世的因緣。因此不應該把《本生經》當成是神話故事，因為佛世的許多事情背後，都是有往世的因緣。

所以牛呞比丘這個人很奇怪，手腳長得像牛，每一次吃完飯還要從胃裡面吐出來，再咀嚼一番才又吞下去；吃東西的時候，下巴是左右一晃、一晃地，有時又從相反的方向晃過來，就好像牛反芻一樣。這沒有辦法去改變它，因為他的生理構造就是這樣子；但他為什麼又可以成為阿羅漢？這些也都有往世的因緣。所以才說因緣果報昭昭不爽，往世他笑出家人吃飯像牛一樣，只因為那一位出家人年紀老了，牙齒掉光了，只剩下牙齦，所以咀嚼的時候看起來有點像牛，他就這樣嘻笑了一句說：「師父！您吃飯怎麼像牛一樣？」就這麼一句話，此後五百世中都是如此，如今在 如來座下出家時還是這樣，你說那個果報到底是眞、是假呢？

所以說，隨隨便便罵一位出家人，未來世是很麻煩的事啊！他就這麼一句話，五百世得這個果報。假如隨隨便便去對證悟的菩薩扣帽子，或是隨便誣衊入地的菩薩們，那後果會如何，可想而知。還好那一位出家人只是一位凡夫而已，可是那一件僧服的威德就很大了！因此，不管是粟米飯、大米飯、小米飯、高粱飯等，隨便你怎麼吃都行；你要吃五穀飯、雜糧飯也行，飯可以隨便吃，就是對菩薩們說話不可以隨便講，因爲因果很嚴重的。

然而，因爲他成爲阿羅漢了，是人天應供，問題是一到托缽的時候，眾生看他吃飯的樣子，會不會也開口說：「尊者！您吃飯怎麼像牛一樣？」會不會？會喔！眾生不懂因果，就會這樣子說，可是這麼一說就糟糕了。爲了避免眾生不愼而造了口業，所以 佛陀交代：「你只能住到忉利天去，不准住在人間。」因爲天人會知道他是阿羅漢，不會隨意亂問；可是世間的凡夫俗子沒有慧眼、法眼，一般人也沒有法眼、慧眼，看不出他是阿羅漢，往往一句話輕易說了，將來果報就難以承受。所以 世尊就叫他到忉利天上去，去給釋提桓因供養，不要住在人間。所以他成爲阿羅漢以後，就住到忉利天去了，一直到 世尊入滅的時候，有人通知他應該下來人間爲 世尊荼毗，沒想到他卻在忉利天直接取涅槃了。

所以，這一些事情都是有過去世的因緣，才會有這一世奇怪的事情發生，不得不加以說明，釋除大眾的疑惑。又看看《楞嚴經》的開講因緣，是由阿難尊者與摩登伽女的因緣所促成的；正因爲他們過去世多生多劫就已經是夫妻，恩愛得不得了，導致當時證得初果的阿難尊者，會被摩登伽女所迷惑，其實都是有過去世的因緣。再說大迦葉尊者與紫金光比丘尼，兩個人都是俱解脫阿羅漢，卻是一天到晚混在一起，也是有往世的因緣，這一些就是「或示己事、或示他事」；這些事情的發生，都有往世的原因，而在這一世出現的時候，就是會這個樣子，因爲習氣種子沒有斷除的緣故。

如果他們都已經修到滿七地心了，就沒有這一些事情會再出現了。但因爲他們都還有習氣種子，所以 佛陀也不會強制說：「大迦葉！你該住到別的地方。紫金光尼！妳不該與他常在一起。」但 世尊有沒有這樣子？沒有！

因為他們都已經證得俱解脫了。可是，往世的習氣種子沒有辦法一下子就除去的，那還得要再歷經一大阿僧祇劫才能修盡的，也就是要到七地滿心以後。所以，很多的事情都有其背後的因緣，乃至是什麼人來人間示現，也是有他背後原因的。

因此，菩薩們在人間示現，都是有因緣的，如果不是 佛陀要來人間示現，也不會有那麼多大菩薩們受生到人間來，這也是 佛陀的「或示他事」；因為 佛要來人間，不能夠全部都是凡夫弟子啊！所以必須要有等覺、妙覺菩薩，要有十地、九地、八地菩薩，下至初地的菩薩們來護持 如來弘揚佛法，這都是屬於「或示己事、或示他事」所說的內涵。

又因為諸佛如來在人間弘法，有許多奇特的事情，眾生無法瞭解，當然就要這樣子示現；然後在眾生有所疑惑而提出請問的時候，如來當然就要說明自己與這一些弟子們在往世的因緣；但是善根不夠的人、只看一世的人就會懷疑。可是 如來「諸所言說皆實不虛」，信根足夠、信力已經發起的人，聽了就會相信；或者將來把《本生經》結集了之後，他閱讀了也會相信。如果信根不具足、信力尚未發起，那就會懷疑，於是就會有「大乘非佛說」的言語流傳出來；接著就把《本生經》叫作「本生譚」，說那只是一種說法而不是經典，這一些人就是信根不具足、信力尚未發起。

所以，即使在世間混得廣大名聲，這種人在佛法中永遠是不可能實證的；即使是在二乘菩提中，也都無法實證；只能一生一世出家，直到老死都不能斷三縛結。所以，你們要由這裡去觀察，假使你要度人，碰到有些人一天到晚主張沒有如來藏，說如來藏法是方便說，又主張大乘非佛說，又不信《本生經》說的 佛與弟子眾的往世因緣，你怎麼樣為他解釋都沒有用，他自始至終堅持己見決不修改；那你就知道這個人信力還沒有發起，顯然他的信根是不具足的，就知道這個人今生猶不可度。

那麼，以上的意思就是說，如來所說、所示現，為眾生解釋了這一些言說，和示現的往世因緣，其實都是眞實不虛啊！如果一個人的信力還沒有發起，就算他是非常地聰明伶俐，他在佛法中始終因為對三寶有疑，所以在法的實證上也就絕緣了。「絕緣」這兩個字是不是講得很重？是很重的話。絕緣就是說他還沒有那個緣分，當他不斷地懷疑的時候，與法實證的因緣也就斷絕了。這表示說，他於十信位的修行，還沒有滿足，才會懷疑佛、法、僧三寶，十信位之所以重要，就在這裡啊！

有的人經過一個大劫，可以完成十信位的修證，有的人要經過十個大劫、百個大劫，甚至於有的人要經過整整一萬大劫，才能使他對佛、法、僧產生具足的信心。今天諸位坐在這裡，沒有因為聽了這樣的深妙法而生起了煩惱，自己就可以衡量一下，是不是已經超過了十信位？然後再來衡量，對於布施的因果有沒有絕對的信受？就可以衡量自己有沒有滿足初住位，乃至對於持戒、忍辱、精進、靜慮和般若，有沒有如實信受、理解和實修，就可以從這裡來判斷，自己往世大約是多久以前開始學佛的。

這是很容易判斷的，所謂的以果推因；雖然沒有宿命通可以看過去世、過去劫，但總可以從這因果的道理，來作比量上的正確推斷，這是不會有太大錯誤的。如果悟了以後還會退轉，你就知道那個人的六住位修證還沒有滿足，本來就應該要回去六住位中好好修學，甚至有人得要回去把五住、四住、三住位的功德，繼續修學圓滿以後，才可以再來正覺同修會求實證，悟後才能不退轉。這一些都可以從現在的果證上面，來推斷以往究竟已經修學佛法多少劫。

所以說，如來所說全部都是眞實不虛，不瞭解的人只看表相，就會想：「這是什麼時代了？想要開悟，門都沒有。」你告訴他說：「到正覺同修會來學法、開悟，這是很簡單的事啊！爲什麼你老是聽不懂？」事實上，不論你怎麼講，他就是聽不懂；看起來是一個很聰明的人，爲什麼你跟他說了一些法，他竟然永遠聽不懂呢？因爲，他的因緣還沒有到啊！因爲他往世、往劫修學佛法以來時間還很短；當他的因緣到了，你只要輕輕一點，他就通了。所以學佛眞的不能只看一世、兩世，眞的不能只看一劫、兩劫，確實不該只看這一世啊！

如果學佛可以只看這一世，那麼佛門很多人都要撞牆、投河死掉啦！爲什麼呢？你們看很多大山頭的大和尚，他們往往少小出家，從小沙彌當起，到了現在已經七、八十歲了，也曾自稱開悟了；結果出了個蕭平實，竟然公開指說他們根本就沒有悟，連聲聞初果都沒有證。這眞是情何以堪？可是，這種情形其實不嚴重，當他知道說：「蕭平實這一世學佛前後才五年，然後他自己在家裡閉門參究十九天就開悟了，而且還一次就過兩關；我少小出家，長大就懂得參禪，到現在快八十歲了都還悟不了，如今被他說是悟錯了，是可忍，孰不可忍？」那他們是不是要氣死了？是啊！然而那是因爲他們眼光短淺，只看眼前這一世。

眼前這一世，以菩薩的眼光來譬喻說，大概就只有一寸遠；可是一般人認爲自己可是看到好幾公里遠欸！但菩薩所看的是好幾世、好幾劫的事情，不是只看一世。如果大法師們懂得從往世多劫累積下來，拿來跟蕭平實作比對，就不會氣死人了。當他們知道說：「原來蕭平實往世已經修學過至少一大阿僧祇劫，而我學佛以來，不過這麼十劫、百劫、千劫，或者是萬劫、十萬劫、百萬劫；所以我現在悟錯了，或是悟不了，也是正常的。」對啊！這是正常的。因爲開悟就是實證般若，所以想要開悟之前，先得要一劫、乃至一萬劫，修集對三寶的信心。然而這個時間還不算很長喔！接下來，一大阿僧祇劫的三十分之六，才能完成六住位的實修，完成般若度的修學，才準備要開悟實證般若，所需要的到底是多少大劫的時光？假如，過去世才修學佛法十萬劫、百萬劫，那還眞的叫作小老弟，他們還得要在世間法中去跟眾生打混，教導眾生如何布施、持戒、忍辱。那麼諸位來判斷一下，現在那一些大山頭之中，可以把布施、持戒兩個法都教好的，能算得出幾個山頭？你們看看嘛！有幾個山頭？你們若是不方便講的話，沒關係！心裡知道就好。我也不用講，免得又招來罵名。

所以你說，他們若想要證悟，還要修學多久呢？還要很久喔！因爲，大部分人是連持戒都沒修好的，才會走上密宗的法！那就表示持戒這一度是還沒修好的。有的大山頭看見正覺同修會在弘揚如來藏妙法，他們不斷地抵制而說如來藏是外道法；他們對於這個大乘無生之法，心中不能生忍，請問他的忍辱度有沒有修好？沒有！那他們得要繼續好好修忍辱度啊！忍辱度的後面，還有精進、靜慮和般若，就算他們把忍辱度修好了，六住位也才修完一半呢。

如果你說：「大師！恭喜您！您已經修學佛法一百萬劫、兩百萬劫了。」這樣子，他們聽了以後，是該歡喜、還是該哭泣？我跟諸位講，他們不會覺得該哭泣，他們會覺得你是在讚歎他。他們都不會覺得你是在諷刺他們，因爲他們想：「我已經修過一百萬劫、兩百萬劫了。」可是一百萬劫、兩百萬劫，在第一大阿僧祇劫裡面，能不能混完初住位全部？還不行啊！但他們不懂這道理，所以被你糟蹋了還會感謝你：「您誇獎、誇獎了！」因此，佛法是很難理解的，信不具足的人，就會對　佛的所說產生疑惑，不能生信；不能生信，就表示他對三寶的信不具足，十信位功德還不能滿足，才會把《本生經》說是「本生譚」，就說是後人隨便談一談，然後結集成經典，於是就主張「大乘非佛說」。這不就表示他們的十信位還不曾滿足嗎？因為對大乘的佛法僧還不能具足信心。那麼諸位從他們身上觀察過以後，再來觀察自己，心中就可以有一個底了，對不對？自己的底牌大約就知道了。所以說：

「如來所演經典，皆為度脫眾生，或說己身、或說他身，或示己身、或示他身，或示己事、或示他事，諸所言說皆實不虛。」

說完了這一些，佛陀接著說：「所以者何？如來如實知見三界之相，無有生死若退若出，亦無在世及滅度者。」我們先來解說這一段。世尊開示了上面的法義之後，接著講出了原因：為什麼如來「諸所言說皆實不虛」？是因為　如來已經如實地了知，也如實地看見三界之相，是沒有生、沒有死，沒有退、沒有出，並且也沒有在世和滅度之可說。

三界之相的如實知見，並不容易啊！請問大家：「三明六通的大阿羅漢，對於三界之相有沒有如實知見？」有沒有？沒有嗎？為什麼這麼肯定？人家可是三明六通的大阿羅漢欸！你們好大膽，竟然敢說人家沒有如實知見三界。可是，我也大膽地認同你們。但是這些話，現在還不能夠在外面講，講了一定是找罵挨！然而，三界之相對於阿羅漢來講，並不容易如實知見，因爲具足如實知見三界之相的人只有一種聖人，就是諸佛；連妙覺位都還沒有完全具足如實知見啊！更何況是尚未明心的阿羅漢呢？如果是那一些附佛法外道，例如密宗的法王、上師們，就更甭提了。

附佛法外道們所講的三界，你們聽了不免覺得啼笑皆非；讀完他們對三界的說法之後，眞的很難表示你的意見，不曉得該哭、還是該笑？因爲，有一些附佛法外道，自稱他們的證量比 釋迦牟尼佛還高，他們還把諸佛分等級；而那一種附佛法外道說，他們的層次比 釋迦牟尼佛還高，高到哪裡呢？高到連三界相都還不懂。所以，他們眞的比 如來還「糕」，我把他們叫作糟糕的「糕」，竟然連三界相都不懂。

既然講到了外道，就再來舉一個例子說；諸位聽了以後，眞的會笑不出來。那一個外道怎麼講，他說：「三界總共有三十三天。」對於「三界有三十三天」，你剛讀的時候，若是初機學人，也許會以爲說：「他比我更厲害，因爲我只知道三界有二十八天，他竟然知道有三十三天。」可是，你立刻會轉個念頭，你發覺他的不對了：他是把忉利天當作是三界了，因爲忉利天剛好是三十三天。原來那外道佛是讀到法師們在書裡面講到三十三天，他就想：「三十三天比二十八天還多，那三十三天一定是函蓋了所有的三界，二十八天可能還沒有具足函蓋。」所以他就講：「出離了三十三天，就是出三界了。」聽了外道佛這樣的說法以後，到底是該笑、還是該哭？

眞的不知道該怎麼反應，因爲若是要笑，又覺得他好可憐，是應該哭；若是想要哭，可是又覺得說，他爲什麼膚淺得這麼可笑？然後，出三界又是怎麼出的？他怎麼說？他說：「要練法輪，在法輪上練一種宮，宮的柱子越來越長，最後就超過三界去了，那你就出三界了。」原來三界竟然是有一定的高度喔！問題來了，人間如果壞了，他的宮柱要立在哪裡？那麼，柱子是不是要崩壞？當人間壞了，他是不是又被拉回三界內了？是不是這樣？眞是荒唐無稽啊！可笑的是，那樣的外道假佛，一樣是有一大堆人崇拜、跟隨著。

所以你們不要覺得說：「外面有一些人胡說八道、亂講，根本不是佛法，爲什麼還會有人信受？」但我告訴你：「就是會有人信。」連那一種「上帝會坐飛碟來接大家去上天堂」的話，那種荒唐言，都有人相信了，怎麼這一種外道不會有人信呢？這些說的都是外道，現在再舉一個佛門的來講。我們都知道，欲界有六天，色界有十八天，無色界有四天，但佛門裡面有一個法師是一位比丘尼，她自己又建立了一個「轉投天」，她說：「你們這一些徒弟們，將來死了以後，可以先出生到師父我設立的轉投天來，先在那裡安住，然後我將各位從轉投天送到西方極樂世界去。」唉！什麼時候又多了一個「轉投天」？這可是佛門裡面的法師喔！所以說，這些人連三界的表相都弄不清楚了，三界的實質究竟如何？當然更不知道了，還敢說他們如實知三界？還敢說他們如實見三界的法相？都是自欺欺人啊！

可是，三界的內涵爲什麼重要？是因爲它牽涉到修行者能不能據以檢查：自己是否超越了三界的境界？所以四種悉檀裡面，才要建立世界悉檀。如果沒有先讓眾生知道三界相，就爲眾生說：「你現在可以出三界了。」那麼眾生要如何檢驗自己是否眞的出三界了？所以一定先要讓眾生知道欲界是怎麼回事，色界是怎麼回事，無色界又是怎麼回事。對於欲界的一切都瞭解了，知道欲界中的六道是怎麼回事；如果檢查自己的境界，還是在欲界六道中的境界，就表示還沒有出欲界，這樣就可以檢查自己有沒有超出於三界。然後再說到色界的境界、無色界的境界，當眾生瞭解了以後，才教導他們如何修行。當他們知道自己是阿羅漢以後，不會再受生到這三界之中，那就可以確定自己眞的是出三界了，這才是眞正的實證解脫。

可是那一些佛門裡面的外道跟佛門外面的外道，連三界的境界表相都不懂，竟然誇口說他們已經出三界成佛了，這就顯示說，他們對於「三界相」還沒有如實知、如實見。然而慧解脫、俱解脫的阿羅漢們，都已經能出三界了，爲什麼對三界相還沒有具足了知？因爲對三界中的各種不同差異的境界相，還沒有具足了知；之所以產生眼前各種不同層次的三界相，其背後的原因，一樣還沒有具足了知，甚至是完全不知，所以不能說是「如實知見三界之相」。因此，如實知的人，是對於三界一切境界的形成，與壞滅、超脫都能如實知的，才可以說是「如實知見三界之相」。

從這裡又有一個題外話，要順便說一下，因爲以往都一直有人說《楞嚴經》是僞經。有兩類人一直說《楞嚴經》是僞經，第一類人就是六識論的應成派中觀師，另一類人就是坦特羅外道，也就是黃紅白花等假藏傳佛教。這兩類人都反對《楞嚴經》，他們爲什麼要反對呢？第一類六識論的應成派中觀師，他們不能夠接受《楞嚴經》裡面，依如來藏和佛性來演說的佛法；假如他們承認《楞嚴經》是眞正 佛陀親口所說的經典，他們就得要把自己的所知、所見拋棄，所以他們不能夠接受，就不斷地主張《楞嚴經》是僞經。其中的佼佼者，並不是印順，而是呂澂；他還寫了一篇文章，叫作〈楞嚴百僞〉，舉出了一百個證據，說《楞嚴經》有一百個地方可以證明是僞經。可是他根本是不懂佛法的，最主要是因爲《楞嚴經》講如來藏，而他們無法實證第八識如來藏，所以他們無法接受，乾脆想方設法來證明它是僞經。

另外一種就是西藏密宗，因爲《楞嚴經》如果廣爲流傳，雙身法就得全面毀棄了，他們的西藏密宗就別混了，所以他們也要極力反對。我們再從 佛陀所說的諸經，來看看《楞嚴經》是不是僞經？《楞嚴經》中談到十信位起，一直修行到十住、十行、十迴向、十地、等覺、妙覺，然後成佛；其中不同層次的各種五陰區宇、五陰盡的境界，在其他的經典裡面是還沒有談過的，卻是成佛的過程中必定會經歷的境界；可是 釋迦如來明明已經示現入涅槃了，顯然化緣已經圓滿了，不可能還沒有把佛法的整體講完；假如把《楞嚴經》排除在 佛所說的經典之外，那麼就變成 佛所說的法是還不圓滿的。又如有人否定《華嚴經》，說不是 佛所說的；但《華嚴經》中所說的菩薩道五十二階位，在其他的經典中並沒有明確的解說，在般若部的諸經裡面也只是散說而不具體圓滿，顯然得要函蓋在佛法中，世尊所說的佛法才算是圓滿的，那又怎能說《華嚴經》不是佛說？

所以，不可能還沒有把佛法的整體講完，就先示現入涅槃。假如把《楞嚴經》排除在 佛所說的經典之外，那麼就變成 佛所說的法是還不圓滿具足的。但是 佛陀在《楞嚴經》裡面不但講到這個，還講到十習因和後面所有的正報與依報，更講到色陰區宇、色陰盡的境界。乃至受想行識四陰區宇和受想行識四陰滅盡的境界；這是談到五陰習氣種子的滅盡，在所有大乘經裡面是沒有講過的，然而 佛陀在《楞嚴經》中講過了。如果把《楞嚴經》排除掉，佛所說的成佛之道就有缺陷而不夠圓滿了。所以這一部經典一定要納在佛所說的經典裡面，才算是具足圓滿。這樣子一來，就可以證明《楞嚴經》確實是 佛所說的眞實經典。

也因爲《楞嚴經》裡面非常詳盡地講到「三界之相」，說明三界是怎麼樣產生的，然後怎麼樣才能離開那一些境界，轉生到不同的境界去；並且藉著十習因和正報依報的解析，說明三界六道輪轉與生成的因由；這些在《楞嚴經》裡面都有解說，而在別的經典裡面都不曾說過。顯然，佛陀是具足了知三界相的，否則沒有辦法這樣子講。由《楞嚴經》配合其餘諸經，才能夠使佛法具足圓滿來看，就可以斷定：《楞嚴經》本來就是 佛所說的成佛之道裡面的一部分。把 佛所說的成佛之道諸經，不管是去掉裡面哪一部分，佛法就不圓滿了！

所以，真正透徹佛法的人，對佛法通達的人，都不會認為《楞嚴經》是偽經，因為它在成佛之道的法義內容上面，扮演一個很重要的角色和地位；它讓菩薩們知道成佛過程中的詳細內容，因為它藉由五陰區宇、五陰盡的內涵，把三界的一切粗細法相具足地說明了；由《楞嚴經》的法教，可以證明佛陀對三界相是如實知、如實見的，都沒有遺漏啊！因此，呂澂寫的〈楞嚴百偽〉叫作胡說八道。只是，我沒有時間去破它，因此以前講《楞嚴經》的時候，我曾經私下講過：「將來一定會有人破它，而且是不一定要證悟者就可以破它。」果然我開講後不久，沒過幾年，真的有人寫了一本書來破呂澂寫的〈楞嚴百僞〉，就把他駁回去了，還用不著我來動手。

我的寶貴時間要用來解說《楞嚴經》，把入地以後要瞭解的法義註解清楚，諸位未來世入地以後，還可以拿來參考，這才重要啊！何必浪費我的時間去破呂澂那篇〈楞嚴百僞〉呢？而且，我們把《楞嚴經》註解了出來，讓他們讀過以後，他們就會發覺：「原來我們是誤會《楞嚴經》了！」老實說啦！讀《楞嚴經》的人，不誤會也難啊！因爲它翻譯的文辭是那麼簡練與古樸，明心證悟了以後都還不一定讀得懂。也許現在有人聽了我的這一句話，心想：「我不服氣！」不服氣的話，你不妨試著註解看看；不要看我的註解，你自己從頭開始註解。如果有古人註解，而被收錄在《大藏經》裡面的，你都可以參考；現代別人的註解，你也都可以參考，你就自己註解看看。

老實說，都還有許多人明心後連讀都讀不懂啦！那些六識論的凡夫呂澂等人，當然更沒智慧讀懂。面對那麼勝妙的經典，根本都讀不懂，就乾脆說那是僞經，這樣子就了結了，不必被別人說他們讀不懂。可是，我說那像是什麼人？像一種愚人，被箭射到了以後就說：「我把它鋸掉了，就沒事了。」然後每天在那邊叫痛，最後當然就發炎、流膿，還繼續堅持下去，然後就死掉了。那一些主張《楞嚴經》是僞經的人，也是一樣的，認爲只要指說它是僞經，以後就沒事了；然後邪知邪見就開始滋長，越來越增長了以後，他們的法身慧命就死掉了。至於還沒死掉的人，讀到他們以前所講出來的主張，就在佛菩提道行進中開始長出腫膿以及流血，並且裡面都是細菌、病毒，誰讀了、聽了也都中了毒，最後法身慧命一個個跟著死掉。

所以說，三界之相要如實知、如實見，眞的不容易啊！那是究竟佛地的事；因爲，對三界之相如實知、如實見的人，有一種功德，就是具足了知因果：什麼樣的人會生成什麼模樣？會出生在什麼環境裡面？這一世爲什麼會如此？一定是有過去世的因，那個因是唯佛與佛才能具足了知的，爲什麼能具足了知？因爲祂如實知、如實見三界之相。所以，造什麼業，將來會下什麼地獄，離開地獄以後會成爲什麼鬼，鬼道的苦果受完了以後會成爲什麼樣的畜生，然後將來會生而爲什麼樣的人，這都有因果關係存在，各不相同；這就是十習因與未來世的正報、依報等道理，而這個只有諸佛如實了知，妙覺菩薩還不能如實地具足了知。可是《楞嚴經》把這一些道理都說明了，怎麼可以說《楞嚴經》是僞經呢？

反過來，我們也由《楞嚴經》來證實，如來眞的如實知、如實見三界之相，所以把一切有情的出生全部緣於如來藏，而一切有情在三界中的生存與運作，全部緣於如來藏的妙眞如性的道理，全部為我們詳細解說了。若不是如實知見，就不可能這樣子清楚明白地為我們解說，讓我們如此明白三界相。所以學法眞的不能得少為足，得少為足的時候，侷限在一部經中，那麼他就沒有辦法使自己的智慧越來越勝妙；因為，每一部經與別的經典之間都互有關聯，這一些關聯性是所有的人都弄不清楚的。你必須要對每一部經都深入領解以後，才會發覺到，原來在某一些地方是有互相關聯的；那個時候，你的智慧就會增長很快。

因此說，少聞寡慧又慢心深重的人是最可憐的，得少為足是第二可憐的人。至於完全不懂的人卻是完全不可憐的人，因為他會繼續輪迴得很快樂，死後下墮三惡道中也會氣得很快樂、怨得很快樂。知道什麼樣的人是很可憐的、是少分可憐的、是不可憐的，那就表示你已經有了法眼；因為你已經由此經通彼經，由此論通彼論，你知道它們互相之間的關聯；而某一些經的定位，某一些論的定位，你已經很清楚，你對於佛法的了知就會既深又廣。

現在回到經文中來，如來如實知見三界的一切法相，接著分成一些層面來說。先要來談「無有生死若退若出」。有生有死是世間凡夫，無生無死是菩薩的境界。有生有死而不再出生，是阿羅漢的境界；但菩薩看阿羅漢不再受生時，卻同樣是本來無生、本來不死。所以，菩薩自己非有生死、非無生死，因為於生死之中無退無出，所以世尊在這裡才說「無有生死若退若出」。這一些道理，以前沒有聽人家講過，是因為到了末法時代沒有人能講了；其實在古時候，菩薩們早都說過了。

三界一切之相，為什麼「無有生死若退若出」？因為，菩薩隨從諸佛受學而實證以後所見，三界相本來就沒有生死可說，也沒有出三界或是退轉了又輪迴於三界的事可說。然而因為眾生們不知道眞相，都只看到表相，所以就有了這一些問題出現，這就牽涉到佛教界諍論幾十年的大題目。二、三十年以前的佛教界，當時有一段時間很流行討論：「到底是有我、還是無我？」於是有一些法師們諍論了起來，後來居士們也加入戰團，一起諍論。有的人講：「佛是無我的，因為五陰是無常、苦、空、無我，佛陀怎麼可能教學人證無我以後，祂自己還有我？」然後就有更不懂的人出來說：「佛陀是有我的，你看《阿含經》、大乘經中，如來不是都這麼說：『我告訴你們如何、如何！我亦如是。』這不就是『我』嗎？」然後，又有第三篇文章出現，就在分析：「如來說的是『五陰無我』，然而爲眾生說法時，不得不方便說『我』。」哎！這講得倒也有道理。自從他這一篇文章登了出來，終於大家不再講話了，那個作者這樣子算是有功德。是什麼人寫的，我已經忘了，所以那一段時間，有差不多十來年，佛教界裡面就沒有人敢再說：「師父我說怎麼樣、怎麼樣。」都變成說：「我們應該這樣。」「我們說：如何、如何。」明明是他一個人說的，卻變成我們說的，好奇怪喔？爲的就是怕人家攻擊他說：「你說是『你』說的，那你就是有『我』。」

眞的是無聊欸！本來佛法之中就有爲人悉檀，必須要藉著人間的語言文字，來爲眾生說法；若是有人說錯了，當然就應該說：「『你』講錯了！如何才是對的呢？『我』說的才是對。」一定要用這樣子的方式！要不然如何能溝通？又如何能把法義講清楚？爲人悉檀之中本來就應該如此。不但如此，還要加上很多的對治法門，來幫助眾生；然後演繹出更多、更廣的法義，眾生才能少分瞭解，所以一定要說「我」嘛！要不然，對方說錯了，要怎麼表示他說錯了？同時，對方假如要指責我說錯了，他又要怎麼說我講錯了？他是不是要指著人，然後說：「說錯了！說錯了！」也要指著自己說：「這樣子講，對！對！對！」所以，在表相上評論 世尊是有我、還是無我，眞的是無聊！

但是，在二十幾年前的佛教界，大家都不懂四悉檀，因此也曾經很熱烈地討論過，我在弘法初期因此就講了「我與無我」的意涵，後來整理成書流通到現在。現在我們回頭來看當時他們說的那些話，就可以送給他們最恰當的四個字，叫作「言不及義」，因爲都只是在文字表相上討論。其實應該從如何斷我見、斷三縛結，從如何證得大乘見道功德來說，才是有意義的；這樣子才能牽涉到三乘菩提的教義與實證，否則都談不到眞實義啊！所以就只能送給他們「言不及義」這四個字，眞正的再恰當不過了。

話說回來，有情到底有沒有生死？以前沒有人敢說「無生無死」，以前佛教界都說有生死，要解脫生死、了生死；所以，在大乘法之中說，想要求開悟、了生脫死。這樣子講了十幾年，弘揚了十幾年以後，結果大家都發現自己的腳下是虛浮、不實在的，覺得腳跟沒有著地；於是開始有人討論：「這樣子的開悟是有問題的。」當大家開始在討論那些開悟是否錯誤的時候，正覺同修會冒了出來，這已是二十年前的事了。結果大家一看：開悟是證得第八識如來藏，心想：「那我們大家都沒有證悟啊！我們以前跟隨著大師們學佛，被印證開悟了，結果現在一看，都不是親證如來藏。可是人家正覺說開悟是悟如來藏，對照經典的結果也是如此。但是，我才不想跟那個名不見經傳的臭小子蕭平實學呢。然而，我在佛法上一定要有所實證，那我該怎麼辦？」

他們擠破腦袋，想到沒辦法了，眞正的路又不願意走，那就只剩下兩條路了：第一條路就是往南方走，走到南傳佛法去了；另一條路是往密宗走，因爲聽說密宗可以即身成佛、當世成佛，這個是最快的了，只是要花錢而已。於是台灣佛教界走上這兩條路。本來南傳佛法在台灣不興盛，密宗在台灣也不興盛，那時密宗一直都在弘傳，但卻沒有辦法興盛。正好正覺同修會開始弘傳的時候，他們也跟著開始興盛起來了。因爲那一些學佛的人已經走投無路，但又不願意投入正覺同修會，只因爲正覺當時還沒有什麼名氣，蕭平實又不是示現出家的僧人身相。於是他們只好投向南傳佛法、西藏密宗了。

只是，他們只看重表相的結果，卻沒想到他們都是走錯路頭了。因爲他們不曉得現在南傳佛法並沒有實證者，千年來已是如此；也不瞭解西藏密宗到底有沒有實證者，然後就迷迷糊糊道聽塗說信以爲眞，蒙著眼就投進去了。投進去以後，當然就是血本無歸，又浪費了一世的時光與許多錢財。所以，我說善知識出現在人間，會使得某些人很倒楣；但問題不在於善知識，而是他們自己。

例如以前我們因爲弘揚如來藏法，有些人不服氣，約了我見面；我一向先聽對方說什麼，他們高談闊論一個多小時以後，我上課的時間快到了，就開口在一、二十分鐘裡將他們的說法全部破盡，他們只能閉嘴不再論法，只好對我提出中止印行《護法集》的條件。他們是專門在搞月溪法師的法，月溪說：「要把阿賴耶識找出來，一鎚搗碎，『嘩』的一聲就開悟了。」可是，問題來了，月溪法師說的開悟原來是要把阿賴耶識找出來一鎚搗碎，請問他們有沒有找到阿賴耶識？（眾答：沒有。）你們很聰明！知道他們都沒有找到阿賴耶識，竟然說可以把祂搗碎，那顯然就是胡說八道嘛！但也還是有人願意相信這種瞎說，就只因爲月溪法師當時名氣大，台灣從北到南、從西到東，都有人在推廣月溪的邪說。我這個蕭平實才剛出來弘法，沒啥名氣！因而會裡有些人就開始迷信月溪，然後私底下開始說：「唉！老師這個法不對，阿賴耶識是妄心，找到了以後，還要把祂搗碎才對。」

問題來了！你要怎麼搗碎祂？你總得要告訴我個道理：怎麼搗碎祂嘛？祂根本沒辦法被搗碎啊！祂是萬法的本源，具有金剛不可壞性，連諸佛如來都沒有辦法搗碎祂，月溪法師這個凡夫倒是厲害，都還找不到祂，竟然就可以把祂搗碎。所以為了救那些走上岔路的同修們，那時我開始講《批月集》，後來整理出版之後改名為《護法集》。《護法集》流通出去之後，那一些大法師與大居士們就沒得搞了，於是另闢蹊徑，有的走到南傳佛法去，有的就開始走入密宗了。

最倒楣的是南部那個大法師，他走到密宗去的時候，沒想到我正在開始規劃要寫《狂密與眞密》，所以他搞了兩三年密宗，剛才興盛起來，我的《狂密與眞密》正巧開始出版了。他也眞是倒楣，先前是搞月溪法師的東西，我出了《護法集》破完了，他又開始搞密宗的法，我剛好又出了《狂密與眞密》，又把密宗破了；想來，他也是很可憐。可是話說回來，可憐的固然是他，問題是「誰讓他變成可憐」？是他自己啊！因為我已經講出來三乘菩提是應該怎麼修的，唯一佛道就是函蓋三乘菩提的，他偏不想信受，堅持要走偏鋒；走了偏鋒當然就是走到岔路上去了，當然就是出偏了嘛！

所以說，在正覺出世弘法以前，到底生死是怎麼回事？眞的是沒有人知道，大家都是自以爲知。有的人因此就說：「我將來死了，就保持正念；一念不生，然後就進入涅槃中永遠離念了。」喔！在無餘涅槃之中是意識覺知心一念不生的？那這樣，涅槃之中到底是有沒有六塵？不說六塵，單說定境法塵好了，有沒有定境中的法塵？涅槃之中是不可能有六塵的，連一塵都無。那麼當他一念不生的時候，可以離開法塵而單獨存在嗎？不可能啊！因此，什麼叫作出生死？他們其實是不知道的，而不知道的原因，是因爲對三界境界的不瞭解。

正覺同修會弘法不久，我就特地寫了《生命實相之辨正》，目的就是要讓大家知道，他們所謂的開悟狀況，其實都是在人間的境界，都離不開三界的境界。那時有人說：「某某大師已經出三界了。」問他：「涅槃是什麼？」卻又說：「涅槃的境界，不可知、不可說，無法瞭解。」既然是無法瞭解，又是如何知道自己證了涅槃？所以他們最大的問題，就是不知道三界相，住在三界之中，始終不離三界相，卻說自己已經出在三界外了。可是若提起「三界相」，大家又會說：「我知道啦！就是欲界、色界、無色界。」然而進一步問他的時候：「你出三界了沒有？」他回答：「出了！我早就了生脫死了。」「那麼，你可以入涅槃了嗎？」回答說：「可以啊！到時候一念不生就入涅槃了，就永遠一念不生、了了分明。」

你若是再問他說：「你了了分明的時候，有沒有六塵？」他如果聰明的話，也許就開始支支吾吾，不敢回答了；因為他知道三法印中有一印，叫作「涅槃寂靜」。當你把「涅槃寂靜」這一個寶印拿出來，他就瞭解，原來他在自己所說的「涅槃」之中一念不生的時候，還是有六塵的，這時候就不再敢說是寂靜的。所以他們落在欲界人間的境界裡面，自己還不知道那是欲界人間的境界，當然更無法瞭解出生死是什麼境界了。

可是，又有一個問題需要去追究：「出生死之前，是否要先知道生死？」是不是要先知道？對啊！你一定要知道什麼叫作生？什麼叫作死？然後離開了這兩者，才叫作出生死。不知道什麼叫作生，也不知道什麼叫作死，竟然敢說他已經出了生死，其誰能信？卻有許多愚癡者繼續信個不停。接著，爲什麼會有死？因爲有生啊！生到底有幾種？總而言之就是三種，欲界生、色界生、無色界生，這只是從三界法相的現行來說，還沒有談到變易生死呢！三界中的生，各有其因，爲什麼生而爲人？爲什麼生而爲鬼？爲什麼生而爲畜生？爲什麼生而爲地獄眾生？

先從人間以下來談，生必有因，沒有因就不可能出生；既然生了，一定是有我見、我執這兩者，等而下之就加上一個我所執。如果再從這三者來細觀欲界人間以下的世間，又會有種種的差別。是什麼因而生爲黃種人、生爲白種人、生爲黑種人？是什麼原因而生爲有錢人、窮人？是什麼原因而生爲國王、生爲百姓？各有不同的因，這些都稱爲生因。同樣的道理，生而爲鬼道的眾生，鬼道可以大略分爲十人種類，爲什麼會生而爲不同的鬼？也有它的生因。同樣的道理，畜生以及地獄眾生，莫不如是啊！

有的人修了福德，死後來世卻變成阿修羅，那又是爲了什麼？所以根本的生因，是從三個問題而來，就是我所執、我見與我執。可是，還有其他導致不同狀況的原因，使其生成不同的人、不同的畜生、不同的鬼道與不同的地獄眾生，這就是助因。那麼如果連這個都不懂，誇口說他成佛出了生死，到底是出了什麼生？又離開什麼死？這只是從人間以下的眾生世間中，可以思惟理解的；所以根本的生因，就是剛才所說的我所執、我見與我執等三種無明或煩惱。然而，會造成不同出生的狀況，是因爲造了種種的業，導致後有異熟果種的成熟而受報。

但這只是人間以下，若要知道是如何成爲欲界天人而生在欲界天？如何成爲色界天人而生在色界天？如何會成爲無色界有情？也有不同的原因。這一些生都瞭解了，才能知道怎麼樣離開死嘛！這一些有情不同狀況的受生，各有其因；把那一些助因除掉了，然後再把根本受生的因也除掉了，結果就是不再受生，不再受生才能夠說他是出生死的，這是二乘菩提中最簡單的道理。然而在二乘菩提中卻不說這麼多，因爲沒必要，因此二乘菩提中告訴你，我所執、我見與我執都要全部斷盡。要斷除之前，得先要瞭解欲界的我見、我執，也要瞭解色界的我見、我執，無色界的我見、我執；都瞭解以後，把它們斷除。全部斷除以後，首先自己馬上會確定一點：「梵行已立，所作已辦，不受後有。」馬上就會自己確定這一點：不受後有啊！

可是，不受後有確定了以後，是怎麼樣去檢驗確定無誤的？那就是要有解脫知見。要用解脫知見來檢查自己是不是眞的不受後有了？如何是解脫已經如實知？如實知了以後，也都如實見了，可以來檢查自己眞的不受後有時，這才能說有解脫知見，這樣子的人才能夠說他對自己出生死的事「知如眞」。這是說，我對自己解脫於三界，知如眞。這樣子才是初步的出三界，可是後面還有俱解脫、三明六通大解脫等著他餘生之中繼續修證啊！

所以大家讀四阿含諸經的時候，當佛弟子們聽 佛說法之後得法眼淨，也就是生起二乘菩提的法眼了；當法眼清淨之時，就知道這樣子確實是證得初果解脫。知道自己順著這個方向，將來可以一直修到第四果，這就是法眼淨。當他得法眼淨之後，向 世尊請求出家；世尊准了，於是他脫下了世間的華服，穿起糞掃衣，在 世尊的僧團中出家；然後就獨一靜處，樹下思惟，第二天早上就來向 佛陀稟報：「世尊！我已得阿羅漢，梵行已立，所作已辦，不受後有，解脫、解脫知見，知如眞。」他就這樣來報告了，才一個晚上欸！

聽完 世尊說法時得初果，一個晚上思惟之後，第二天早上來報告，自己說成爲慧解脫阿羅漢了。這個出生死、出離三界，有一個很重要的認證，就是「不受後有」。不受後有之前則有兩項，就是「梵行已立，所作已辦」。

「梵行已立」就是說自己已經超過欲界了，表示至少是有不退的初禪在身；「所作已辦」則是對於三界愛的內容、三界愛的斷除，都已經觀行修證完畢，確定死後不會再有中陰身出生了，才能說自己「所作已辦」。這時他確定自己是「不受後有」的，由於不受後有的緣故而說自己已得解脫；得解脫了，又知道什麼才是解脫的原理，所以說有「解脫知見」；最後作了確定：知如眞。然後，佛陀就會爲他勘驗一下：「果然如是！你死後眞的可以出三界了。」這就是出三界的最基本的原理。

而這個原理是建立在什麼基礎之上呢？建立在對於三界一切生滅相的如實知。現在有一些外道，或者是佛門外道，都說他們成佛了，或是宣稱自己可以出三界了；可是卻對「三界有」的法相都不瞭解，而他們所說的出三界境界，卻仍是人間的境界，甚至於有許多大師說的都還只是想像的境界，根本是無法出三界的，連欲界的人間境界都出不了，只會成就大妄語而已。他們如此愚癡的最根本原因，就是對三界的一切相不如實知見；明明自己落在三界的人間境界裡面，都還沒有超出欲界，竟然說他已經出離三界了，密宗四大派的古今所有法王們全都如此，實在是很可笑啊！

然而你知道了這個可笑的事情以後，卻笑不出來，你會爲他們覺得悲哀。但這還不是最悲哀的，更悲哀的還在後頭，因爲你看到在他們身後，有一大群眾生跟隨著，數量可不只幾萬、幾十萬，而是幾百萬、幾千萬啊！這時你還能笑得出來嗎？笑不出來啊！可是這一些人，跟著附佛法外道在岔路上繼續走下去，他們並不知道自己跟隨的是附佛法外道，還以爲那些大師眞的是成佛了。那我們得要去救他們，我們究竟該怎麼救？總不能一個一個去找他們吧？所以就要寫書，這就是我們應該要作的事。

那麼阿羅漢可以出離三界生死，這代表什麼意思？代表有生與死可出離。現在問題來了，在這一段了義的經文中 世尊開示：「無有生死若退若出。」明明阿羅漢是有生死可出的，假如從阿羅漢退回三果，那就不是出三界，就是「退」了；這也是《阿含經》中記載的事實，爲什麼現在《法華經》中又說如實知見三界一切相之後，竟然「無有生死若退若出」呢？因爲所謂的生死，都是依於如來藏而有五蘊的生死，如果不從五蘊或無色界四蘊的現象界諸法來看，而是改依如來藏自身的境界來看，就沒有五蘊相、四蘊相了，而全都是如來藏相；然而如來藏自己的法相之中，是沒有生、也沒有死的，那又如何會有生死可以出？或者是退轉呢？

但是現代佛教界從來都不知這個眞義，所以佛教界這幾十年以來的所有大師們，全都不懂二乘聖人出生死的道理；至於「無有生死若退若出」，那就更沒辦法談了。因此咱們正覺同修會、正智出版社的書印出去以後，就變成曲高和寡了；如果你是一個極高超的歌唱家，當你唱起歌來，音韻之妙，誰有辦法跟你和？沒有人可以跟你唱和啊！所以才叫作曲高和寡。咱們正覺同修會所說的如來藏妙義，同樣也就變成曲高和寡了，都沒有人可以應和；因為現代佛教界的大師們，有的是離念靈知，有的是清楚明白，還有的是放下執著卻又要把握自己，都在五蘊中打轉，從來沒有人講如來藏法！這就表示一直都沒有人實證如來藏，當然就不懂眞如啊！

當佛教界只有咱一個人實證的時候，我要到哪裡去找知音呢？所以我二十年來彈出來的所有曲調，沒有人可以應和；因為他們從來沒有聽過，要他們怎麼跟著應和呢？因此我們剛開始演說出來的微妙法，外面沒有人信受，大家就一窩蜂地抵制。二十年後的現在，開始有人在跟隨了，甚至於也有密宗喇嘛說：「我們的法跟正覺的法一樣。」但是如來藏妙法不曉得什麼時候會變成一窩蜂？我想大概是看不到那個時節啦！但至少有人願意攀緣附會，表示正法的根基現在已經鞏固了。

可是因爲我們的法難知難解，我們的法放諸於三乘諸經、諸論而皆準；前後經歷二十年（編案：這是二〇一一年十一月二十九日所說），好多人想要推翻正覺，卻始終推翻不了；甚至於連會裡的人由於私心不遂而想要推翻，也推翻不了，那就鞏固下來了！所以二〇〇三年那一批人幫我們灌了好多混凝土，想要讓我們正覺動彈不得；沒想到也眞的是動彈不得，打從我們針對他們的否定說法，寫出了那麼多本書以後，根基更加鞏固，現在不論是誰都動搖不了正覺了；然後，我們在大家對我們動彈不得、很鞏固之中，不斷地往上加蓋起來，蓋上幾十層樓房都沒有問題了；絕對不會傾倒，因爲他們爲我們灌了太多水泥了。

正覺的法就是這樣子，因爲這個法是實相法界的法，而實相法界的法是函蓋現象界一切法的，由此可知，實證而明白實相法界的人不應該不知道三界一切相；差別只是你所知道的範圍夠不夠廣、夠不夠深而已，但一定會知道。當你證得實相法界的時候，你會看見現象法界莫不從此生，然後你就會看見一切現象法界諸法，都是有生、有滅之法；而你轉依了這個實相法界以後，你從實相法界來看現象法界諸法的時候，會發覺現象法界一切法其實都歸實相法界所有，本來就只是實相法界裡面的一部分而已。因爲現象界的一切法都沒有超出於實相法界之外，所以五陰十八界的生，是在自己的如來藏裡面出生；生了以後也沒有超出自己的如來藏之外，所以死時也只是在自己的如來藏中死，而如來藏法界從來沒有生死。

也許有人才來聽經不久，聽了我今天這樣說，心裡就不服氣：「你說得沒道理，明明我就是在山河大地上生活，怎麼會說我沒有出離自己的如來藏之外？」那我就要請問：「你看見山河大地是顚倒的，還是正立的？是天在上，還是天在下？」他一定振振有詞地回答：「當然是天在上、地在下，我又不是精神有問題，怎麼會看顚倒？」可是，我卻要說，你的眼根攝取了外境之後，外境的山河大地影像進到了你的眼球視網膜上，卻是顚倒的，可是你看到的卻是正立的，請問：「你看到的是眞實的外境？還是如來藏變生的內相分境界？」聰明人一聽就懂了：「原來我看見的山河大地，只是我的如來藏變現的影像，我沒有眞的看見山河大地，我還眞的是生活在我的如來藏裡面，沒有超出我的如來藏之外。」

既然如此，當年出生的時候，是不是在你的如來藏裡面出生？當然是啊！因爲眼根如此，耳鼻舌身意莫非如此。既然生在自己的如來藏裡面，那將來死的時候呢？還在如來藏裡面死啊！這一世死了以後，如來藏又出生了一個中陰身，中陰身也還是在自己的如來藏裡面啊！去投胎了以後，中陰身不見了，只剩下不懂得反觀自己的意根一個識，陪著離見聞覺知的如來藏住在母胎中，所以暫時沒有了覺知心的我。在母胎之中是不知不覺的，一直到四個月的時候，開始漸漸地有很粗糙的意識出現了，但並不明顯；到第五個月開始的時候，有較具體的意識出現了，所以胎兒開始會動了。妳們當過媽媽的，請問：明確的胎動是什麼時候？最快也要四個半月，通常是五個月，對不對？表示他有意識了，那也還是在他的如來藏裡面。所以你看：死了是在如來藏中死了，生也是在如來藏中出生；生死本來是五蘊所有的，但五蘊卻是如來藏中的一部分；所以五蘊的生死，從來沒有離開如來藏之外，而如來藏本身又無生無死，那麼請問：你到底有沒有生死？喔！終於恍然大悟了：眞的是沒有生死！然而菩薩不是從聽聞而理解的，都是現觀的，這就是菩薩的所見：「無有生死若退若出。」既然是「無有生死若退若出」，哪裡還會有「在世及滅度者」？

因此接下來進一步說：「亦無在世及滅度者。」關於這一句，有兩個層面要說。依據凡夫對諸佛及阿羅漢的認知，一定是有「在世及滅度者」，因爲他們的所見，是從現象界來看；你若是單從現象界來看的話，就是依於五蘊、十八界的在世或者滅度，來說解脫或者成佛，就一定有在世及滅度可言。例如以凡夫來看阿羅漢，他所見的阿羅漢就有在世與滅度的差別；當阿羅漢們還沒有進入無餘依涅槃前，他們有五蘊、十八界在人間遊行，隨緣爲大眾說法，等待時節因緣到來才入滅度；這樣子看來，顯然阿羅漢還在世啊！等到捨壽的時節因緣到來，阿羅漢們入了無餘依涅槃，不再有五蘊、十八界示現在人間，就說他入無餘依涅槃，不受後有，也就是滅度了。

二乘人與凡夫也是這樣的見解，只有證悟實相的阿羅漢菩薩們不作這樣的見解；二乘人與不迴心的阿羅漢們有哪一種見解呢？看見 釋迦牟尼佛入無餘依涅槃，就以爲 釋迦牟尼佛已經入滅度了；依於滅度之前，釋迦牟尼佛同樣有五蘊、十八界在世間利樂有情，就說 釋迦牟尼佛還在世；這就是二乘聖人以及外道，或者佛門中的一切凡夫們的看法，來說有生死、有滅度。但是迴心佛菩提道的大阿羅漢們就不敢這麼說了，在二乘法之中，眞見道的時候，初果人之中還是有人會這麼想：「釋迦牟尼佛入涅槃了，但不是斷滅空；可是畢竟是已經不在世了，所以是已經滅度了。」

成爲菩薩後的大阿羅漢們不會這樣想的，因爲這些大阿羅漢在 佛陀的教導之下迴小向大，都知道不該入無餘依涅槃。在第二、第三轉法輪的過程中，佛陀也教導阿羅漢們如何是大乘法的見道，以及見道後如何成佛；而成佛以後是利樂眾生永無窮盡，永不入滅度，但卻已經是早就滅度了，而且是究竟的滅度。所以，大阿羅漢們知道諸佛的入滅度，只是一種示現，因爲諸佛示現入無餘依涅槃之後，是要繼續在別的地方各個世界，一處一處不斷地利樂有情，繼續再示現八相成道，雖然最後也示現入滅度，其實都是沒有入滅度可說的。

但是眾生不知道，只依現象界及這一世來看時，看起來就有佛來人間成佛，年老了捨壽，入無餘依涅槃。那一些六識論者，仍然繼續在向大眾灌輸這種錯誤的觀念，說 釋迦牟尼佛已經入無餘依涅槃，如灰飛煙滅。但是大家可以想一想，只要有智慧就可以想得到：釋迦牟尼佛不但在娑婆世界度化眾生，也在他方世界度化眾生，因為有無量的化身。又例如，如果在這個娑婆世界的一個星球之中所示現的應身佛，真的入無餘依涅槃了；那麼在其他千百億世界化現的 釋迦牟尼佛，是否也要跟著本尊 釋迦牟尼佛入涅槃？事實上是不可能這樣子的。由這裡也可以了知，世尊在人間的八相成道，最後入涅槃，只是一種示現。

也許有人覺得說：「他方世界？那可能太玄了一些。」那麼我們不如就縮小範圍來說，從這個娑婆世界來談，世尊在世界悉檀裡面也告訴我們，這個娑婆世界有百億四天下，百億須彌山，所以有百億小世界；如果有百億的小世界，這百億小世界之中，世尊是否應該一個又一個小世界，去示現八相成道的成佛度眾生和入涅槃呢？那麼，究竟應該如何定義 世尊的在世以及入滅度？真的是無法定義啊！

當然，也許有的人又會想：「經中說娑婆世界有百億四天下，百億小世界，百億須彌山，我又怎麼能信得過？因為我也沒有能力去證實啊！」但是，現代的天文學，不已經很清楚地告訴我們，這一個銀河系有大約兩千億顆太陽嗎？這代表什麼？這代表有兩千億個太陽系嘛！兩千億個太陽系裡面，大約有一百億個太陽系之中，可以有人類生存，這樣子的說法不超過吧？我說的這個比例只有二十分之一而已，當然是不超過啊！所以，古人信心不夠的時候，大可懷疑；但是現在天文學已經這樣印證了，我們還需要懷疑嗎？因此說，在天文學還沒有發展起來以前，佛陀所說的已經是正確的；既然是正確的，這一段時間在這個地球上示現八相成道八十幾年，而前一段時間在另一個星球上也示現八相成道，也許是幾十年，也許是幾百年，因爲人壽可能不一樣；也許又過一段時間以後，在另一個星球上示現八相成道，可能只有六十歲，因爲一樣是減劫。幾劫以前也可能隨著當時的人壽，而示現八相成道兩百歲；接著再幾千年以後，又在某一個星球上示現八相成道，隨著當時的人壽，佛陀就那樣子示現兩百歲的壽量，然後就示現入涅槃了。

但是如果過了一段時間，在另一個世界的某一個星球上，人壽增長了，佛陀就又示現可能是三百歲、五百歲；也有可能兩千五百多年前，在我們這個地球示現入滅後，隨即又有一個因緣在另一個適合的地方，是回來這個娑婆世界某一星球又示現八相成道，跟我們這個地方兩千五百多年以前示現八十幾年的狀況，也是一樣的。總而言之，娑婆世界有很多地方，都是由 釋迦牟尼佛去示現的，也還有別的世界而不一定都在娑婆世界裡示現；那麼請問：釋迦牟尼佛在人間示現的住世以及滅度，你究竟要用哪一個星球來定義？大家不妨先思考一下！

也就是說，釋迦牟尼佛如是，其他諸佛亦復如是。在表相上看來，是有在世與滅度的差異，可是從菩薩的實證所見，以及從諸佛在十方世界不同處所示現的差異來看，卻又沒有在世和滅度可言；因爲除了剛剛所說的在事相上，示現八相成道的所見與所知來說，就已經沒有在世和滅度的定相了；而菩薩證悟後，從如來藏以及從諸佛成佛之前二大阿僧祇劫，所立下的十無盡願來看，諸佛全都不可能有所謂的在世與滅度啊！在世，到底是誰在世呢？當然是依諸佛示現的五蘊、十八界，來說諸佛有在世；可是諸佛不以五蘊、十八界爲眞實法，而是以本際如來藏，也就是以佛地的法身佛無垢識爲眞實法，依於這樣子的境界，就沒有在世與滅度可說了。即使是凡夫有情在因地的阿賴耶識眞如境界來看，也同樣是沒有在世與滅度的差別可說的，因爲這些全都是現象界裡的事，而不是實相法界裡的事。

因爲如來藏這個眞實法，成佛的時候稱爲無垢識，這個無垢識不對在世或者是滅度作分別想，因爲本來就超越分別的，本來就是實相法界中的事，這是諸佛的境界。既然，依第八無垢識的境界而說，諸佛並沒有在世與滅度可言，顯然不能說諸佛有在世與滅度；而諸佛的五蘊、十八界住持於人間，攝受有情利樂眾生的時候，仍然不能夠說祂有在世與滅度；因爲諸佛的智慧究竟無遺，無所遺漏必定含攝而窮盡無分別法界的眞實相，所以從諸佛的智慧來看，諸佛一樣沒有在世與滅度者。

也許有人會想：「諸佛如是觀，菩薩也如是觀，那麼凡夫們所住的境界，是不是有在世與滅度？」其實也沒有啊！因爲凡夫就是凡夫，怎麼可能滅度？對啊？本來就不可能滅度。至少也得要證阿羅漢果，才可能滅度嘛！所以凡夫沒有滅度可言。但是，「凡夫沒有滅度」還有另一層意思，因爲凡夫雖然有五陰、十八界，然而凡夫的本際，仍然是各自的如來藏，而凡夫各自的如來藏永遠不生不滅，所以從凡夫們的如來藏心來看，凡夫們仍然沒有滅度。

那麼修行成爲阿羅漢以後會有滅度嗎？也沒有，所謂的滅度只是方便說而已，所以阿羅漢如果說他有滅度，從般若慧上來看，就要挨菩薩們的香板，因爲菩薩們會訶責他：「你不懂滅度。」這是因爲阿羅漢入滅度，只是依於他的五蘊、十八界而作的方便說，而阿羅漢的本際一樣沒有滅啊！不需要滅，也無法滅；不需要度，也無法度；因爲阿羅漢的如來藏本來就在離生死的彼岸，他的五蘊、十八界沒有入滅之前，他的本際已經在無生無死的涅槃彼岸，那又何需要入滅度？所以定性聲聞阿羅漢堅持要入滅度，佛陀就說他們是愚人。眞的是愚癡啊！因爲他還沒有入滅度以前，他的本際如來藏本來就是涅槃、無生無死了，而他滅除自己五蘊不受後有以後的無餘涅槃中，所剩下的依舊是生前就存在的無生無死的如來藏，何需要把自己滅掉去入涅槃？所以，從菩薩悟後乃至諸佛的境界來看，上至諸佛，中如菩薩、阿羅漢們，下至一切凡夫、螻蟻、地獄有情等，全部都「無在世及滅度者」。

這道理，以前有沒有聽什麼大師這樣子講解過？一定沒有！可是這個事情在正覺同修會裡面，卻是稀鬆平常，常常都會聽我說到，因爲這就是實證如來藏所見的境界。既然「亦無在世及滅度者」，接下來就告訴大家「非實非虛」。所以，當你知道「亦無在世及滅度者」，你也親自證實確實是如此，那你看到神怪小說或者一神教的聖經裡，說要把惡人消滅，讓他們魂魄無存，變成斷滅空無，你就會覺得太好笑了；顯然他們不懂說，不管是誰都無法把眾生滅盡。因爲眾生始終都有一個金剛心、如來藏，永不能毀壞；而且眾生也有無窮無盡的無明，和無窮無盡的業種，於是乎死後馬上又出現在三界中，不可能不再出生於三界中，哪能把眾生滅掉而永遠斷滅？

有好多人抱怨：「人間太苦了！我死後不要再來了。」「不要再來，那你要去哪裡？」「我哪裡都不去！」問題是他又沒有證得阿羅漢果，他怎麼能夠哪裡都不去？所以，最後一定又會重新再受生，又有下一世的後有出現。接下來的問題只是：下一世的後有，究竟是生在欲界天？還是重新投胎人間？或者下墮三惡道？都不一定！端看他在世爲人如何而定。所以，想要不來，卻不能不來，這就是眾生所面對的窘境，都因爲我見、我執不能斷除。

對於某一些惡人來說，他們也因此而歡喜；例如有一種惡人，在人間殺人越貨、燒殺擄掠，無惡不造，下了地獄受苦，你問他說：「你好可憐喔！在紅蓮地獄裡面，身體都凍裂了，一片一片、一塊一塊裂開，又紅又白好像紅蓮花一樣，好可憐噢！雖然是這樣子，但有一個辦法可以滅掉你的苦，那就是讓你變成斷滅空，你要不要？」他會跟你說：「不要！」因爲他抱著希望：「我這個苦受完了，就可以離開地獄了。」由於對未來不受苦痛的自己可以繼續存在抱著期待，所以不想現在正在痛苦的自己變成斷滅空。又好比人間有一句話說：「好死不如賴活！」不論是怎麼樣的苦，最多只希望可以悶絕過去，但是絕對不想變成斷滅空；因爲他想：「將來痛苦過去了以後，我又可以活過來而無苦。」在一般人所講的「潛意識」裡面，都是這樣作意的。也就是說，意根是願意這樣的。

好！既然是這樣子，五陰死了以後，到底是不是眞的死了？表面上說是死了；可是死了以後呢，又在三界中重新受生，繼續接受後有，那麼這樣子到底他死後生了沒有？生了！看來好像有實有虛，死了變成虛，生時又從虛變成實，因爲又受生、而取得後有；可是，這都只是在現象界上面所見而這麼說的。然而眾生一直都是生滅法與不生滅法，二者和合運作永不相離；如果沒有不生滅法常住，便不可能有生滅法存在；生滅法就是五陰、十八界，不生滅法就是各自的本際、如來藏，常住不壞。

眾生的五陰、十八界，不論哪一世都是生滅法；這個生滅法滅了以後，又會重新再出生，出生以後就有老死，於是就滅了；滅了以後，又繼續出生，就這樣不斷地重複而無法終止。眾生在這生死不斷的過程裡面，是既歡喜、又痛苦，歡喜是因爲生欲界天享樂，或是在人間富貴生活，痛苦是因爲下墮三惡道受苦；但不管是生天享樂，或者是下墮受苦，心中都還是歡喜說：「這個五陰死了以後，不會變成斷滅空，未來世還是可以有新的五陰。」眾生就這樣歡喜啊！

正因爲有一個不生滅法如來藏，眾生才能夠有無量世的過去和無量世的未來，不斷地有五陰生滅法繼續出生而又入滅。那麼，這樣子看來，就應該是有實有虛、虛實並存的了；實是如來藏，虛就是五陰。眞悟的時候，所見確實如此；因爲如來藏恆存，也找不到一個方法可以壞滅祂，所以才叫作金剛心；因此演講這個金剛心的經典，就叫作《金剛經》。那麼依此看來就是有實了？可是如果完全說是有實，卻又錯了；不是爲了反對人家而故意說有實，或故意指稱人家說心的實有爲錯，而是因爲轉依了眞實法如來藏以後，從如來藏來看待一切法，也從如來藏的立場來看待如來藏自己，其實也沒有實可說。

從如來藏來看待祂自己時沒有實可說，不是因爲如來藏這個眞實法不存在，而是因爲祂從來不了知自己這個眞實法的存在，也就是不了知自己的存在，就沒有實可說了。如果有誰說他開悟了，然後說：「原來眞實我是這麼眞實地存在，這就是『我』啊！我覺知之性了了分明，這就是眞正的眞實『我』啊！可是，『我』都不去分別『我存在、不存在』，所以我是『無我』的。」其實他還是落在覺知心識陰的「我」之中，他只是把人家實證的境界套在自己的頭上來，自以爲是實證無我了，幾十年來的佛教界正是如此啊！

可是金剛心如來藏本身，不分別虛、不分別實，所以假使有誰證悟了如來藏，轉依以後還說有眞實法、有虛妄法，那就錯了。只有一個開緣，可以說如來藏是眞實法，就是爲了接引眾生而爲眾生開示悟入眞實法，才可以這麼解說。但是，如果從如來藏自住的境界來看，沒有所謂的眞實法如來藏自己，沒有所謂的生滅法五陰，因爲祂從來不加以了別。那麼，這樣子看來，實相法界之中，顯然是「非實非虛」；然而「非實非虛」之法不可言說，爲利樂眾生的緣故，因此從爲人悉檀的立場，就得要施設言說，來說祂眞實存在、眞實不虛、不可壞滅、能生萬法等等，這就是爲了眾生的需要而說。

但是當經中說無實亦無虛的時候，以管窺天的那些佛學學術研究者就會說：「世尊說法自相矛盾，有時說有眞實法，有時又說無眞實法，有時又說非實非虛，顯然這一些經典是在不同的時期，由不同的後代佛弟子所編造，所以才自相矛盾。」有沒有聽過這個說法？不但聽過，還讀過不少呢！那就是說，他們不瞭解 佛陀演說第一義悉檀的時候，有時是依爲人悉檀而方便施設；因爲若是純說第一義悉檀，眾生都聽不懂啊！必須要有各各爲人施設的方便，所以有時要先告訴大眾「非無眞實法」，說明每一個人都有各自的金剛心，眞實存在、不可壞滅、亙古恆新、永遠不老。一一爲大眾說明這個眞實法的體性時，當然要說祂眞實存在、不可壞滅啊！必須說實，不可說虛；如果說虛的話，就成爲戲論，正法就難以流傳了。

可是，爲了那一些已經證悟的菩薩們，卻要教導大家深入現觀這個眞實法的自身境界，於是大家就會發覺：「啊呀！這個眞實法，祂能生萬法，而萬法被祂出生以後，其實跟祂是一個整體，而祂也不會反觀自己的存在，祂的境界中都不了知自己眞實存在，就沒有眞實法可說了，因此應該要說：非實亦非虛。」就能夠如實轉依。所以人乘佛法確實很難瞭解，因爲針對實相法界的各種不同層面的觀察，所見所說就會有所不同；假使純粹從實相法界的立場來說，說上幾十年，眾生還是聽不懂的，因爲沒有地方可以趣入啊！於是要有爲人悉檀，來說祂眞實有，說祂有什麼樣的自性，大家才會有入手處，也才能夠找到祂。

假使沒有爲人悉檀的這一些說法，眾生就永遠沒有趣入之處，所以不能夠純說第一義悉檀轉依後的境界，一定要有爲人方便施設，先說祂眞實存在、能生萬法，有哪一些自性；這是爲了幫助大家建立正知見與方向，大眾聽完了沒有誤會時，就知道要如何趣入這個實相法界。趣入之後，再來告訴他們，說祂「非實非虛」，讓大家深入現觀，這就是《金剛經》之中，世尊與須菩提對談的道理；總而言之，就是「非實非虛」。可是，這眞的太深奧難解了，因此到了末法之世，大家都用意識來想像眞實心離兩邊的境界，卻誤以爲是要以意識來離兩邊，就說：「我不要落在眞實的一邊，也不要落在虛無的一邊，那就是中道了。」可就誤會了。

其實意識所住的境界，永遠不在如來藏的中道境界裡；要轉依於自己實證的如來藏之後，發起離兩邊的智慧而住，那個智慧才能夠說是中道的智慧。所以，爲了令眾生可以趣入此法的緣故，要說有眞實法如來藏，亙古恆新、永不壞滅。然後爲眾生說，一切的有爲法，不論三界中哪一個層次的蘊處界，都是虛妄法；這樣子把現象界全部否定了，眾生才能夠有一個方向，可以趣向實證實相法界的道路，否則將永遠無法實證；等到實證了以後，就可以來爲他們說明「非實非虛」的道理。所以，縱使三乘經典之中，有時候說如來藏眞實，有時說「無如來藏」，也就是「無阿賴耶識」，其實並不衝突，這才是眞正的般若；因爲，一個是從實相法界來看如來藏，一個是從現象法界來看如來藏，當然所說的表面上看來就會不一樣。然而表面上不一樣，事實上仍然是完全一樣，並沒有矛盾之處，因爲這是爲人悉檀。那麼這樣看來，如來藏的自住境界中，顯然如同前一句經文 佛所說的「亦無在世及滅度者」，這眞是千古不易的正理啊！

接下來說「非如非異」，先從我們眼前看得到的來說吧！大家看見自己的前後左右，都有各自獨立的五陰十八界等其他人；可是你如實明心了，你也同時看見每一個五陰十八界存在的時候，都各有唯我獨尊的如來藏存在。這時如來藏與五陰兩個法，到底是如？或者是不如？這兩個法之間，到底是異？或者是不異？從這裡去思惟，你就會產生很多的法義了。當你思惟過了，進一步經由親證而觀察及思惟所成就的智慧，就成爲你的證所得慧，不再只是思所得慧。

那麼，先來談「非如」吧！當你明心了，看見如來藏所生的五陰確實不「如」，這是因爲念念生滅的緣故。即使是看來常而不變的色陰也是一樣，不斷地在生滅著；所以早餐才吃過，四、五個鐘頭後又餓了。至於什麼時候開始餓的？可能大家會說：「快十二點鐘的時候就餓了。」其實不然！其實是你早餐吃飽的時候，就開始餓的過程了；只是那時候你沒有餓的感覺，但餓的過程卻已經開始了，就這麼不斷地在變異啊！所以這樣看來，色陰不「如」。

又例如說，早上一覺睡飽了起床，精神百倍，準備要開始幹活一天；到了下班以後，回家吃過晚飯，坐了一會兒，怎麼越坐腦袋越來越昏沉呢？因爲累了！可是，累又是從什麼時候開始的？從早上醒來就開始累的過程了，只是你當時沒有感覺到累，只覺得神清氣爽、精力飽滿，但是從醒來、一開始活動的時候，累的過程就已經開始了。請問，你有沒有辦法控制說：「我現在神清氣爽，我就是要整天一直都神清氣爽？」你沒辦法控制啊！到了晚上，眞的不睡覺不行。

那麼有的人到了下午四點鐘，他不喝兩杯咖啡是不行的，否則就沒有精神工作了。像這樣每天工作，日積月累來到五十歲，醫生建議說：「你要把咖啡停了。」此時不得不停下來。但這一停下來，每天到了下午三點時，開始打呵欠；你泡很濃、很濃的茶給他喝，也沒有用，他依舊打呵欠；此時雖然是五十幾歲，看起來卻像是七十歲的樣子了；因爲他每天用咖啡來提神，其實是每天在透支體力。且不說有沒有喝咖啡，你能否控制自己？比如現在我剛吃飽，想要永遠保持飽的狀態，都不要餓；或者我現在剛醒過來，神清氣爽，我想要整天保持這樣的頭腦，不要昏沈，結果呢？沒有人作得到。那麼請問：「你這個五陰，如？或者是不如呢？」對啊！諸位一聽就懂了，當然是不如嘛！

可是，從實證者的立場來看，當他貫通三世來思惟的時候，他會說：「我這個不如的五陰，其實也是如；因爲我這個五陰，是住在如的境界裡面。」一般人聽了會懷疑說：「奇怪！明明你就不『如』啊！剛才你被我打了一拳以後，還哀哀大叫呢！為什麼還敢說你的五陰是如？」凡夫都會這樣子反問，可是阿羅漢們跟菩薩對談多了以後，就不敢這麼反問了；因為他們知道：「菩薩會這麼說，一定有他的道理，只是我不知道，我還是別問的好。」為什麼呢？因為他一問，菩薩就會告訴他：「我這個不如的五蘊，沒有離開過永遠是如的實相法界；我這個『不如』的五蘊，一向住在『如』的如來藏裡面：我這個『不如』的五蘊，是歸屬於永遠都『如』的如來藏所有；因為如來藏永遠『如』，所以我這個五蘊就『如』。」

阿羅漢們聽了，也只能接受啊！因為他們一旦反駁，就會被菩薩訶責說：「你們這些阿羅漢，叫作什麼阿羅漢？根本就不是阿羅漢，哪兒來的阿羅漢？」那這樣子不就沒面子了嗎？如果不服，膽敢去向佛告狀，佛陀還會說：「是菩薩講的對，你們得要去跟菩薩道歉。」你看，明明是阿羅漢，被菩薩罵說：「不是阿羅漢！沒有阿羅漢！」結果他們不服、告了狀，還得要去跟菩薩道歉，因為法界中本來如此。所以，不如的五蘊存在於永遠都「如」的如來藏裡面，也就變成「如」啦！卻又無妨五蘊不如而繼續生死。因為，不如的五蘊有生有死，卻都是在「如」的如來藏裡面，不在外面。轉依於如來藏的立場，來看這個不如的五蘊時，這個不如的五蘊，只像如來藏寶珠的表面影像一樣，出生了、又消失了，世世不斷地在換新；五蘊是生滅法，這個生滅法是在永遠都「如」的如來藏裡面，不斷地生了滅、滅了生，生了滅、滅了又生，本來就屬於永遠都「如」的如來藏，所以這五蘊也是「如」啊！

也許有人會問：「可是，你這樣講的跟經文中的『非如』，是不一樣的啊！」對啊！我說的是不一樣的，因爲這是爲人悉檀。其實，我怎麼說都對，這就是證悟佛菩提的好處，在二乘菩提中，就不能怎麼說都對了；但是在大乘菩提中，你怎麼說都對，因爲現在說的是爲人悉檀，是爲還沒有證悟的人說，讓他對大乘菩提生起歡喜愛樂之心，才會想要實證；實證以後，所說就又不同了，然而卻沒有絲毫的矛盾或衝突。如果說這個五蘊依於如來藏就變成「如」，顯然是把它收歸如來藏來說；可是反過來說，五蘊的生滅總是眞實存在的吧？無可否認啊！所以才會有定性聲聞，在二乘菩提的實證，是要滅掉五蘊才能夠入無餘涅槃，正是因爲五蘊非如。

五蘊自己眞的是不能如，所以病了得要看醫生，受傷了得要敷藥，餓了得要吃飯，喝多了水，得要去排尿，無可避免啊！五蘊確實非如，怎麼能夠說它是「如」呢？只有依於如來藏的時候，才能夠說五蘊也是「如」。然而，等到你轉依如來藏，依於如來藏的境界來看如來藏，以及看自己五蘊的時候，既不能說「如」也不能說五蘊生滅而「不如」，因爲如來藏自己的境界之中，沒有「如」或「不如」可說，也無一切法可說。

所以，你證悟了以後說如來藏是「如」，說五蘊轉依如來藏時也是「如」，因此而告訴人家說：「若是上帝要來殺我，他是殺不了的。即使他把我這個五蘊殺了，我下一世再有一個五蘊出生，悟了還是要繼續破他！他恐怕還不知道我的上一輩子是誰呢！所以，我是如。」接下來就爲眾生說：「但我這樣子只是方便說，實際理地非如，沒有如可說，無一切法可說，因爲如來藏不了別三界內的一切法。」

也許有人聽了這一段話以後就如此說：「我知道了，如來藏了別三界外的一切法。」可是我要問了：「三界外有什麼法？」一法亦無啊！三界外就是如來藏獨住的境界，如來藏心中沒有三界一切法可說，如何會有意識證得如來藏之後而觀察所得的「如」可說呢？所以，爲人悉檀中說如來藏有「如」，說證悟後五蘊轉依如來藏時也是「如」，但是從第一義的實相境界來看，沒有「如」可說，因此才說「非如」。

「非如非異」的「非如」談過了，接下來說「非異」。這個如來藏跟五蘊顯然是不同的，把範圍縮小一點好了，假使如來藏跟意識是一樣的，那麼佛陀就可以不必再講如來藏了——不必再說第八識了，只說意識就夠了，就說「意識是如」了；可是佛陀明明說，意識是識蘊所攝，是根塵相觸而生的生滅法，意識自性本就不如！玄奘菩薩在《成唯識論》中也說如來藏與所含藏的種子是「法爾本有」，具備能生蘊處界的一切功能差別，而自身不生不滅不動不轉，因此也說祂是「如」。這樣子看來，顯然五蘊或者是意識與如來藏是異，因為如果是同的話，找到離念靈知就應該算是開悟了，常見外道就應該都是證悟的聖者，然而 佛卻說那是常見，只是凡夫流轉生死的輪迴境界。

佛在經中說，如來藏非凡夫境界，是智者自內證的境界；凡夫所知都只是意識法，落在意識境界中。但如來藏非意識境界，顯然如來藏異於意識、異於五蘊啊！可是，等到證悟了以後，卻有兩個層面的說法：第一個層面說五蘊完全虛妄，跟如來藏不一樣；因為跟如來藏不一樣，又可以清楚地說出二者之間的差異，所以智慧出生了，才能被勘驗通過，就說他是開悟者。假使他去到禪三道場時說：「我這個意識，我這個五蘊，就是如來藏，非異！」那我就一棒把他打出小參室。如果他還要矯辯，我就說：「你還欠我三棒！」因爲，第一天起三時殺我見，顯然沒有把他殺掉。

這意思是說，證得如來藏的時候，一定可以很清楚地區別出來，如來藏跟五蘊相異。之後有一天卻會反過來說：「如來藏跟五蘊不異。」沒有悟的人聽了就說：「你是不是退轉了？因爲你以前說，你之所以被印證了，是因爲看到如來藏跟五蘊完全不同；現在竟然說是相同，那你是不是又退轉回意識裡面去了？」這位菩薩就回答說：「你不懂啦！」凡夫聽了就說：「啊！我知道了，反正就是自由心證，你隨便怎麼說，都是對的。可是我就不信你啦！因爲你有時說這樣，有時說那樣。」

這時候，這位菩薩如果有悲憫之心，就爲他說明：「我以前說相異，是因爲這兩者確實不同，因爲其自性、功德，全都不一樣；我現在說不異，是因爲這一個異於如來藏的五蘊，本來就不離如來藏，本來就屬於如來藏所有。這個五蘊只是如來藏表面的過客，如來藏一直存在著；上一世，這個如來藏裡面住了一個旅客，叫作張三；後來張三年老死了，這個如來藏先整理了一下種子，因爲現在換了一個新房客，就是這一世的我——李四。可是，這一世叫作李四的我也會搬走，死後也會離開而消失啊！離開消失了以後，如來藏旅舍騰空了，再整理了一下種子，下一世會給王五來住。前世的張三、此世的李四、後世的王五，都是如來藏心中的過客，而如來藏常住；過客可以是一世、一世地換，如來藏卻是永遠常住的。可是眞要說起來，三世這些無量無邊的過客，是每一世都只有一位過客，住在這一家如來藏旅館中；雖然死後搬走了，卻沒有消失，只是回歸到如來藏的種子裡面，下一世不再是同一個面貌現前，所以就叫作消失。因此，每一世的五陰過客，生也是在如來藏中出生，離開以後也是回歸到如來藏裡面，這才是了生脫死啊！」

禪宗不是要了生脫死嗎？生從何來？（有人小聲答話。）大聲一點！（眾答：從如來藏來。）對嘛！從如來藏而來，死後往哪裡去？還是回到如來藏裡去！沒有到過別的地方欸！很多人讀《華嚴經》，卻一直讀不懂；善財童子五十三參，歷經三大阿僧祇劫完成了普賢行，結果到最後卻發覺，自己從來沒有離開過那個大寶樓閣。大寶樓閣是什麼？（大眾回答：「如來藏。」）

欸！諸位有智慧啊！這樣子就可以把《華嚴經》漸漸讀通了。

那麼諸位想一想，菩薩講到這裡以後，接著會講什麼？他就會作一個結論：「既然生從如來藏中而生，死了還歸於如來藏，生死都是在如來藏中生死，那麼生滅的五蘊與如來藏，怎麼會是相異呢？所以不異如來藏，所以就叫作『非異』。」既然「非異」，當然生滅而「非如」的五蘊，也就與不生滅而永遠是如的如來藏「非異」，那麼悟後深入現觀的心境就與如來藏的「如」同樣「非異」了。可是，這個說法，是他第二個層次的說法，眞要是轉依已究竟，卻有另一個層次的「非異」，因爲那是純粹從如來藏自己的境界來說，這時看見如來藏不了別一切法，無所了知，無見無聞、無覺無觀，怎麼會了知「異」或「非異」呢？根本沒有不異可說，所以就得說「非異」嘛！

那麼，這樣子綜合了「非如」與「非異」的正理來看，顯然前後三轉法輪的三乘諸經所說內涵，並沒有任何的矛盾可言啊！假使有人讀了三乘諸經後，發覺說：「這個在文字上面看來，好像是有一點不同，因爲有時候說『異』，有時候說『非異』。有時說五蘊生滅無常，後來卻又說五蘊『非如』而『非異如』。」其實是沒有不同，差別只是在某一些經文，是依爲人悉檀而作的方便解說；某一些經文說的，卻是依第一義悉檀而作的眞實說，才會有了義經與不了義經的差別啊！

這就好像《解深密經》裡面，花了好大的力氣、好長的時間，講了圓成實等三種自性，最後卻又歸結起來說，這三個自性是三無性。也就是說，前面所說的是依爲人悉檀而解說第一義，爲什麼人而說？爲證悟的菩薩摩訶薩而說，目的是要讓大家的智慧越來越深細；而最後變成三無性，是爲了讓大家如實轉依於如來藏的自住境界，而獲得究竟的解脫；這就不是二乘的方便解脫，而是大乘的究竟解脫，這才是第一義悉檀。所以，經文只有因爲聽法對象的層次差別、根基的不同，所以依爲人悉檀而作出方便說，其實背後的眞實義、本質，完全沒有差別。所以，菩薩說「如」也對，說「非如」也對；說「異」也對，說「非異」也對，只是從不同層面而作的爲人悉檀之說。然而，到了究竟的層次卻一定要說「非如非異」，不能再說「如」，不能再說「異」；因爲那是因地的所知與所見，也是爲人悉檀所說，不是第一義實相究竟的境界，因此最終還是要歸於「非如非異」啊！

接著來說「不如三界見於三界」。諸佛的境界到底是不是三界的境界？

這個道理值得探討。諸佛的境界，如果不是三界的境界，諸佛就不應該有五蘊、十八界了；因為凡是有五蘊、十八界，一定是不離三界的境界。可是你如果說：「諸佛由於有五蘊、十八界，所以是三界境界。」那就馬上會被菩薩打好幾棍，因為這是在謗佛欸！被打了還不能問，若還是問了，菩薩就會告訴他：「你如果要我說明你為什麼被打，是不是得要我把道理講到你完全聽懂？」問者當然就會說：「對啊！你當然要講到讓我完全聽懂，否則我又何必問呢？」菩薩就說：「可是，如果要我講到讓你完全聽懂，我可能要浪費掉一斤口水，那需要花掉多少力氣？所以，我講完之後還得要再打你好幾棍，否則值不回這一些力氣！」

也許他還不信：「好！那你要打幾棍？」菩薩就說：「不多不少，三棍就好。」於是，菩薩就開始為他說了：「世尊雖然示現有五蘊在人間，可是，其實世尊在很早以前，就已經滅了我見與我執，早就超越五蘊的境界；然後迴小向大，又繼續修學菩薩道，歷經了六住位的圓滿過程，終於明心不退，進入了第七住位；然後又繼續進修，完成了第一大阿僧祇劫，這同樣是可以入涅槃，而卻不入涅槃，繼續再進修。在第二大阿僧祇劫之中，把三界愛的習氣種子滅盡了，可以念念入滅盡定了，卻不以爲足，再繼續進修一大阿僧祇劫，滅盡了塵沙惑；塵沙惑滅盡了以後，一切無記性的異熟種子都不再生滅了，所以變易生死也斷盡了，這樣子才成就佛道。請問，住在這種智慧與究竟解脫境界之中，不斷地再來人間應化示現，祂到底是不是三界法？」

這個凡夫聽了老半天說：「這個聽不懂，那個還是聽不懂。」就又問了，菩薩也繼續爲他說明，可能繼續講上半天，也可能再講上一天，他終於才稍微懂了，也信服了，於是就說：「請問菩薩，我可不可以跟您學佛呢？」菩薩說：「可以。」這個人又說：「我還欠您三棒，您可以打了！」菩薩說：「記帳！等到您成佛了以後，再自己打。」也就不打了！因爲不管花費了多少口水，度了一個人，可以走入佛菩提道中，都値得了！莫說一斤口水，即使是一噸口水也値得，因爲這比度一萬個人成爲阿羅漢的功德還大。所以，你假如接引了某某人，住於正覺同修會之中，安住不退而修學，你的功德已經超過度一萬個人成爲阿羅漢；所以，菩薩這時候當然就不打他了。因爲，他已經進入佛菩提道之中了，雖然他還沒有悟入般若，但這個人的身分，比起那一萬個阿羅漢還要尊貴，當然也就不打了。而他聽完之後，也終於懂得：「原來世尊的五蘊不是三界法啊！」雖然是在三界中示現及存在，卻又眞的是「不如三界」，不是像三界法一樣。

那麼，爲什麼要說「三界」？因爲一切三界就是由不同的五蘊境界所形成的！有了人類的五蘊，所以叫作人間法界；有了欲界天的五蘊，所以稱爲欲界天的法界；有了三惡道的五蘊，所以稱爲三惡道的法界；這一些法界全都在欲界的範圍之內，所以叫作欲界。同樣的道理，依於色界天人和無色界天，來施設色界與無色界的法界。可是阿羅漢早就超越三界了，阿羅漢的五蘊就已經不叫作三界了，何況諸佛已斷盡煩惱障習氣種子的隨眠，又進而斷盡了所知障的無始無明煩惱，異熟法種的變異狀況全部滅盡，當然就更不是三界了，所以說「不如三界」。

因此，不可以把諸佛的五蘊稱爲三界法，那只是爲了眾生的需要，所以生起大慈大悲，不畏懼任何生老病死之苦，特地來人間示現，來幫助眾生，怎麼可以反過來反咬一口說：「如來！你在三界之中。」那就眞的不可救藥了！可是，這個「不如三界」，菩薩證悟以後，有時候也說：「一切有情的五蘊，也都不等於三界。」也許你聽了會說：「奇怪！你開悟以前在找如來藏，不是一直說所有有情的五蘊都是三界法嗎？現在悟了，倒反而顛倒起來了，竟然說：『所有有情的五蘊，不是三界法。』你是怎麼回事？」這時可不能罵菩薩噢！得要先聽聽看他怎麼說。

菩薩當然就解釋說：「因爲我看一切有情，他們的五蘊本來就不是三界法；他們的五蘊就只是一個法，叫作如來藏。因爲一切有情的五蘊，都是他們自己如來藏中的一部分，哪裡是三界法？從來都歸於如來藏所有，不外於如來藏，怎能夠說那是三界法？」既然是如來藏所有，那就不是三界法了；這時候一聽，心想：「有道理欸！」諸位！你們要學的就是這一種法，橫說豎說都有道理，佛菩提道的實相般若就是這麼妙啊！

就好像有人無可奈何地說：「公說公有理，婆說婆有理。」後來又再加一句：「不說也有理。」對啊！佛菩提道就是這樣，不論怎麼說都有理，甚至「不說也有理」，所以有的禪師就會像維摩詰大士一樣對請法的人，來上一個默然。所以怎麼樣說都對，只是從不同的層面來說，爲不同的根器而有不同的施設說法，其實背後的實相本質全都一樣。

也許有人不信就說：「怎麼不說也有理？」有啊！有一天　佛陀在法座

上，突然間來了個外道，開口便問：「不問有言，不問無言。」結果 佛陀一句話也沒答，只是踞坐默然，就坐在法座上一句話也不說；過了一會兒，這外道好歡喜，趕快禮佛三拜，開口就說：「世尊大慈大悲，開我迷雲。」講完了又禮三拜，然後離去了，離去以後他就是一個大菩薩了。你看，佛陀一句話也沒講欸！這不就是「不說也有理」嗎？佛法就是這樣子啊！

哪一天，如果遇到個有緣的人，我就跟他說法；遇到無緣的人，就分兩種了，其中一種無緣的人，若是可救度的，我也為他說法；遇到另一種不可救度的，我就默然。可是，有時候遇到一個特、特、特有緣的人，我也不跟他說法，在不跟他說法之中就說完了，他也就悟入了！只是難得其人啊！

所以，證得佛菩提就是有這個好處，因為你可以觀照到現象界與實相界，你可以從不同的層面，依於眾生不同的層次，來作各種廣狹深淺差別的不同說法，但是你一定不會說錯。如果是猜測而非實證的，就會講得越多、錯得越多；書寫得越多，把柄就落在人家手裡越多，這是不可避免的。如果是實證的，所證的是法界中的實相，那麼你從不同的層面所說，為不同根器的人所作的不同層次的說法，都不會有錯誤，更不會像釋印順的書一樣處處自相矛盾。所以，有很多人在等：「蕭平實的書一本又一本出來，我就看你寫多少，你寫得越多，我就越能找到你的把柄。」結果找來找去，二十年了找不到。（編案：這是二〇一一年十二月六日所說），能找到什麼把柄？都沒有啊！一個也找不到。因爲是從現象界與實相界的法界定律，依著現觀與實證來說的，所以不論怎麼找，都不會找到過失。

假使偶爾能找到語病，他就算是很厲害的了，因爲會外的人要找到我書中的語病是很難的；只有在會裡面實證的人，經過很多年的校對工作而進步很快了，要找語病才有機會；但終究只是語病，而不是法義有過失。所以大家要學的就是這一種法，不要看重二乘小法；雖然菩薩們同樣是應該實證二乘小法，但不要看重它，因爲我們要走的路是成佛之道。我們學的是佛菩提，這樣子來函蓋二乘菩提，那麼你橫說豎說都對，即使不說，你也對，這才是佛法的「大」之所在啊！否則佛菩提這個法，就不能稱之爲大。

因此說，菩薩悟了以後，過了一段時間又跟人家說：「一切有情的五蘊『非如』三界。」他說得並沒有錯；他剛悟時以及悟前說的：「一切有情的五蘊都是三界中法。」說的也沒有錯啊！然後，如果想要成佛，未來成佛時又有一個「不如三界」的道理應該爲眾弟子說。也就是說，諸佛在十方世界不斷地示現、應化，事實上是在現象界中不斷地有五蘊在生滅；可是諸佛究竟斷盡兩種生死，也就是分段生死與變易生死，當然是究竟轉依和具足實證實相法界的境界，所以諸佛的境界絕對不可能還有一絲一毫的三界法。來人間示現利樂有情，只是示現，只是爲了哀憫眾生而作的應化；八相成佛道也只是成佛以後必須不斷示現的悲願，不是自己還有三界法啊！

因爲諸佛都從眞如無垢識的境界來看待一切法，而無垢識的境界中，是沒有三界法可說的，所以才說「不如三界」。但是，諸佛在成佛前的兩大阿僧祇劫，也就是在入地之前勇發十無盡願；這十個無盡願之中，舉一個來說好了，說要教化眾生永無窮盡；十大願中的每一個願最後都說：「虛空若盡，我願方盡；虛空無盡故，我願無盡。」所以才叫作十大無盡願。除非虛空滅盡了，否則利樂眾生的願是不會窮盡的。那就是說，依於入地時所發的十個很大的無盡願而修行成佛，因此成佛之後秉持這十無盡願，就永遠不入滅度，繼續在十方世界永無窮盡地利樂有情。所以諸佛在三界中示現，讓眾生在三界中看見祂們，都只是示現：受生也是示現，出胎、成長、成家、出家、修道、轉法輪、入涅槃，全部都是示現。因為，如果不在三界中示現，就無法利樂眾生啊！雖然諸佛的五蘊、十八界跟眾生一樣具足，卻完全不同於眾生的五蘊、十八界，絕非三界法。然而，雖不是三界法之所含攝，卻又不斷地、永無窮盡地示現五蘊十八界等三界法，所以才說「不如三界見於三界」。

聽到這裡，是不是有人腳底有一點涼了？本來是想：「成佛之後大事已畢，應該是什麼事兒都沒了，從此以後就是都分身無量，全都坐在案上佛龕裡面受人供養而已，就都沒事了。」現在才知道，成佛之後不但要以無量化身利樂有情，還得要在十方世界不斷地示現應身，一世又一世不斷地接受生老病死的痛苦。這樣子成佛不太好玩吧？是啊！是不好玩啊！可是你如果不接受這一點，你無法發起十無盡願的；既不能發起十無盡願，就進不了初地；進不了初地，成佛就遙遙無期了。可是三界一切法中，又只有成佛才是究竟法、常住不變法，也眞的無可奈何。

又有人想：「我現在根本不想入初地，因為那對我是遙不可及的事。」即使你現在還沒有想要入初地，但你得要先相信；因為你如果不信，再過一大阿僧祇劫以後你還是繼續在混，依舊進不了初地；因為這樣一定會把短劫變成長劫，一大阿僧祇劫以後還在三賢位中混。所以不管你接不接受，在三賢位中至少要先信啊！「信為道源功德母」，信能夠產生力量，是入道的根源，也是實證三乘菩提諸法功德的根本；若沒有信，就一切免談。所以這個十無盡願，有空的話把它讀一讀也不錯；因為多讀一遍，信就增加一分；讀上一千遍，不就有一千分了嗎？有了具足的信力，往初地前進的力量就會增長，就不會再說：「悟後還要繼續修行，好辛苦噢！」悟後就不會這樣說了。

這也因為，悟後有沒有努力，都是自己的事，不關別人的事；悟後努力，成佛就快一點；悟後不努力，短劫就變成長劫，成佛就越來越慢。然而成佛的過程是遲早必須面對的，永遠不能迴避的；既然如此，何不早早把它過完？要混的話，就等到沒有正法在人間的時候，再去混嘛！現在有正法在人間，而且是可以實證的正法，如果心裡還想要混的話，就只好送他兩個字：笨蛋！這樣子瞭解了以後，對於十無盡願就得要信；信了以後，還得要如實履踐。所以，對十無盡願如實信受之後，就知道說諸佛其實都超越三界境界，連一絲一毫三界法的習氣種子都沒有了，那麼你就可以確實相信，諸佛「不如三界見於三界」了，佛陀正是這樣在三界中示現。

諸佛如來的無垢識中，是沒有三界法的性質可說的，這才是諸佛如來究竟常樂我淨的境界；還沒有到達諸佛如來的境界，就不可以說是「常、樂、我、淨」。因爲不到這個地步就沒有眞實的「我」可說，這個「我」不是三界中的蘊處界入等我，因爲三界我都是生滅法；而諸佛如來已經都超越三界我，這樣才可以說是眞實我。然而爲什麼能夠有這個眞實我？因爲沒有分段生死，也沒有變易生死，一切五蘊種子、十八界種子、智慧種子，乃至一切無漏有爲法的種子，全都具足而不再變異了，連異熟法種的變易生死都不存在了，當然無垢識的境界就是眞實的我，得要到了這個時節才可以稱爲「我」，在成佛之前都是無我的。

這個「我」是從哪裡來的？是從「究竟的常」來說。衆生所以爲的常，都是識陰或意識心的境界，都是無常法；把無常的意識、識陰，把無常的中陰或者是無常的天人壽命，當作是常；甚至於一神教的教主，把無常的五陰當作是常，那都是把非常當作是常，這是第一個顚倒，叫作「常倒」，具足地說則是「無常常倒」。可是，諸佛如來無垢識中的一切法種子，已經眞實的常，永遠不再變異更易，這時的無垢識心體以及所含藏的一切種子全都不再變異了，這才能稱爲究竟的常，究竟的常才是佛地所說的「常」。這一種究竟的常，既然超過分段生死、變易生死，所以是「究竟的樂」。世間之樂，沒有任何一種樂是究竟的；乃至七地菩薩、妙覺菩薩的樂，都還不是究竟的樂，因爲都還有多分、少分，或者是一分的變易生死存在。到達佛地，一切種子變異生滅的現象都不復存在，不再有變易生死了，才是究竟的「樂」啊！那麼到了這個地步，也才能說是究竟的清淨，否則怎麼可以說是究竟的清淨呢？所以，即使到了八地、九地、十地、等覺、妙覺，都還不敢說是究竟的清淨，因爲還有種子的變異生滅，還需修到佛地時才不會再有種子更易的現象，當然成佛前還有變易生死。因此，究竟的清淨是佛地的事，成佛以後才能說是究竟的「淨」。

經中所說「常、樂、我、淨」，正是佛地的境界。這一種境界，怎能說祂是三界法呢？所以當然說「不如三界見於三界」；諸佛就這樣子應化於十方三世的三界世界之中，不斷地利樂有情，永無窮盡。

《法華經》上週講到一百四十五頁第一行講完，今天從第二行開始。這是說　世尊講完那些佛法中的勝義諦大概內容以後，接著向我們開示說：「世尊乃至諸佛如來爲眾生說法的這些事情，如來全部都很清楚地看見，沒有遺漏或者有錯誤、過失。」爲什麼說　如來對於十方諸佛化度眾生的一切事相上，以及理上的事，全部明見而無有錯謬？是因爲諸佛如來利樂眾生時都必須要如此；至於爲什麼必須要如此？因爲三乘菩提妙義甚深難解。

一般學佛人常說：「般若甚深極甚深。」但是這句話，都還只是講三賢位的實相般若而已。如果再要把入地後，修十度波羅蜜所應該實證的道理——種智和其他辦事靜慮等種種方便善巧，都要合併起來說的話，簡直沒有一句最恰當的形容詞，可以用來說明佛菩提道的甚深難解。既然佛菩提道如是甚深難解，眾生又如何能夠理解呢？當然也許有人今天是第一次來聽講，聽了就想：「我看經典就是這樣啊！我都讀懂了。你講話有沒有誇大一點？」其實不誇大。這二十年來，常常聽到佛教界說「般若甚深極甚深」，但那還只是三賢位的智慧，他們卻已經都誤會了。而這個甚深極甚深的實相般若之法，當今佛教界卻是只把它定義在開悟明心的眞見道位而已，還不包括悟後起修的相見道位的般若，他們就已經形容它是「甚深極甚深」，何況是悟後應修的入地前應證的非安立諦三品心，及安立諦十六品心、九品心呢？然而回頭來說，他們講的「眞見道根本無分別智甚深極甚深」，也並沒有誇大、沒有過失啦！確實甚深極甚深，因爲連他們自己都弄不懂。

假使有人不信，可以去檢查，在廣欽老和尚之前有誰悟了般若？當代出世弘法的人之中並沒有一個開悟的人。那麼廣欽老和尚之後，又有誰開悟了？也沒有啊！直到我們正覺同修會出來弘法，才又看見有人開悟啊！以前那麼多的大師——不管他們是法師或居士——他們都自稱開悟了，結果最後都被我們證實悟錯了。可見般若總相智，也就是大乘眞見道位開悟明心的智慧就已經甚深極甚深了，以致於他們都無法實證，何況是眞見道位以後的相見道位智慧，更何況是入地以後乃至十地的所修呢，當然更深哪！所以，這麼勝妙的法——究竟佛菩提的諸佛智慧，如何能夠爲這些無智的眾生一一敷演、一一演繹達到究竟？眞是非常困難。

又因爲眾生不是只有一種根性，眾生有許多種的根性，我們依聖教說有五種：除了無種性以外，有聲聞種性，有緣覺、菩薩種性，有的人則是不定種性。而且眾生的無明垢以及業障和煩惱垢，有種種差別，這時你要把這種究竟佛地的智慧演述給眾生瞭解，就顯得很困難。所以必須要去觀察，「以諸眾生有種種性、種種欲、種種行、種種憶想分別故」，這是諸佛都必須觀察的。

那麼眾生的「種種性」其實是很複雜的，單說聲聞種性裡面就會有很多種差異不同；所以在佛世有許多人久修解脫道不能成就，而阿羅漢不善觀察座下的弟子們，世尊有時就要干預一下。這道理是說，單單一個解脫道，爲什麼有人很快證得阿羅漢果？可是有人跟著大阿羅漢很久了，始終沒消息，這就是因爲心性各不相同！有一個很有名的典故，諸位應該還記得。舍利弗座下的二個徒弟修行很久了，依舊沒辦法證阿羅漢果，乃至想要證初果都難，他們因此出生了邪見而毀謗正法，因此 佛陀就訶責舍利弗，然後把那兩個弟子找來問：「你出家之前是什麼行業？」這個弟子說：「我出家之前，家裡是專門爲人洗髒衣服的。」佛就問：「那你師父讓你怎麼修呀？」「我師父教我數息。」佛就說：「那你換個方法，改修白骨觀。」對於另外一個弟子，佛陀問他：「你出家前，家裡是幹什麼的？」他回答說：「我老爸是專門在鍛鍊黃金，是爲人做金飾的。」佛就說：「那你師父教你修什麼？」「我師父教我修白骨觀。」佛就說：「你換個方法，改修數息觀。」因爲換了方法，所以這兩個人的心就隨即定下來了，然後才有辦法證初果、二果、三果、四果，都是很快就具足實證了。

這就是心性不同嘛！金師之子出家以前，在家裡看見父親的工作情況，他也得要幫忙父親作事，就是要幫忙踩風鼓啊！有時候是用風箱，是用手拉的，要不停地拉。幾十年前大約是用腳踩的，那要不停地踩，久了就很習慣於重複不斷的事情，於是教他數呼吸；因爲拉著或踩著風鼓時，可以「一呀！二呀！三呀！」對不對？用踩的也是一樣「一、二、三」哪！他很習慣這個境界。你讓他處於習慣的境界中，他就很容易安住，所以不教他修白骨觀。他爸爸打鐵或打鍊黃金，被火燒熱了以後，看見是黃澄澄而很明亮、很清淨的東西；舍利弗教他修白骨觀時，他能怎麼修？沒辦法修得好，因爲他的心性就是不適合修白骨觀。所以 佛陀教他說：「你改修數息觀。」他改爲數息，於是整個散亂的心就安住了，心安住了以後就可以正式進入解脫道去作觀行。這就是五停心觀的目的——怎樣去停住你的妄想心，然後才可以安住在法中。這是對治法，他的心性應該用數息觀來對治，不該用不淨觀。

另外一個弟子出家前，在家裡一天到晚看見他父母親爲人浣洗很髒的衣物，乃至也有被汙血沾染成不淨的極髒衣物，他的阿羅漢師父教他修數息觀，他就不會相應，所以他的心定不下來；心既然定不下來，要怎樣作蘊處界虛妄的觀行？所以沒辦法實證。佛陀知道他以前家裡是浣衣人，就改教他修白骨觀，那他修起來就得心應手，因為他看得多了！因此他整個心就定下來，然後確定解脫道這條路可以走到底，不會心中有疑而退轉。因此，他修白骨觀不過一兩天就完成了，然後定下心來，開始依舍利弗所教的蘊處界虛妄等等去作觀行，所以才觀行不久，也就證得初果而得法眼淨，接著證得二果、三果、四果，只不過是幾天裡就完成了。

那你們看，這兩個人心性不同，就要有不同的對治方法，因此才會有佛教歷史中這兩個很有名的典故。這是一個例子，而實際上眾生的心性眞是有很多差別不同的，你不能單單用同一種方法來幫助他們，因為眾生有種種不同的心性哪！這就好比說，我們在精進禪三時，有的人心性不一樣，或者參究的狀況不一樣，我給的機鋒就不一定相同，給的入手處當然也不一定會相同。一般都不會給同樣的入處，對於不同的人，我會給他們不同的入處。甚至於有的人，我吩咐他在禪堂裡面坐下來以後，不可以安心不動，不可以專心在禪法中，反而叫他要東張西望，他只要東張西望就可以破參明心。另外有的人，我要叫他打妄想；叫他打妄想以後，我覺得還不夠，又進而叫他妄想打完以後要在心裡面唱唱歌；只要別讓人聽到就好，不管他要唱流行歌曲、藝術歌曲，或是唱佛曲都行！他在心中唱過一會兒，想要再回來用語言文字打打妄想也行，他就是要這樣才能悟入啊！

所以說，各人的狀況不一樣，就是因為「諸眾生有種種性」，不能一概而論。剛開始時我都會給一樣的方法，但是隨著後面的發展，觀察出有不同的心性的時候，就會給不同的方法。然後，也許有某一些人，我覺得乾脆明講的比較快，因為他的智慧心性適合如此；所以雖然禪門裡很忌諱明講，但是在禪三裡面對極少數人，我還是乾脆用明講的，然後他進步就很快了，你說怪不怪？就是這麼怪！可是對某些人，我是打死也不能明講，就是要讓他自己去磨、去練，然後他才能悟入，悟後就不會退轉。

都因為眾生的種種心性不一樣，所以說，有的人也很積極求悟，可是我要把他擺在未來世才讓他來求悟入；他若是在這一世悟了，對他反而不好；如果他下一世悟入了，那他將會是一個弘法時的棟梁，所以眾生的根性是很難一概而說的。就像儒家有一句話說：「天將降大任於斯人也，必先苦其心志、勞其筋骨。」有的人就是要這樣磨練了以後才能用他。但有的人不必磨練，我直接為他明講以後，他可以突飛猛進，弘法時很快就可以用他了，不必繼續把他擺在那邊磨。因為他已經很亮、很光、很利了，你還磨他作什麼？越磨越不利了。（大眾笑…）對呀！有的人，你硬把他磨，磨到後來使他對自己的信心都不見了，未來悟了就不能用了。

所以不同的心性，你必須有不同的說法和作法。那不同的人，你就要有不同的態度、把他放在不同的地方作不同之用，這就是牽涉到「種種欲」。有的人，你叫她上台說法，告訴她說：「我要安排妳一步一步往上，將來走上弘法的路。」她一聽，腳底涼了。我們以前就有兩個師姊是這樣呀！我說：「我要安排妳走上弘法的路，將來要出來當老師。」她們來個不告而別（眾笑…），到現在還沒有回來。她們兩個人就這樣不告而別，是因為她們沒有弘法的大欲，她們的善法欲不在這上面。

有的人很喜歡上來講一講，所以我們最早期眼見佛性的人，每兩週會有一次禪門差別智的課程，那是一整天的課程；從早上到傍晚，全部都在講公案。有的人很喜歡上來講，覺得好快樂、好高興，因爲眞的懂禪宗公案的意涵；可是有的人就請假不來了，後來問他爲什麼？「因爲我不太會講。」他說他不太會講，後來只好告訴他：「沒關係啦！你來聽、來熏習就好，我不讓你上來講，輪到你就跳過去。」那他就沒問題啦！就繼續來上這個課程。然而有的人很想當老師，但因爲是心態不正確的人，那我就不能用他呀！因爲他除了這個好爲人師之欲以外，還有別的貪欲摻雜在一起，用他作事，將來後果難量，那就不能用他，把他用到別的地方去。

所以眾生的「種種欲」是不同的，「欲」有善法欲，但是也有惡法上的欲；假使摻雜了惡法上的欲，就不能用他，就必須把他用在使他的惡法欲用不上的地方，那他未來世的果報就很好。如果沒有惡法欲，這個人是可以用的；但是你要用他的時候，要考慮他到底適合用在什麼地方？要因才適任。你不能夠說，不管什麼人都以同樣的任務派給他們；或者不觀察他們的心性和善法欲，亂派一場，事情就作不好。有的人對於接引眾生很有興趣，但你派他專門在作校對的工作，他沒辦法作得很好，因爲他沒興趣嘛！那有的人文字、文學的底子很差，雖然他口才很好，可是你讓他作文字校對的工作，他一定作不好；結果一交出來，一人堆的錯別字都沒校對出來，那你就得找他說：「欸！你重新再核對。」那他重新再校對時，就會作得很痛苦。所以你要看他在善法欲上的狀況如何，適合哪一類的善事，然後來決定應該派他作什麼，這是因爲眾生有「種種欲」的緣故。

那麼有種種欲之後，也會有「種種行」的差異；所以同樣一件事情，兩個人作出來的結果不一樣；這是因爲心性跟欲的不同，所以作出來的結果就有不同。所以同一件事情，某甲作出來得到是正面的效果，某乙去作了以後卻是負面的。但不是說他故意要把它變成負面的，而是因爲他的心性、他的善法欲不一樣，觀念、態度跟著不同，所以同樣去作的結果，得到的是不同的結果。這就是說，眾生「種種行」不會相同，所以作事情的時候，各人有各人的想法和作法，因此作出來的結果不會一樣。所以針對不同的人，你吩咐他們同一件事情時，你的交代內涵可就不一樣了，要有不同的吩咐。這樣作了不同的吩咐以後，他們會注意說：可以怎麼作，不可以怎麼作。事情就可以全部都圓滿，這就是眾生「種種行」的不同。

然後，同樣的道理，你在佛法上的修行，因爲眾生有「種種憶想分別故」，你不能單用一種說法來解說。諸位想想看，我們弘法這二十年來，講來講去還是眞如佛性，還是第八識體用的法，永遠沒有改變哪！可是，爲什麼每一本書寫出來，所講的內涵會有那麼大的差異？都是因爲眾生有「種種憶想分別」呀！如果要論到對三乘菩提的解說，把它落實到文字上面來，可能有佛教史以來，沒有像我們講得這麼淺顯、明白易懂的；但即使如此，都還是有許多會外的讀者抱怨說：「你們正智出版社和正覺同修會出版的書，都那麼深奧難懂。」那你說該怎麼辦？

假使我只用《禪—悟前與悟後》，只用《眞假開悟》那幾本書來度眾生，眾生能得到很大的利益嗎？不可能。因爲眾生的「憶想分別」太多種類了，他們會用自己的想法，來揣測你正覺同修會的書中所說的法是什麼？而我們那麼多書，講得很清楚，他們都還能誤會呢！譬如我們書上說：「開悟就是用這個有分別的心，去找到另一個沒有分別的心。」結果竟然有人質疑：「你叫我們不要分別，那我們怎麼可能去找到那個無分別心？」竟然會這樣質疑。我講的是說，用這個分別的心去找無分別的心，不是叫他不要分別。可是他誤會成我叫他要不分別，然後他就從這裡來講說：「既然都不分別，如何能去找那個無分別心？」噢！你看，就這樣子說。

我們有同一類的解說：要用有分別的心去找出無分別的心。結果他們說：「哼！那你教的就是要我把這個分別心變成無分別心哪！那我變成無分別，不就變白癡了嗎？我要學的是智慧，你這樣說怎麼對？」又變成這樣想。你看，光是這一句話，就有這兩種想法。然後，我們得要口頭上再跟他說：「我們說的是這個覺知心能分別，去找另外一個心，祂跟你同時存在，祂是從來無分別的。」「原來是這樣喔！」終於恍然大悟啦！當然不是開悟的悟。（眾笑⋯）唉！你看。所以眾生讀我的書的時候，他們有自己的想法，用自己的想法來理解我書中的所說，因此就產生了許多錯誤的理解，然後就會覺得說「這蕭平實說的好像錯了」。

以前還有法師寫信來說：「你都說要修到離見聞覺知，那我問你：你修到離念靈知，說你開悟了，沒有見聞覺知了，那你怎麼可以寫文章出來罵我？」又變這樣啦。但我說的是：「要用自己這個有見聞覺知的心，去找出另一個離見聞覺知的心。」並沒有說要把見聞覺知心滅掉，也沒有說要把見聞覺知心變成沒有見聞覺知啊！可是那位法師竟然會那樣來質疑呀！你說奇怪不奇怪？所以眾生的「種種憶想分別」實在太多太多了！怎麼樣的想法都可能會出現，雖然你已經講得很清楚了，語意分明，諸位看來絕對不可能會導致誤會的，結果眾生仍然誤會了。

正因如此，我們這些校對的老師們，眞的好慈悲，常常會考慮到說：「您這句話，讀者讀了可能會誤會，所以該怎麼說。」然後就爲讀者們加上好幾句話。這樣，這一頁加幾句，那一頁也加幾句，加到後來，我的書中目錄就得跳頁了；可是我前面出版了第一輯中的目錄，他們增加字句的章節應該是在第幾頁，都已經出版而固定了，後面的續集已經沒辦法改變頁數了。所以我說：「拜託了，就請你把想要爲讀者增加的字句捨了，保持我宣講時的原來樣貌吧。」因爲你不可能讓所有的讀者都讀懂嘛！這是一定的。就好像 佛陀說法的時候，沒有期待所有的弟子都全部聽懂啊！所以我們想要幫助大家讀懂的方法，就是從不同的層面寫更多的書，讓大家讀到不同層面的說法，他就會理解說：「原來前面那本書的那個地方，講的是這個道理。」

佛陀當然就是這樣，所以當你讀經的時候，這部經中的某一段經文讀不懂，就不要在那邊擠破腦袋想著不放。用榨汁機來榨你的腦汁也沒用！你用毛巾把它絞呀絞，也是絞不出來，你就暫時把它放著，先跳過去。因爲你思惟不通嘛！就先把它放著，繼續讀後面的；等到整部經讀完了，也許那一段經文你就突然讀懂了。也許整部經讀完了還是不懂，那也沒關係，先讀別部經典；把別部經典讀完了，你可能就突然瞭解：「啊！原來那部經文中我所不懂的，就是這個意思。」你就突然懂了。所以說法者必須要考慮到眾生有「種種憶想分別」，因此你必須不斷地說明，從不同的方向、不同的層次加以解釋，那麼眾生從不同的層面、不同的方向都去讀了、思惟了，領納以後，最後就能夠生起勝解，他就會懂得你眞正要告訴他的是什麼義理。所以說法時不可以只是單一的法，單單是開悟明心就已經是如此了，何況究竟佛地的智慧那麼深廣無涯，你怎能簡單幾句話就把它說完呢！

譬如禪宗好了，中國禪宗不正是標榜「不立文字、直指人心」嗎？對不對？就是這樣標榜的啊！從來都說是「不立文字」要「直指人心」哪！甚至於禪師有時幫人家開悟，連一句話、連一個字都沒有，可是你看看，眾生能不能悟入？很難哪！因爲如此，所以必須要有許多的普說，因此「不立文字」的禪宗，經過歷代祖師不斷地普說下來以後，禪宗所立的文字超越於諸宗，佛教裡沒有一宗比禪宗留下來的文字更多。這大部分還都只是在講開悟明心而已，那你想，再要把見性、把牢關加以解說；或者如同慈恩宗，再把通達位的般若，以及入地後的佛菩提智一一加以說明清楚，那就更困難了！

因此，眾生的「憶想分別」有無量種，那你為了攝受無量種「憶想分別」的眾生，就必須有不同層次、不同方向的說法，讓眾生可以從很多面向來瞭解禪是什麼？然後將來在某一個因緣之下，打他一棒，喝他一句，他就悟入了！甚至於一句話也不說，也不打人、也不瞪眼，只是踞坐默然，眾生也可以開悟。甚至於談到不二法門，維摩詰大士在毘耶離只是杜口，也有人可以證悟。但是在這之前，必須要以無量言說、無量譬喻以及無量解析，才有辦法讓眾生瞭解，然後因緣成熟時才有辦法能夠實證哪！

因此，佛法之中必須有八萬四千法門，因為眾生有八萬四千「憶想分別」，所以單單一個參禪明心，我們辦禪三的期間，在小參室中，監香老師有時候會跟我提到：竟然有人會這麼想、這麼分別，覺得好奇特。講奇特，是說得比較好聽一點啦！意思應該是說「好奇怪」，因為根本不可能想像說會有人那樣想！但是確實是有人那樣想，然後講得出來，都覺得好意外！剛聽到的時候，眞的就叫作忍俊不禁哪！因爲不能笑。（眾笑…）因爲你笑出來，他心裡會很受傷，可是心裡又覺得很好笑，於是臉上就會有奇怪的表情。可是他說的就是很好笑！爲什麼會這樣？因爲眾生有「種種憶想分別」哪！

所以說法的時候，同樣一個如來藏妙法，世尊宣演了四十九年。不要以爲阿含期初轉法輪，沒有牽涉到如來藏，不然哪！如果不以如來藏常住的根本作爲前提來說法，二乘菩提就沒辦法講，也沒有辦法實證啊！因爲滅除我執以後的涅槃境界必然會跟斷見外道一樣，所以初轉法輪所說的解脫、涅槃，還是依如來藏爲根本而演說的，只是如來藏的部分說得很隱晦而已。那你說，從初信位要幫助眾生到達佛地，需要說多少佛法？當然要講很多啊！因此諸佛說法必須要具足四種爲人的方便，才會有對治悉檀、爲人悉檀、世界悉檀、第一義悉檀的施設，否則沒有辦法具足說明佛地的境界相。乃至於眾生無法想像的《法華經》的佛地境界，世尊在示現入無餘涅槃前，還是得要爲大眾演說，這樣眾生才能夠理解十方三世諸佛的境界是怎麼回事啊！所以有沒有可能很簡單的同樣一個法，就可以讓人一直弘揚到入滅？不可能！

因此我說，古時有些禪師一生都只用一招半式應付江湖參學者，那叫作懈怠者。譬如天龍禪師徒弟俱胝禪師的一指禪，他一生就用一個指頭接引人。還有一個祕魔巖和尚，他一生就用一個叉子接引人。不管哪個僧人來請問佛法大意，他拿了那個叉子，就往僧人脖子一叉：「你說、你說！快說、快說！」就這樣子。來參詳的僧人若是講不出來，他就大喝：「出去！」（聽眾大笑…）就趕出去了！他一生都只用那個叉子叉人哪！那你說，他這樣能夠復興佛教廣傳佛法嗎？能夠廣利眾生嗎？不可能嘛！所以他們一生都是度得兩三個徒弟開悟後，就覺得可以關門了，他們就不想再繼續接引更多的人。所以後來的人再來參見時，他沒有什麼接引的意願，隨隨便便就打發出去了，所以走江湖參禪訪道的僧人都很辛苦。

古時候參禪僧不是指粥飯僧，粥飯僧就是混吃等死，參禪僧卻是江西湖南、江西湖南，不斷地「走」來「走」去。「走」，古時候的「走」就是現代人說的跑步，閩南語的「走」就是現在國語發音的「造」，也就是跑的意思。他們那樣在江西與湖南之間跑來跑去，這樣「走」江湖是很辛苦的！因為禪師只要度得兩三位菩薩弟子開悟了，後面再來參訪的僧人，大多是隨便打發的。因為度得開悟的弟子多了，變成家大業大，只是多增加辛苦而已呀！家小，業就小，一生就不必很辛苦。那麼你看看，古時禪師像這樣子，一生只用一招接人，弟子悟後又沒有更深入的法義教導，無法幫助證悟的弟子們往上進修，佛法如何能發揚光大？眾生所能期待於他們的也就很小了！

可是眾生有「種種憶想分別」，他們單用一招，終其一生都不改變，能夠度得多少人？佛法又怎能長久弘傳不絕呢？你們可以去查啊：像祕魔巖和尙一生能度多少人悟入？又像俱胝禪師一生能度多少人實證？很有限哪！若是要學他們的門風，咱們也會啊！不管誰來問：「如何是佛法大意？」我就直答：「佛法大意！」張三來問也如是答，李四、王五、趙六、王二麻子來問，我都一樣答；但是最後，我告訴你們：不必多久，咱們正覺大樓門前都會長草。現在我們大樓門前不長草，是因爲被你們踏平了，不然的話，外道們將會一天到晚來這裡種草。如果是像古時禪師們那種作略，佛法還能久住嗎？佛教能復興嗎？還能夠利益很多人嗎？根本不可能啊！

所以說，「以諸眾生」「有種種憶想分別」，你爲了對治眾生的「種種憶想分別」，就必須有各種方法來幫助他們；甚至於在事相上「有種種憶想分別」時，你也要幫助他們。比如說，有的人覺得很慚愧：「唉！我的福德不夠，這一世過著朝九晚五的生活，領不了多少薪水。家裡日常開支，柴米油鹽醬醋茶扣掉以後，沒剩下多少錢來布施於正法的弘揚，那怎麼辦？」可以呀！你爲了他們的福德修集考量，可以再開闢另外的福田讓他們來種；什麼樣的福田呢？救護眾生的福田。他們不用出錢，只要到處去發文宣就可以了；當他們努力發到一個程度，福德就累積足夠了；當他們的福德資糧足夠了，將來不開悟才怪，所以你也要爲沒有錢財的他們多多設想。

因此，可以開出種種不同的福田出來，不一定得要用錢來種福田嘛！用體力來種福田也行。老實說，用體力去種福田還有一個好處，將來成佛比較快。很多人沒有瞭解到這一點，所以聽說要去派發文宣品、傳單，要去流通口袋書救護眾生時，都沒什麼意願。心想：「要我作這個事情，沒興趣！」他不知道的是：當他每遞出一份文宣品，跟對方眼神交會的時候，就已經攝受對方了。因爲這個緣一種下去，未來世還會因這個緣而相聚。那麼想想看，一天如果發出兩百份傳單，一天接觸兩百個人，你發一年下來，未來世當你開始講經說法的時候，會有多少徒弟來聽經？你可以想想看。

如果整整發上十年，縱使將來當個凡夫大師，座下也會有幾十萬、幾百萬徒弟呢。那你說，發這個文宣有什麼不好？好啊！這也是福田的一種。但是發文宣時很忌諱的就是發給人家時，眼睛都不看對方，只是在看著其他的人，是在搜索著更多的別人，這樣很不好！一定要親眼看著對方，跟他眼神交會，很誠懇地告訴他：「你要好好讀一讀啊！要保護自己的知識權益。」這樣雙方如來藏裡的種子才能互相交感，然後未來世即使你出來弘法的時候還沒有開悟，也會有一大堆徒弟護持你；不必拿著缽盂到處去托，自然會有一堆人送上供養來，你要蓋什麼寺院都不必發愁啦！所以這也是一種福田。有時間而沒錢的人，種這個福田也行。

所以說，各種各樣的福田，你既然當了法主，要怎樣去開闢出來，給不同的眾生來相應，這也是你的責任！當然不是你們的責任，而是我這個當法主的人該負的責任；我應該開闢各種各樣的福田，因爲弘法的時候，會遇到各種不同的眾生；既然有許多不同的眾生，就會有不同的「憶想分別」，我要怎麼樣去滿足他們？這就是我要作的事。同理，你開闢了這樣的福田，你的這些有時間而沒有錢財的徒弟們就相應這個福田去種，但他們去種的福田，其實是在眾生身上種的；那麼將來有一天，他們又回到正法來的時候，也許你這個徒弟成爲三地菩薩、五地菩薩的時候，他的徒眾將會是很多的；那麼你如果多一些這樣的徒弟，當你成佛的時候，信徒當然是一大堆，你的佛世界就可以成就啊！

所以度眾生要有很多的方便善巧，因爲眾生有許多的「憶想分別」，你得要設法滿他們的願，讓他們都有機會來種福田；當他們種福田久了，福德足夠了，要他不求開悟是不容易的。當他求開悟時，你眞要阻止他開悟，也是不容易的；因爲他在實證正法中，累積的福德資糧已經足夠了。所以從眾生的「種種憶想分別」之中，你說法、弘法過程當中所施設的種種事相，就應該有種種的差別。否則眾生沒有辦法滿足應有的福德，就不可能實證而發起實相智慧；所以想要讓眾生發起善根是不容易的，你必須要有種種的施設：說法上的施設、福田上的施設都必須要作。

但有時候，你施設的福田要給某一些眾生來修集福德，但是他們也許聽不進去；當他們聽不進去的時候就沒有意願去作，你施設這個福田就沒用啦！因爲這個福田沒有人要種哪！那你開闢出來就沒有用處。這時你就要把那個福田的道理爲大眾解說，解說之後讓大眾瞭解了，他們知道這一方福田是特地為他們施設的，他們的善根就會發起來，努力去種那一方福田。後來福德資糧滿足了，他們接著就是會斷我見、斷三縛結，然後就是明心乃至於見性，一步一步走上菩薩道的實證層次來，他們的佛菩提道就可以走得順順利利。

所以你想要讓眾生「生諸善根」並不容易，但是你要想方設法去作啊！有時候，你從正面講解時，眾生發不起善根；那你就從反面來講，他們就可能發起善根了。有時候你正面講、反面講沒有用，那你用罵的，他們也就發起善根了。有時候卻是要用剝奪的手段，例如他顧慮的是利養，那你先把他的利養剝奪了，讓大眾都不去供養他，當他沒有利養了，就會去反省：「我現在為什麼沒有利養了？都因為蕭平實說我的法錯了！所以我的徒眾流失了，那我要怎麼對治這個窘境呢？嗯！我要趕快求悟，將來也能像蕭平實那樣說法度人。」他終於願意偷偷跑到書局去買正智出版社的書來讀。

也許讀過三十年、五十年後，蕭平實走了，他也剛好開悟了，那對眾生也有利益呀！又有什麼不好？所以那一些在網路上罵我，罵得一塌糊塗的人，我也不去為他們生氣，我還想說：「他們越努力從我的書中去找碴，將來越會被我說服；等他找碴找上五十年以後，他的錯誤知見就扭轉過來了，那麼他到未來世就會是我的徒弟了。既然未來世會是我的徒弟，我幹嘛跟他生氣呢？那麼沒智慧呀！」事實上也是這樣！你眞正在行菩薩道的時候，不看眼前，而要看未來世的結果，這時你要怎麼樣去施設方便善巧把他的名聞剝奪了，把他的利養剝奪了；最後還有一種人很糟糕的，你還要把他的面子給剝奪了，讓他覺得說：「反正大家都知道我悟錯了！沒有所謂面子可以保護了。」那時候他可能就願意把一切放棄，重新再來，就有機會可以悟入實相般若。

有的人就是應該這樣刺激他啊！所以有時候寫書時，我會追著某一個人辨正法義，要把他的名聞剝奪淨盡，讓他一絲一毫都不剩下；這時他沒有什麼面子可以顧戀，那他就可能乖乖地從頭開始學起。所以你要怎麼樣促使眾生發起善根呢？一定要有許多的方便法。針對不同的人，要有不同的作法。有的人你只要講他一次就夠了，但是有的人，要把他剝奪乾淨，讓他一無所有，最後他不得不接受正法，那時他才會轉變，善根才能夠生起。所以「欲令生諸善根」是不容易達到的事，但是諸佛都必定能達到。

爲了要達到讓眾生「生諸善根」，因此而「以若干因緣、譬喻、言辭」解說，來爲眾生作「種種說法」；不但如此，以至於「所作佛事，未曾暫廢」。所以諸佛好像都很囉嗦，對不對？你們看喔！以釋迦如來爲例子，祂有沒有很囉嗦？祂很囉嗦欸！一個如來藏法，說了再說、說了再說，反覆再說，就這樣講了整整一世，就是一直講啊！你們看祂囉嗦不囉嗦？眞的囉嗦啊！只是菩薩們都不覺得祂囉嗦，越聽越歡喜。

那如果以一般人的立場來說，當他來問你說：「《金剛經》是講什麼？」那你說：「講如來藏。」「《心經》呢？」「也是講如來藏。」「《大般若經》呢？」「也是講如來藏。」「《小品般若》呢？」「講如來藏。」「《放光般若》呢？」「還是講如來藏。」「啥？一個如來藏可以講二十二年的般若諸經？好囉嗦喔！」對呀！很囉嗦。但囉嗦有囉嗦的目的，就是讓眾生可以快速地到達初地！可以在相見道位中快速完成非安立諦的三品心，靠近初地心。

那你也許說：「終於第二轉法輪的般若諸經講完了，把如來藏講完了，接下來第三轉法輪講唯識增上慧學時，應該就不囉嗦了吧？」不，第三轉法輪諸經講得更囉嗦，因爲講得比第二轉法輪的法義還要深、還要細、還要廣。

那爲什麼世尊要這樣不辭辛苦？就是因爲眾生之中，有的人聽一次不信，聽兩次就會信；有的人聽十次不信，第十一次就信了；有的人聽九十九次不信，聽到第一百次就信。所以有個政治人物說得很好：「謊話講一千遍，就變成眞話了。」就這樣來說服人民。爲什麼要這樣呢？因爲有的人沒有辦法立刻信受你說的正理，你得要講很多遍，他們才會聽懂、才會信受。所以你看世尊講了四十九年，「所作佛事，未曾暫廢」呀！

那麼在這個過程裡面，當然不可能永遠講同一種層次的法啊！如果你永遠都講同一種層次，人家聽了就膩了，不要再聽了。打個比方好了，愛情故事拍成電影，年輕人好喜歡看，對不對？可是如果每一部電影都千篇一律，都是一樣的情節，都是同樣的人來演。第一部看過，第二部就沒有人看啦！可是同樣的愛情故事，不同的地方、不同的情節、不同的人來演，都會繼續有人看。音樂也是一樣的情形，所以你必須要有各種不同的方式、不同的層次差別來宣演佛法，不能千篇一律。如果千篇一律，大家都會膩。譬如說，如果來正覺講堂聽經，永遠都是《金剛經宗通》，結果聽眾會越來越少，最後就得關門。

同樣是講如來藏，可是你有不同的方便善巧，從不同的方向、不同的層次來說，讓大家越聽越歡喜，智慧越來越增上啊！所以世尊說：「為了讓眾生生起種種的善根，要以很多種的因緣、很多種的譬喻、很多種的言辭，加上不同的種種的說法。」於是大家都願意一聽再聽，不會覺得煩。不但如此，還要講個不停，世尊弘法四十九年就這樣一直講下去；不管去到哪裡，都有人請求講經，就這麼講下去。那你想，佛陀這個任務讓你來擔任，你覺得怎麼樣？意下如何？不容易啊！且不談說法啦！單說施設聲聞戒就好，你們破參開悟以後，把《四分律》、《五分律》或者《摩訶僧祇律》，你們把它請出來讀一讀，然後你都會為佛陀說：「唉！這些弟子真夠煩。」因為一天到晚都有事情哪！那你說，真正要當佛的時候，好當嗎？不好當啊！

單單說因緣好啦！某一個人這一世會成為阿羅漢，可是他成為阿羅漢的過程很奇怪，跟人家都不一樣；但有的人這一世是很有錢，日子很好過，聽到佛法就來出家，就當了阿羅漢，又是一種奇特的狀況，有種種不同。那你得要知道每一個人過去世在法上的因緣有什麼差別，才有辦法為人說明；否則當你成佛以後徒弟問起來說：「請問如來：某甲法師為什麼會這樣成就阿羅漢？」那你要怎麼說？你總不能說：「我不知道他為什麼會是這樣成為阿羅漢。」你是佛陀欸！怎麼可以說不知道？那你就必須記說：「他過去多少劫以前姓啥、名誰，生在什麼地方，他家裡是什麼狀況，他的親屬是怎麼樣，因為某種緣故，所以這個業種到現在變成他這樣子，這一世就得這樣成為阿羅漢。」你得要能夠記說呀！

而你這個記說不可以胡扯，不可以隨便編派，因為成佛的時候，座下一定會有神通第一的大弟子，他會去為你求證，用宿命通去看是不是眞的這樣。也有外道會去求證，因為你說某人兩萬劫前由於某種原因，所以今生如此曲折才成為阿羅漢。那外道聽了也會用宿命通去求證，因為他也許可以看到四萬大劫前。那也許有人覺得說：「假使那時候沒有人有宿命通，隨便講也沒事。」但那個情形不可能存在，因為諸佛座下一定有很多人有神通；就算弟子沒有神通，諸天難道沒有宿命通嗎？他們都有報得的神通，也可以去求證。

到時候人家一問，既不能編派、又不能夠說：「我也不知道。」因為身為佛陀，不能夠說不知道！那時候該怎麼辦？杵在當場，口掛壁上。那像什麼佛？世間沒有這種佛的。所以當徒弟問起來，就一定能夠記說他往昔多少劫以前，因爲什麼樣的業行，今生變成這個樣子。必須要互相對應，因與果必須互相對應，不能隨便編造，這就是「因緣」，各人有各人的因緣。這樣子講明白了，眾生終於可以瞭解：「啊！原來如來是如來，如來不是阿羅漢。」三明六通大阿羅漢不知道往昔久劫的因緣，因爲超過八萬大劫就看不見了，只有 如來能夠瞭解；而諸大菩薩們所見亦復如是，因爲那八地、九地菩薩每當 如來說明因緣以後，他們都點頭，都認爲確實是這樣。如果沒有這種當場記別各人往昔因緣的功德，就不能夠說他成佛了；如果沒有這個功德，那麼他攝受眾生也會有許多困難，所以諸佛都必須要「以若干因緣」來爲大眾記別。

這個「因緣」說的是過去，那麼未來呢？因爲過去是怎麼樣，所以此世這樣成爲阿羅漢、這樣成爲菩薩，那他未來將會怎麼樣成佛？某種因緣會導致未來世怎麼樣成佛的，就會有種種不同的差別，也要有這樣的「若干因緣」來爲眾生作記別，這樣才只能攝受一分眾生。那你說的這些因緣，有的聽不懂，有的還是懷疑，你還得要有若干譬喻，所以 佛陀在諸經中講了很多種譬喻，不是只有一種、兩種、九種、十種；那四大部阿含諸經裡面有多少的譬喻？很難盡取。單單說《中阿含經》好了，其中好像有一部叫作《三十喻經》，單單那部經中就講了三十種譬喻，你如果要全部統計起來，四大部阿含諸經中到底有多少譬喻？眞的要很花時間才能夠把它整理出來。

可是四大部阿含還只是初轉法輪的內涵而已，初轉法輪也不過十幾年的時光。到了般若期，譬喻又更多了；甚至於在方廣唯識增上慧學中講到菩薩的現觀境界，還得用十種譬喻來說明。我們通常都講九種現觀，對不對？因爲七地那個現觀無法想像。諸位常常聽我們講如幻觀、陽焰觀、如夢觀、鏡像觀、光影觀、猶如谷響、如水中月、變化所成、非有似有，這就九種了，最後一種如乾闥婆城，總共就有十種了。可是這還不包括其他法義、譬喻的那些說明，只是現觀的譬喻而已，就已經有十種了。所以七地菩薩觀一切佛世界如乾闥婆城，你能怎麼想像？你連十住位的如幻觀都想像不出來了，還能想像七地心的現觀？所以不但「以若干因緣」爲眾生說，還要以若干「譬喻」爲眾生說明；若干「譬喻」講了，那還只是若干「譬喻」，而這些「譬喻」跟你要說明的那些法的本質是怎麼樣聯結起來？怎麼樣對照？你不能夠沒有適當的言辭來說明。所以還要用若干「言辭」來說明，沒有那麼多的言辭來說明，眾生也不容易聽懂；聽不懂就無法入道，所以還得要有種種言辭。經由「若干因緣、譬喻、言辭」來作種種的說法，聞法的眾生終於可以漸漸進入佛法之中；如果沒有「種種說法」，眾生是進不了佛法的。

也許有人還覺得有一點懷疑，不妨以我們弘法的事實來說明吧！若是以見性來講就太難啦！只講明心好了。其實講明心還是難，不然我們就只講聲聞菩提證初果好了。諸位看看：從正覺同修會弘法以來，有多少人宣稱他們證初果、二果、三果、四果？太多了。甚至於有很多毫無廉恥的人聲稱他成佛了，但是你去檢查一下，不管他宣稱成佛或證初果，其實沒有一個人是已證初果的，都落在意識上頭，我見未斷。可是聲聞法才只是佛法中最最初淺的法而已，大家都誤會了。

那麼我們弘法以來，不斷地說明色陰虛妄、識蘊虛妄，他們都還聽不進去，讀了以後還要罵：「這蕭平實什麼都懂，我看他啊！就是不懂阿含！」我們就不得不寫個《阿含正義》，因為他們都放話了，那我不回應還行嗎？除非不想救他們。如果想救他們，就必須得回應！所以就寫了《阿含正義》。

《阿含正義》我好像寫了一年多，寫完了就逐輯出版，《阿含正義》七輯可也是不少的文字呀！沒有百萬字，也有八、九十萬字吧？因爲《狂密與眞密》四輯就五十六萬字了。這樣終於有人知道意識是虛妄的，受、想、行是虛妄的，色陰是虛妄的，終於有人知道了。我相信現在同修會外面一定有人證得初果，因爲他們以往都是以定爲禪在修定，如果眞的有未到地定，然後讀了《阿含正義》；而我的《阿含正義》講到這麼清楚了，除非他只是讀，不去作觀行，否則一定會有人證初果。

那你想想：我們出版《阿含正義》之前，講五陰虛妄的書難道不夠多嗎？夠啦！早就夠了，可是依然沒有辦法使他們證果。只好再加上《阿含正義》大約一百多萬字，那就是「種種說法」。我們這樣作，終於大家瞭解：「原來我們眞的悟錯了，我們離念靈知根本就是識陰六個識嘛！」終於瞭解了。可是這樣就能建立正法、鞏固正法嗎？不然！還得要繼續說法而不能停，所以書還得繼續寫與印，法還是得要繼續演說。因爲如果不這樣，眾生沒辦法繼續快速提昇，所以我們這樣作只是在效法 世尊而已，不是我們眞的很行；而是我們正在追隨 世尊，祂怎麼作，我們就該跟著怎麼作；因此「所作佛事，未曾暫廢」這八個字，是我們必須要繼續實行的，不能中途停止。

那麼世尊告訴我們這些道理，難道就只是說了算嗎？我們聽了就要去效法。世尊接著就作了一個結論，意思在告訴我們說：「爲什麼我需要作得這麼辛苦？因爲眾生是這樣子，所以我必須無量劫去教化眾生。」因此結論就是：「如是！我成佛已來，甚大久遠，壽命無量阿僧祇劫，常住不滅。」後面這四個字，是應成派中觀最討厭的。現在話說回來，世尊說：「眾生是這麼難度，我必須不斷地在三界中示現，不斷地爲眾生以很多的因緣、譬喻、言辭，來作種種的說法，並且不能停止，眾生才有辦法實證三乘菩提的各個不同的功德。」否則成佛之後只有阿羅漢徒弟，最多只有入地的弟子。

那麼成佛時，若沒有二地、三地、五地、八地、九地、十地、等覺、妙覺菩薩，那到底他成的是什麼佛？成佛是要每一個階位的菩薩都有，才能叫作圓滿。那諸位想想，現代人間，不管二十世紀或二十一世紀的佛教界，那些宣稱成佛的人，他們座下不要說等覺、妙覺的弟子，也不必說五地、八地，單單說一個初果弟子就都沒有了。座下連一個初果人都沒有，他們到底成什麼佛？成妄想佛啦！眞是妄想的佛！但是，釋迦如來示現給我們看的是，祂座下什麼樣的菩薩都有，從一生補處以及妙覺、等覺、十地、九地下至凡夫，每一個層次都有。

那些從地踊出的無量無邊菩薩摩訶薩們，難道是一世可以教化成功的嗎？不可能欸！沒有辦法使人一世就達到那個層次的，那些人至少都是修行超過一大阿僧祇劫以上的菩薩，因為他們在此世界下方虛空中住，個個都是神通具足、無生法忍，這不是一大阿僧祇劫就可以圓滿的，一定都超過一大阿僧祇劫。那你看看，每一個層次的菩薩都有，而且所度的菩薩是那麼多；當然不是短短的一劫、兩劫、一大阿僧祇劫，就能度化成功，而是要不斷地長時間度化，永不休息。所以世尊作了個結論說：「就像是這個樣子，我釋迦牟尼佛成佛以來，是非常大的久遠，不是小小的久遠而已。因此我釋迦牟尼佛的壽命無量阿僧祇劫，我在十方世界中是常住不滅的。」

這是事實啊！那些在否定如來常住的人，我們可以向他們提示一下：還記不記得《華嚴經》〈十地品〉的初地品中，說明了進入初地的時候要有增上意樂？那個增上意樂是什麼呢？就是十個無盡願啊！主要是說：「因為虛空無盡，所以我願無窮；因為眾生無盡，所以我願無盡。」那表示說，當他要進入初地的時候，既然必須發下十無盡願，就是永遠不會入無餘涅槃的，要永遠無止盡度化眾生的。可是竟然有人說：「釋迦如來已經入滅了，不存在了。如來常住的思想，是祂的後代弟子們因爲永恆的懷念而編造出來的。」他們這個話說了，都不知道自己早已掌嘴了；他們自己掌嘴了，臉上五爪金龍印痕很清晰，竟然全都沒看見，因爲他們從來都不照鏡子。

爲什麼我這樣罵他們？因爲當他們說「如來常住是後代的弟子對佛陀的永恆懷念而編造出來的」，請問：「懷念可以是永恆的嗎？」當他們的意識滅了，懷念就不在了，還有永恆的懷念？建基於虛妄的、生滅的意識上面的懷念，若可以是永恆的，那麼我要問他們：「請問：如來爲什麼不可以是永恆的？爲什麼如來不可以是常住的？」所以他們自己講的話自相矛盾，等於自己掌嘴了，但都沒有感覺，就只能送他們四個字：麻木不仁。對不對？因爲不管誰自己打了臉頰以後，一定會有感覺的！他們竟然絲毫沒有感覺。所以他們自相矛盾的地方太多了，因爲自己沒有那個智慧理解，所以看了大乘經就起煩惱；因爲讀不懂，也沒有那個善根可以信受，於是就說：「大乘經是後人長期創造、編撰起來的。」

如果眞是這樣，佛法就變成會演變的；如果是會演變的，應該阿含諸經跟大乘諸經就會有衝突。可是並沒有矛盾或衝突，事實上完全相契啊！只是淺深廣狹有所差別而已。所以自己不懂的，不能夠就說：「那是後人編造的。」因爲在我們來看，四阿含諸經裡面牽涉到很多大乘的法義，只是都用一兩句話就帶過去了；所以四阿含諸經裡面，處處都有大乘經的蛛絲馬跡。這表示五百結集的四十位定性阿羅漢，以及三果以下的定性聲聞聖者，都是在場聽聞大乘經的。也許哪一位同修有興趣，閒得無聊，別的福田都不想種，來種這個福田也行。就是從四阿含諸經裡面，把所有大乘法的名相都蒐集出來，然後寫一本書證明阿羅漢同聞大乘經，這也是一方福田啊！哦！我又設了一方福田出來。

所以諸佛如來常住不滅，是應該信受的。假使諸如來不是常住不滅，那麼如來示現在人間弘揚「如來妙義」就沒有意義了，因爲最後歸於斷滅嘛！入涅槃就等於是斷滅空，那麼這樣度眾生有什麼意義？大家只要證得聲聞法就行了，何必修證佛法呢？那如果聲聞法與佛法都是斷滅的思想，斷見外道早就講過了，不必 如來那麼辛苦示現人間來說法。這是很簡單的道理，不知道六識論的聲聞僧們爲什麼都想不通？因此，世尊告訴我們的這一段聖教，我們眞的要信受：「如是！我成佛已來，甚大久遠，壽命無量阿僧祇劫，常住不滅。」接著進入下一段經文。

經文：【「諸善男子！我本行菩薩道所成壽命，今猶未盡，復倍上數。然今非實滅度，而便唱言『當取滅度』；如來以是方便，教化眾生。所以者何？若佛久住於世，薄德之人，不種善根貧窮下賤，貪著五欲，入於憶想妄見網中。若見如來常在不滅，便起憍恣而懷厭怠，不能生難遭之想、恭敬之心。是故如來以方便說：『比丘當知！諸佛出世，難可值遇。』所以者何？諸薄德人，過無量百千萬億劫，或有見佛或不見者，以此事故，我作是言：『諸比丘！如來難可得見。』斯眾生等聞如是語，必當生於難遭之想，心懷戀慕渴仰於佛，便種善根。是故如來雖不實滅，而言滅度。」】

語譯：【「諸位善男子們！我從本以來行菩薩道所成就的佛地壽命，到現在還沒有窮盡，而且還要再加上一倍的數日。我如今其實並不是眞正的滅度，可是卻要這樣子方便唱說『我即將要取滅度』；如來就是以這樣的方便法，來教化眾生。爲什麼要這樣來方便教化眾生呢？如果佛陀長久的住在世間，那麼福德淺薄的人，他們不種善根，所以貧窮而且下賤，心中貪著的是人間的五欲，對如來的所知就會進入種種憶想妄見的羅網之中。他們如果看見如來常在世間而不滅度，便會生起憍慢而恣意地過自己的生活，對佛道會懷著厭倦和怠惰的心，對如來就不可能生起難遭遇之想，也就不會有恭敬之心。由於這個緣故，如來以方便法來爲大眾們開示說：『比丘們應當要知道，諸佛出現於世間，是很難可值遇的。』爲什麼要這樣子說呢？因爲那些福德淺薄之人，他們經過無量百千萬億劫那麼長的時間裡，有時有一些人可以遇見佛，有時往往都是不能遇見佛的，由於這樣的事情是他們所親自遭遇的緣故，所以我爲他們這樣子說：『諸比丘們！如來很難可得見啊！』這一些眾生們聽聞我這樣說的時候，一定會生起『如來難以遭遇』的想法來，於是心中對於如來就懷著戀慕而渴仰於見佛，於是便願意廣種善根。由於這個緣故，如來雖然不是眞正滅度了，卻也是要跟大家說『如來即將要滅度了』。」

**講義**：世尊說祂無量劫以來行菩薩道所成就的如來壽命，現在還沒有窮盡，而且還要再加倍。我記得以前讀過哪一部經，好像是阿含或是什麼經？

如今忘了；經中說諸佛如來三大阿僧祇劫行菩薩道，所得的如來壽命是七百阿僧祇劫，我記得是這樣（編案：《佛說首楞嚴三昧經》）。可是後來怎麼查也查不到，奇怪！但是有這個印象。也許不是阿含，也許是我記錯了。諸位想想，如果人要長壽，最該作的是什麼？對眾生行於善事啊！行善可以得長壽，當然不是在行善的這一世就立即長壽；若上一世行善利益眾生，這一世便可以得長壽。那如果不要在人間長壽，可以生天！生天後更加長壽。即使因為小小的善業往生四王天中，天壽五百歲，而他們的一天是人間的五十年，夠長壽了吧？

要長壽就是得行善，越往上去壽命越長，時間也越長。那諸位想想，單單在人間持五戒、行十善，若是生到忉利天去，那裡的一天等於人間的一百年，三十天為一個月，十二月為一年，天壽是一千歲，夠長壽了吧！比起人間來，真是太長壽了。因為他在天上也許早上起來，看一看人間有誰在：「喔！人間的某甲出生了！這某甲過去世曾經是我的眷屬。」等到他傍晚再去看一看：「什麼！他已經七、八十歲了，這麼老了！」那麼晚上睡一覺，早上起來一看，早已死掉又投胎去了！所以你看，單單在人間持五戒、行十善就如是可以長壽，天壽那麼長遠。

如果不單單是世間法的善業，因爲行菩薩道時還會包括出世間法的善淨業，還包括利樂眾生實證出世間法等等，而且是三大阿僧祇劫這樣修行，那麼你想：成佛以後，壽命應該有多長遠？可以想想啊！這個在因果律中是完全可以相通的，沒有絲毫違背的。那麼諸位想想看：這個有沒有違背因果的道理？一點都沒有違背。所以三大阿僧祇劫行菩薩道，從世間法、出世間法，以及世出世間法上面來利樂很多很多的眾生，當然果地所成就如來的壽命是無窮無盡嘛！既然如此，釋迦如來成佛以來，已經很久了，是在「無量無邊百千萬億那由他劫」前成佛的；可是成佛以來已經很久的壽命之中，仍然繼續在利樂眾生，那你想：祂的報身壽命會有窮盡嗎？不可能啊！

因爲三大阿僧祇劫的修行成佛，就可以有很難想像的長遠壽命；成佛那麼久以來又都在繼續利樂眾生，又可以成就多長的壽命？所以如來的報身是壽命無盡的，這是一定的道理。因此，當你們在正法上面努力修行的時候，不要老是牽掛說：「我大概再活沒幾年了。」（眾笑…）有時候，我們有些很早期、很早期的，不只是三朝元老了，已經是五朝元老的老同修，有人六十幾歲得了重病，跟我告假說：「老師！我要告長假啦！下輩子再來見您了。」我就罵他：「胡說！你現在才六十幾歲，憑什麼走人！還有很多法要學的。你不能走啦！沒那麼快就讓你走人！」結果呢，差不多十年又過去了，現在還是很老地活著，還是繼續在增上班修學啊！

由於能夠在這種究竟了義法之中實證，而繼續走下來的人，過去世一定也是在這樣的法裡面修學，世世繼續利樂有情！怎麼可能短命嘛！用膝蓋想就知道了，不必用腦袋想。所以不要再有誰跟我講說：「老師！我再活不了多少年了。」我告訴你們：「你們要活很久很久，等我走了才可以走。」（眾大笑…）好！因爲你們如果都先走了，那誰來幫我作事？這正法基業要鞏固三千年，沒有你們來作事還行嗎？所以我走了，你們還要繼續幹，一直作到我投胎又再來，再與你們一起延續下去，不能中斷！

所以世尊說的是如實語：「我本行菩薩道所成壽命，今猶未盡，復倍上數。」絕對是一倍又一倍，一直加上去的。因爲成佛以來，還是繼續利樂眾生，沒有停止過；在這個星球、這個小世界中，示現度化因緣完成以後就轉到另一個小世界，再度示現入胎受生等八相成道的過程，不斷地去作啊！何況每一尊應身佛都有很多化身諸佛同時在利樂眾生，所以「復倍上數」，絕對不是虛妄語！想一想，在人間持五戒、行十善，最多一百年好了，死後生到欲界天去，壽命是那麼長遠；那還只是世間法，可是菩薩道的修行過程中，有世間法的善業，還有出世間法及世出世間法的不可思議大善業，所得的壽命當然不能相提並論，一定是更長遠。但是因為發了大願，所以不離人間要繼續來利樂有情，因此才會示現這種百年的歲數。所以世尊所說的是如實語，因為理上必定如此，因果上也必定如此。

世尊接著說：「然而我如今其實不是要眞正的滅度，可是我卻要這樣方便地高聲宣唱出來說：『我再過三個月不久，就要取滅度了。』如來其實是以這樣的方法作為方便教化眾生的手段。」為什麼要這樣作？因為眾生有種種根性，有種種憶想分別，眾生會胡思亂想！他們也無法如實瞭解諸佛如來的境界！所以必須這樣說。「假使佛陀長久地住在世間，那些善根深厚的人是不會有問題的，可是福德淺薄的人，他們向來不種善根而貧窮下賤，這些人很貪著五欲，他們都會落入邪見和猜測妄想見解的羅網之中。」就被這種羅網給綁住了，始終逃不掉，這是一般眾生的狀況。

現在諸位不會懷疑　佛陀這句話，因爲我們出來弘法以後，已經證明那麼多佛教界的所謂開悟聖者、所謂證果的阿羅漢們，都不離憶想心的邪見。因爲從我們弘法的事實中，都已經一一證明了！諸位從正覺同修會的課程中去修學，閱讀我們的書之後已經瞭解：原來當代佛教那些所謂的佛、所謂的大菩薩、所謂的阿羅漢，其實都還只是凡夫。他們不能信受大乘法，甚至於公開反對大乘說「大乘非佛說」。釋印順甚至在書中公開說：「佛陀已經入滅，灰飛煙滅而不復存在了。」卻被許多六識論的聲聞出家人所崇信；諸位由此可以判斷這些人確實都是「入於憶想妄見網中」，被這種邪見的羅網網住了，再也逃不出來。

我們很努力，爲大家說明他們的錯誤是在什麼地方，並且把理由也說明了，分析說爲什麼他們這樣的說法、想法都是錯誤的。我們想方設法來救護他們，可是能夠逃出那個邪見羅網的人有多少？還是有限哪！還是有很多人在邪見羅網裡逃不出來呀！那佛世也是有這一種人，當他們聽見　世尊說「如來常在不滅」，心裡面就想：「哎呀！如來每天都可以看得見啦！有什麼稀罕！我隨時要見就可以見，只要去祇樹給孤獨園就看見了。」假使　釋迦如來還在祇樹給孤獨園，你們一下飛機就可以看見了，一定會想：「那沒問題啦！如果今年忙，明年再去也行。」會不會這樣想？會啦！

可是如果知道說，如來再過三個月就要入滅，再不去可就來不及面見了，就會趕快去覲見了，對不對？然而這是諸位，馬上就會去；可是我告訴諸位：還有人會一直拖著，直到最後一天還在拖延，拖到再經過十分鐘時 如來就要入滅了，他才肯來，他叫作須跋陀羅。因此他也只能成為阿羅漢，不可能成為菩薩，因為 如來已經沒時間為他說菩薩法了，這就是薄福德之人！可是世尊這段經文中說的「薄德之人」，是比須跋陀羅更加薄德的人，就是那些六識論者——主張說「大乘非佛說」的那些人。所以 如來得要示現：讓他們要想見的時候卻已經不能見到了。他們才會珍惜。

上一週講到一百四十五頁第二段的第三行中央，今天要從「若見如來常在不滅」開始說起。這是說，如來不應該在五濁惡世中住世太久，因為五濁惡世的眾生，大部分是「薄德之人」，也就是說他們的德行不太具足；所以一般而言，他們在法上的實證是比較困難的。除非五種汙濁已經消滅了，然後到了人壽五萬歲、八萬歲時，五濁不存在了，眾生大部分都是有德之人。

在五濁具足的時節，眾生德行不夠，除了外在環境的國土汙濁，加上普遍性的邪見汙濁，以及時劫汙濁再加上命濁——煩惱多而短命，所以一生能夠修改惡劣身口意行的時間很短，也很難得遇見善知識。等到認爲應該要修正原來的不好心性時，年紀都已經好大一把了，那麼剩下來可以修行的時間其實不多，所以因爲命濁的緣故，煩惱濁就不容易消除，德行當然就不容易增長，因此五濁惡世的大部分眾生是「薄德之人」。

如果不生在五濁惡世，沒有劫濁也沒有命濁，大家壽命都很長，那麼煩惱濁也就減輕了；當煩惱濁減輕，甚至不存在的時候，就不會有眾生濁；那時的眾生壽命很長久，大部分人都已經有幾千歲、幾萬歲努力修正身口意行了，德行自然都很好，當然就不是「薄德之人」。所以在這個五濁惡世來示現成佛，壽命就不應當太長；如果在五濁惡世的時候成佛了，壽命五千歲、一萬歲，眾生一定會想：「我這一世有這麼多可以享樂的世間法，不享樂太可惜了。反正佛陀很長壽，等我下輩子再來時祂還是在，我不必那麼急著要修學佛法，去拜見釋迦牟尼佛也不必太早，等下輩子或是下下輩子再去就好了，反正祂一直都在嘛。」那麼眾生就不會努力啊！

所以如果五濁惡世的眾生，福德不夠、德行不好，又看見 如來應身常住不滅，心中就會產生憍恣。憍，就是覺得自己在世間法上有許多的成就，因此對於佛法就不會很恭敬，也不會很恭敬於 如來。恣，就是放逸其心，無所控制，對於追隨 佛陀修學佛法的意願就很低，他們對於 世尊就會有厭怠於禮敬、供養、受學之心。因爲他們不會覺得逢遇世尊是非常難得的。

所以說，佛陀在人間示現的時候是怎麼樣的稀有難得，那就得要用個世間譬喻來說。一般人說，什麼花最難得一見呢？曇花。曇花爲什麼難得一見？因爲有好多人種了十幾年都沒看見，都是早上起床花已經謝了才看見，所以他覺得曇花很稀有難得。所以沒看過曇花開的人，他們有時就會相約「今晚不睡覺」，要等著半夜裡欣賞曇花，因爲它都在半夜裡開花，明天早上就謝了。

可是曇花眞的難得一見嗎？不然！曇花每年都看得見哪！只要你看見花苞已經夠大了，選定那一天晚一點睡覺就能看見了，並不難嘛！那麼有人想，應該是鐵樹開花最難見，可是鐵樹開花美嗎？不美啊。雖然不美，十年、十五年，有的要二十年才開一次花；如果讓他活上一百年，也不過看個六、七次吧！有幸看見的時候說：「哎呀！我好有福報。」其實不然，因爲那鐵樹畢竟是還有因緣得見哪！可是優曇鉢華三千年一開，誰能活一千歲呢？所以想要看見它開花，顯然不容易。可是對於壽命四千歲的人來說，看見優曇鉢華就不是那麼困難的事囉！還是可以看得見的。然而為五濁惡世的眾生來說就要用優曇鉢華來作譬喻，說這種花三千年一開，人壽不過百歲，想要見它還真的難哪！就算這一世有人跟你介紹說「這一棵就是優曇鉢華」，那你來世還有因緣再碰到這棵嗎？也許連碰都碰不見，更不要說剛好它開花的時候你正好生在那個地方。

眾生這樣一想，優曇鉢華還真的難見，比鐵樹開花都還難見，這是因為無花果本來就無花，除非有極特殊因緣才會開花；於是因為這個緣故，就用它來譬喻諸佛出現在人間好像優曇鉢華，表示你生在人間不一定能遇見佛，眾生就會起珍惜之想，然後就會想：「我空有世間法的資財，空有世間最大的權位，但是想要一見如來而不可得。」這樣子，眾生就會對如來恭敬渴仰。所以 釋迦如來在世時，常常有國王來禮拜，因為想要世世遇見如來眞是太難了。那麼這樣子譬喻以後，眾生終於有一點瞭解「如來難值遇」。可是因為眾生的所知，沒有花期更長的花，只好用優曇鉢華來譬喻；其實能夠遇見如來，那是好幾倍好幾倍於優曇鉢華的開花。

優曇鉢華就是無花果樹，花開在果中，根本就看不見；可能是天氣異常很嚴重時，才有可能使花開在果外，當然很難得值遇這種異相。也許天氣大變是一千五百年一次，那麼諸位想想看，那也不過是一千多年開一次花；可是 釋迦如來過去以後，接著 彌勒如來降生人間要等多久？五億七千六百萬年。那是一千五百年的幾倍呢？大家想想看啊！所以那個譬喻還算是很客氣的。因爲世間沒有花期更長的花了，就只好用這種花來作譬喻；但是這樣就算是難見如來嗎？不然！彌勒菩薩五億七千六百萬年後來人間示現成佛，這算是很快了；例如 佛陀有說明過去七佛，是從 釋迦牟尼佛往前推算的七佛，再往前推當然還有很多佛，但就只談到之前的七佛爲止。這七佛的第一尊佛，距離我們現在賢劫是九十一劫前的 毘婆尸如來，然後再六十劫之間沒有如來出現於世，距離現在三十一劫前才有第二尊、第三尊如來出現於人間。那麼諸位想想，如來有那麼容易遇見嗎？眞的很難見嘛！

然後一直到了賢劫，我們這個娑婆世界一直到了賢劫，才有四尊佛出現。換句話說，三十一劫前的如來之後，到底要有多少個水火劫的經歷，難以計算。剛才講的是大劫，現在講的是水、火等劫；因爲一個大劫有四個中劫，一個中劫有二十個小劫，住劫的每一個小劫裡面還有許多的小小劫。什麼叫小小劫？火災、水災、風災，這個期間還是很長的，例如火災，是每七次火災之後會有一個水災，以這樣來算的；每七次水災之後會有一個風災。那麼講到最小的劫好了，說火災之劫，當火災燒到初禪天，在一次火災滅後直到下一次火災之間，有很多的小小劫，那叫作刀兵劫、飢饉劫、疾疫劫；在那種小小的劫數中，你把它累積起來，一個小劫裡面到底有多少個小劫數？很多欸！那麼這樣子從三十一個大劫前直到這個賢劫中間，以這些小小劫來計算，就眞的難以計數到底有多少劫？所以說無量劫中無佛出世。

那麼三十一大劫前那二尊佛之後，過了三十一劫之後到了賢劫才又有佛出現於人間。這賢劫眾生有福報，因爲將有一千佛出現於人間；可是這一千佛中的某一佛入滅以後，到下一佛出現的距離是多久呢？大家別以爲很快說：「我下輩子投胎祂就來了！」沒這回事！彌勒菩薩來人間成佛，是五億七千六百萬年後，就算你能活八萬四千歲好了，也要算算那是幾百輩子、幾千輩子的時光。所以值遇於佛眞的是不容易啊！因爲這樣子，眾生瞭解了才會珍惜：「我有幸與佛生在同一個年代，有這樣的因緣，得要趕快去禮拜、供養、求法。沒有因緣也要創造因緣，因爲太難値遇了！」這樣子眾生才會生起「難遭之想」，所以必須要這樣子告訴眾生：「諸佛難可値遇。」眾生心中有了「難遭之想」，心中才會恭敬。

世間人最恭敬的是誰？是父母啊！因爲父母生養拉拔自己長大，這個恩德太大，所以就恭敬父母。即使老父老母不識一字，沒什麼知識水平，咱們還是要恭恭敬敬來奉養；可是再想回來，父母是每一世都會遇見的，這一世遇見一對父母，下一世遇見另一對父母；可是諸佛如來是很多世很多世才能遇見的。而且與父母共同生活一世，無非就是流轉生死，但是値遇如來，一世就可以得出三界生死，還可繼續修學成爲菩薩，最後究竟成佛。那麼這樣想想，其實諸佛如來遠比生身父母更値得恭敬，因爲父母也應該要恭敬諸佛如來。眾生如果有智慧想通了這一點，就不會再因爲世間法，心懷憍恣厭怠懶惰，就能夠生起「難遭之想、恭敬之心」，正因爲這個緣故，所以如來以方便說，告訴大家：「比丘們！你們應當要知道啊！諸佛出現於世間，非常難以値遇。」爲什麼要這麼說呢？因爲世間法中那些薄德寡福之人，他們往往經過無量百千萬億劫，都沒有辦法看見任何一尊如來，往往與諸佛如來出生在不同的地方。福德好一點的人，有時候可以遇見，也不是全部都能遇見。所以因爲這個緣故，才要說：「**諸比丘！如來難可得見。**」

也許有人想，眞的有眾生超過無量百千萬億劫而都沒有遇見如來嗎？事實上眞的有，且不說傍生的眾生，單單說人類就好。諸位想想看，兩千多年前的人類，究竟有多少人親自值遇 如來時，或者供養、或者禮拜、或者只是問訊，或者是抬起手來打個招呼，或單單只是點個頭？甚至有的人連點頭都沒有，只是看見而沒有相應。但即使是這樣的看見也不容易；想想看啊，兩千五百多年前，地球上的人類有多少人遇見了 佛陀？諸位可以想一想。那就知道說：眞的！有很多人是沒遇到 佛的。不幸的是，那些沒有在兩千五百年前遇見 釋迦佛的人類，他們是經過一佛又一佛都沒有遇見過的人；就這樣子一劫又一劫、一佛又一佛，都沒有遇見諸佛。

例如有人生在同一個小世界裡，就是沒遇見佛；所以過無量百千萬億劫不見佛者，也就是很平常的事了。諸位有時候會想：「**我們在佛法中微不足道，因爲佛法中有那麼多的大菩薩們，而我們何時能像他們那樣？**」想想也眞是微不足道，可是有一句俗話說：「比上不足，比下有餘。」諸位以前都曾在 釋迦如來座下聞法修行，只是沒有努力用功而已。如果以前沒有在 釋迦如來座下供養、聞法、禮拜過了，你今天也進不了正覺。因爲聽到一說是如來藏，心裡就想：「呃！那是外道神我，我不要學。」如果你往世在 釋迦如來座下聽聞過 如來說第八識妙法，今生才一聽到阿賴耶識、如來藏，就想：「欸！這個是我要的。」

至於爲什麼是你要的？你自己也不知道，只是聽了就莫名其妙歡喜說：「我就是要學這個法。」爲什麼呢？因爲你在往世曾聽聞 佛陀演說過！你那個種子已經牢牢種在心田裡面，牢不可拔；它會成爲你未來世修學善法的憑據，所以在後末世時——不管是多麼後面的後末世，你只要一聽到如來藏、阿賴耶識，你就想：「這是我要學的。」一聽到「見道、開悟」就想：「這是我要的。」否則的話，被人家誤導了十幾年，人家都說「如來藏是外道神我」，爲什麼你聽了偏偏起歡喜心，一定要來正覺修學呢？因爲你有那個種子嘛！只是因爲隔陰之迷，所以忘記了。

至於忘記了，是無可奈何的事，你也別自怨自嗟，爲什麼呢？因爲菩薩滿三地心前都是還有胎昧的，你要想一想說：「人家菩薩到了三地沒有滿心之前，都還有隔陰之迷，那我還有隔陰之迷，可以接受啦！」要這樣想，不然的話，每一世剛開始學佛就想：「我爲什麼記不起過去世學的？」如果你有了這個正確的見解放在心中，就不會爲胎昧而自怨自嗟了。然後你回頭來看看：大家不都是一樣嗎？大家都有隔陰之迷嘛！不能夠硬要把四地菩薩的境界拉來跟眼前的自己相提並論，因爲人家以前也是有隔陰之迷，只是很早很早以前他們就學佛了；既然比我們早一大阿僧祇劫學佛，當然我們現在有隔陰之迷，而他們以前也曾經歷過這個階段，較早遠離胎昧，這也很平等啊！那就沒什麼好抱怨的。既然沒什麼可抱怨的，就可以安下心來修學。

但這個只是比上哦！比下呢？諸位可以瞧一瞧：台灣號稱一千兩百萬的佛教徒，可是眞正在修學三乘菩提的佛教徒有多少人？諸位想想，有多少？在正覺同修會外，你想要找到一個眞正修學三乘菩提的人，就好像要你出去找一朵盛開的優曇鉢華一樣，因爲你很難得遇見！那一些所謂的佛教徒們，都是在作什麼呢？「師父昨天打電話來說週日要作法會，某某師姊、某某師兄！我們搭你的便車去喔！」然後就一車子出發去了，在那邊鏗鏗鏘鏘一天完畢了回家，又繼續過世俗生活。這就是一般的所謂佛教徒啊！那還有更糟的初機佛教徒，就是聽到念佛、學佛時馬上回嘴說：「我都還沒老，離死還早著呢！我這麼年輕，學什麼佛？我工作累死了，還學什麼佛？」這不就更糟了嗎？

但這還不夠糟，還有更糟的：學佛，努力學到雙身法，走到密宗外道去了。那你說這些人，為什麼會有這樣的現象？因為他們往昔學佛以來的時間還很短，不過是一劫、兩劫、三劫、十劫的事而已，他們在十信位中修學還沒有滿足，不懂得學佛是要學什麼。甚至有人出家了以後，把學羅漢當作學佛，把羅漢法當作佛法；不幸的是他們還把羅漢法給弄錯了，然後進一步主張說「大乘非佛說」，這又更糟糕了。這一類主張「大乘非佛說」，主張「如來藏是外道神我」的人，罪業遠比喇嘛們一天到晚找女信徒修雙身法還要重。

可是他們都沒有警覺，因為否定大乘、否定如來藏妙義的人，世尊說是「一闡提人」啊！殺人放火燒了一千間房子，燒死裡面的一萬個人，下墮地獄的時間不會比他們長！因為燒殺擄掠的惡人下了地獄以後，至少不是斷善根人啊！當他們聽到佛法、聽到釋迦牟尼佛名號時，還會合掌一下說：「阿彌陀佛！」雖然他們無惡不作，也還會合掌唸一句：「阿彌陀佛！」可是那一些謗菩薩藏的人，你沒有辦法教會他們唸一句「阿彌陀佛」，他們回說：「那是太陽神的思想，是太陽神崇拜轉化進佛門中來的外道見。」證明那些人都是斷善根人哪！

那麼底下經文中說有這麼多的種類，諸位想想看，跟下面這些人來比一比，應該覺得自己很有分量吧？對呀！假使你不是經歷過很多佛、供養過很多佛，聽聞過如來藏妙義，我在《法華經》之前講《金剛經》的時候，你就聽不下去了，早就走人了，怎麼可能現在我講的比《金剛經》更深妙、更難信受的《法華經》，你還可以每週都來從頭到尾聽到現在？由這個地方，你要來檢驗自己是否眞的有善根與福德；當然，跟上面經文中說的那些摩訶薩們，你們就不要去比，要跟會外的那些還在外門修學層次中的人來作比較，你就會覺得說：「原來我還是有一些善根福德的，所以才會信受如來藏妙法，才願意繼續在正覺修學八識論正法。這麼難可信受的《法華經》，我也才能夠這樣信受而聽聞下去。」

這樣子思惟清楚以後，再也不要看輕自己了，因爲將來 彌勒菩薩來人間成佛時，你們當世就會成爲阿羅漢。成爲阿羅漢的意思是表示什麼？後面緊接著是什麼呢？不是只有授記！還有授記之前的過程；那時 彌勒佛還要爲你演講般若，也要爲你講解方廣、唯識種智啊！最後宣講《法華經》時就要爲你授記啦：你什麼時候該成佛，佛號、佛弟子眾等，全部都具足授記了。所以不要妄自菲薄。但是對一般五濁惡世的眾生而言，這些眾生們薄德少福又加上寡慧，釋迦如來假使常住於人間而不離去，他們就不在意，不覺得 如來住世很稀奇，不覺得珍貴，就不會把握有限的生命趕快追隨 如來親近修學，所以 世尊必須要向大眾說：「諸比丘！如來難可得見。」

唯有如此，眾生聽聞到 如來如此開示以後，心中就會生起難遭遇之想法來，於是 如來就說：「過三月後，我將入涅槃。」因此，有許多自負的外道就開始盤算說：「我什麼時候要去見如來？」這些外道爲什麼不來見呢？因爲這些外道們個個都覺得自己很行，有的人是證得第四禪，有的人是證得非想非非想定，有的人是在人間很有名聲，有的人是追隨的群眾有數百人、數千人、數萬人，所以他們很自負，心想：「如來不過是一個人，我也是一個人；同樣是人，爲什麼我要去拜見祂？我去拜見了，人家會瞧不起我。」

於是就不來見 如來。可是 如來一宣布三個月後將入涅槃，於是大家就開始盤算：「我哪一天要去見如來？」因爲再不去，就沒機會解脫生死了。

這就是說，世尊以這個方便法讓眾生「心懷戀慕渴仰於佛」，於是就願意來親近 如來、禮拜 如來、受學如來法，這就是種善根。甚至於有個外道須跋陀羅，年紀一百二十歲，證得非想非非想定，是世間最高禪定。他想：「我一百二十歲，佛陀不過八十幾歲，我證得的禪定是三界最高禪定。現在佛說我這個不是涅槃，可是三界中再也沒有人比我證得更高的境界了，也許我這個境界眞的是三界外的涅槃呢。」於是他就這樣不肯來見佛。即使 世尊宣布三個月後要入涅槃了，他還是一直拖著；拖到最後一天了，佛要入涅槃了他還不來，到了中午還在那邊思索著要不要來見；到了晚上還在考慮，一直到佛入滅前那一刻才來。

阿難尊者當然不讓他見佛：「現在佛陀要入涅槃了，你這個時候還要來打擾。」當然不讓他見。可是佛陀知道了，因爲應該得度的弟子們，至今還欠一個還沒來，當然 佛陀會等待啊！大慈大悲的 佛陀，當然會等所有該度的人都度了才會離去！所以 佛陀就告訴阿難：「阿難！讓他進來，這是我要度的最後一位弟子。」你看他一直拖延，然而再怎麼拖延，依舊是 佛陀的弟子！他是逃不掉的！因為往世就曾跟著 釋迦如來修學的人，怎麼能逃得掉？孫悟空七十二變，觔斗雲翻了五翻，都還逃不出去欸！何況他沒有觔斗雲，所以最後還是得來求度。可是 世尊如果不宣布三個月後某一天要入涅槃，入滅度時他還是不會來的。就有這樣的弟子！

可是 佛陀依舊等待，他若是沒有來，就不會眞的入涅槃，就是會等待啊！這只有 如來知道。於是他終究拖延到半夜才來，世尊於是為他說了一席法，他終於知道原來那只是非非想天的境界，只是三界之頂，還不是出三界的無餘涅槃，因為那還是意識的境界。世尊開示了五陰十八界的內涵以後，他馬上知道解脫之義原來是要滅盡自己不受後有，於是他當下就成為阿羅漢。然後就向 世尊稟告：「我是阿羅漢，不忍見世尊入涅槃，所以我要先取滅。」佛都還沒走，他倒是要先走人了（眾笑…），你看，度這種弟子，冤不冤？冤啊！眾弟子還沒有為 佛陀處理舍利的事情，倒是要先處理他的（眾笑…）。

可是 如來就是大慈大悲，什麼樣的弟子都攝受，都不計較，就是要等他。於是當他說想要先取滅，佛陀就說：「善哉！」有時是說：「汝自知時。」就是說：你自己知道什麼時候應該可以入滅。於是須跋陀羅在 佛前地上坐著就入無餘涅槃去了。你看，大家又要為他忙欸！所以 如來必須要以這種方便，才能使所有的有緣人都來到 佛陀座下，否則有的人是不會來得度的，因此 如來不可以長久住於人間。

那麼也許有人想：「世尊不是說，如來有四神足，可以住壽若滿一劫、若減一劫？」那麼這樣子講了以後，阿難尊者當時沒有反應，沒有馬上順著佛陀說的話請 佛住世；他默然不應，佛陀又講了一遍：「諸佛如來有四神足，可以住壽若滿一劫、若減一劫。」阿難依舊不吭聲，佛陀又講了第三遍，他也還是不吭聲。因為天魔波旬一直跟著要求 如來趕快入涅槃啊！所以那時天魔把阿難尊者給迷惑了，讓他迷迷糊糊不曉得應該請 佛住世，於是 如來本來有心要為我們多住世，也就沒機會接受人們的期待了！否則今天還是輪不到我說法的，今天大家就會有好大好大的幸福：可以親聞 如來說法。

可是天魔波旬不死心！佛陀才剛剛宣布三個月後入涅槃，他馬上就現前請求說：「佛陀！您不必等三個月後，現在就可以入涅槃了。」這倒讓我想起來，我弘法那時，正覺同修會成立大概五、六年後，有一天，有一位老師說：「老師喔！其實現在你就可以退休了，我們可以把法住持下去了。」好在當時我沒有聽他的話，因爲他後來走到月溪法師的法裡去了。所以你看！什麼時候如來應該入涅槃，如來很清楚，不是由天魔來決定的！因此佛陀告訴他：「你不要再說啦！我自然知道什麼時候該入涅槃。」你們看，那時天魔波旬是跟在身邊等待著的，佛陀才一宣布，他就來請求 佛陀馬上入涅槃，不必再等三個月。

佛陀對阿難說：「如來有四神足，可以住壽若過一劫、若減一劫。」然而天魔波旬隱身在籠罩著阿難尊者，讓他沒辦法起心動念請 佛住世，所以才會害得阿難尊者後來結集四阿含時，被那些聲聞阿羅漢們責罵：「明明佛陀當時有這麼說，你爲什麼不請佛住世？」不過阿難尊者也有智慧，他回說：「如果佛陀在人間住世一劫，請問以後的賢劫千佛中，後面的九百九十六尊佛要怎麼來人間示現？」他說了這句話就把聲聞阿羅漢們的嘴堵住，讓那些不迴心的阿羅漢們沒辦法說話了。可是 如來說的那個「劫」，不一定是一個大劫啊！也許 如來說的只是活個幾十萬歲，也就是前面一個火劫跟下一個火劫中間的很多個小小劫所說的「劫」。如來講的很可能是那種小小劫，那就不會妨礙 彌勒佛來人間示現的時間啊！

世尊若是真的活個幾十萬歲，那麼我們大家可就賺飽了，對不對？對呀！可是因緣就是如此呀！於是依然示現入了涅槃。正是因為 如來不久住於人間，五濁惡世眾生的心中才會生起難遭遇想，於是大家急急忙忙說：「唉呀！佛陀快要離開人間了。」那一生都沒有來歸依的人，才願意來歸依。終於來歸依了，這就是種善根哪！有的人從來都不曾來拜見 佛陀，終於想：「我去拜一拜也很好，因為太難得了。」因為難得，他才願意來拜這麼一拜，才跟 佛陀結下這個法緣。

所以要眾生在了義佛法中種善根，真不是容易的事啊！得要有這樣的示現說「如來真的很難遭遇」，所以眾生才終於願意前來種善根。如來出世就願意跟著學法的人，其實不是很多！所以諸佛如來其實不是真的有入滅，卻是必須要告訴眾生「如來會入滅」。但這樣說，還有另一層用意，因為有的人想：「成佛之後永遠不會有生滅，所以我也要學佛這一點，要怎麼樣健康長壽。」於是就開始修那些地行仙、精行仙、空行仙的世間法，只是求長命，落入邪見中。於是如來這樣示現，就是告訴大家：「即使是人天至尊，一樣會入滅，所以不要執著這個五陰。」眾生想一想：「對喔！如來示現在人間也是會入滅，所以我還是要趕快把這個我見斷了、我執斷了，證得不生滅的無餘涅槃。」要這樣示現。

這就是一種示現，否則即使人們出了家，也不會精進修道。因此如來得要這樣示現：「是故如來雖不實滅，而言滅度。」所以諸位看看，你們是很有善根、很有福德的人，爲什麼呢？因爲正覺同修會外有好多的法師、居士，他們有幾個眞的想要求開悟？有幾個眞的想要求解脫？極難可得啊！所以他們一天到晚都在混生死，一談到明心開悟就推說：「啊！那是大菩薩的事，那是正覺的菩薩們才能夠作到的，我們都作不到。」都推給正覺的菩薩們，他們就是這樣，現在都推給正覺——都推給你們。所以只有你們有這個因緣可以證悟，他們大部分人沒有因緣證悟，他們自己就這麼想的。

佛陀明明示現說，即使是人天至尊的五蘊，也一樣會壞滅，可是他們都不急啊！大家出家以後也是不慌不忙，早餐剛剛洗過缽盂，接著就在那邊撕紅毛苔預備午餐，因爲怕紅毛苔有沙子，就在那邊慢慢撕著，一面撕著一面聊天，談論晚齋的事，她們的出家生活就是這樣過的！你們沒有親眼看見，我可是親眼看見的，哪像我們？我今生沒有出家，可是我一天到晚在電腦前一直坐著，沒停過。眞的坐到古人說的「臀部生……」什麼？那個字怎麼唸？不是瘡啦，是結繭啦！都是不斷作事而坐到臀部痛了，才不得不下來走一走，然後又上電腦繼續作事。可是她們出了家，剛剛吃過早餐又在那邊弄午餐了，你要怎麼說她們呢？所以她們把證悟和住持正法的事情全都推給諸位，還認爲自己推得有道理呢。

她們認爲說：「我們是沒有機會可以開悟的，開悟的事情是正覺同修會的會員們才有機會的。」她們推給你們還眞的有道理，爲什麼有道理呢？因爲她們的心都不在這上面嘛！心在哪裡呢？吃過早餐就已經在想著午餐吃什麼啦！所以還是要推給諸位。我還眞是佩服她們有眼光，懂得推給你們。所以即使 如來示現滅度了，都還有這麼多人不努力、不精進；那麼如果如來常住，她們一定會想：「我再好好生活一萬年以後，再去跟佛陀修學啦！這一萬年中，我好好修集布施的功德，我一輩子又一輩子好好去享樂，一萬年以後再來學法，反正佛陀要活上兩萬年、五萬年哪！」她們會這樣想。

所以說，五濁惡世度眾生甚難、甚難！眞的不容易！因此諸位就不要再抱怨說：「唉呀！我們正覺的法這麼好，爲什麼那些人不懂得要來學？」你們不用抱怨，因爲他們薄德寡福少善根，等他們未來世修到一個層次了，一定會開始反省：「難道學佛就只是每個週末、週日到處去作義工、去唱誦法會，然後就回來繼續過世俗生活嗎？」那時他們會這樣想：「我自認爲學佛三十年已經很懂了，結果經典請了出來，還是不懂。每一個字，我都認得！就是不知道經中說的是什麼意思啊！」他就會這樣想：「學佛應當不只如此。」他就會想：「學佛到底是爲什麼？」這樣才能夠說是開始有點抉擇的智慧了。

很多人只是一窩蜂跟著流行：「現在學佛是潮流，最風雅，那我就跟著學一學。」可是爲什麼要學佛？完全不知道。我這一世看見佛法的書籍，心裡說：「唉！這才是我要的！」可是我得要先讀過很多佛書，才決定要不要去歸依。叫我歸依，得要先讓我知道歸依是什麼原理嘛！後來歸依了，歸依之後便參加人家的念佛會；因爲知道寺裡有念佛的事，參加過一次念佛會的共修，第二次去念佛會共修時我就問一位法師：「請問師父！念佛是爲了什麼？」不可以說念佛只是爲了念佛吧？要每週都來努力念佛，一定是爲了什麼嘛！結果他有點像禪師，我這一問，他看了我一眼，轉頭就走了（眾大笑⋯），這眞像是公案裡講的「休去」嘛！（眾笑⋯）

可是我後來才知道他的意思並不是公案裡的「休去」，而是不知道該怎麼回答，那我就自己去研究：爲什麼要念佛？我開始針對淨土宗的祖師所講的道理，開始去蒐集、去閱讀，終於懂得一個道理：「喔！念佛原來是爲了求生極樂世界。」那也不錯！比起娑婆來，那裡好太多了！好啊！我就每週末都去念佛，也發願往生極樂世界，就這樣發願，就這樣開始念佛。念到後來，有一天晚上循例課誦《金剛經》時，我說：「不對呀！往生極樂世界的人，往生成功以後就不必弄懂《金剛經》嗎？弄懂《金剛經》的事情是在這裡才要的嗎？那麼往生去極樂世界不就沒有佛法了嗎？不對欸！」

後來我想，學佛一定不只是這樣。後來問一問別人，聽說每個週日都有禪坐會。好啊！我就來看看禪坐會是什麼內容，總是要去把它弄清楚！否則學佛究竟是要幹什麼？總得弄清楚，對不對？也就是說，他們實證佛法的因緣還不夠，他們的福德還不夠，因此不會去反省：「我學佛的目的是什麼？」只會跟著人家一窩蜂去混。如果大家說學佛沒味道，沒興趣了，大家都離開了，他就會跟著離開佛法。所以你們不必產生一個感慨的想法說：「正覺有這麼好的法，他們爲什麼不懂得要學？」都不必感歎，因爲只有已經親值過很多佛，供養禮拜過很多佛的人，對於大乘菩提所說的深妙義才能夠相應；否則才一聽到，就想：「喔！正覺的如來藏法義，那眞的太深了。」他們心中就抗拒。

十幾年前，快二十年前，《無相念佛》還沒有出版前，我去杭州南路拜見一位淨土宗的大德，現在他都在大陸，聽說已經被大陸封殺了，因爲他已經亂說佛法了。當時我想要把正法送給他，我是親自登門要送給他！但他那時不想要，我才一跟他談實相念佛、無相念佛，他當場就回說：「嗄？不要跟我談這個，那是大菩薩們的事，咱們算老幾？」竟然當場這樣說欸！馬上附帶一句話給我：「我這些徒弟們，只要有一個能下品下生，我就很高興了，你還談什麼開悟？」竟然這樣講欸。我聽了眞的不能接受，我心裡面想著，也就問他：「你這些出家徒弟們，哪一個人是專幹五逆十惡的大惡業的？」我心裡想：「你講什麼下品往生？」所以我就從下品下生開始跟他講起，我把下品下生講完了，他知道自己說錯了，馬上就把話題扯開；他一扯開，我就讓他講，等他講完了，我又拉回來講下品中生；我講完下品中生，他又扯開；等他講完了，我又拉回來講下品上生。

就這樣，我從下品下生一直講到上品上生；然而話不投機，講完上品上生以後，我作了供養，禮拜完了我就走人。當然後來他已經知道那時禮拜他、供養他、為他說法的是什麼人了。但是你們想想看：連大法師都如此不成才啊！他那時說：「實相念佛、無相念佛？那是大菩薩們的事。」那你想，其他的佛教徒呢？可想而知！所以你們瞭解了這一點，就知道 釋迦如來一定要這樣示現，不可以長久住於人間！否則眾生一定懈怠憍慢，於是放逸地過生活。佛陀如果宣布要在人間住世十五萬年，他會等到十五萬年的最後那一年才來親近，這就是五濁惡世的眾生啊！因此 如來必須示現滅度。可是如來其實常住，不曾有滅度啊！都是為了眾生，所以要示現滅度啦！那麼這樣講了也許有人信了，也許有人雖然信了卻是不能理解，因此還是得要用譬喻來演說：

**經文：【「又，善男子！諸佛如來，法皆如是；為度眾生，皆實不虛。譬**

如良醫，智慧聰達，明練方藥，善治眾病；其人多諸子息，若十、二十乃至百數，以有事緣遠至餘國；諸子於後飲他毒藥，藥發悶亂，宛轉于地；是時其父還來歸家，諸子飲毒或失本心，或不失者；遙見其父，皆大歡喜，拜跪問訊：『善安隱歸，我等愚癡，誤服毒藥；願見救療，更賜壽命。』父見子等苦惱如是，依諸經方，求好藥草，色香美味皆悉具足，擣篩和合與子令服，而作是言：『此大良藥，色香美味皆悉具足；汝等可服，速除苦惱，無復眾患。』其諸子中不失心者，見此良藥、色香俱好，即便服之，病盡除愈。餘失心者，見其父來，雖亦歡喜問訊，求索治病，然與其藥而不肯服；所以者何？毒氣深入，失本心故，於此好色香藥而謂不美。父作是念：『此子可愍，為毒所中，心皆顛倒；雖見我喜，求索救療，如是好藥而不肯服。我今當設方便，令服此藥。』即作是言：『汝等當知！我今衰老，死時已至；是好良藥，今留在此；汝可取服，勿憂不差。』作是教已，復至他國，遣使還告：『汝父已死。』是時諸子聞父背喪，心大憂惱而作是念：『若父在者，慈愍我等，能見救護；今者捨我，遠喪他國。』自惟孤露，無復恃怙；常懷悲感，心遂醒悟，乃知此藥色味香美；即取服之，毒病皆愈。其父聞子悉已得差，尋便來歸，咸使見之。諸善男子！於意云何？頗有人能說此良醫虛妄罪不？」「不也，世尊！」佛言：「我亦如是，成佛已來無量無邊百千萬億那由他阿僧祇劫，爲眾生故，以方便力言當滅度，亦無有能如法說我虛妄過者。」

語譯：【「此外，善男子們啊！過往以及現在十方的諸佛如來，所說的法全部都是像我這樣子；爲了度化眾生的緣故，其實都是眞實而不虛妄的法義。就譬如優良的醫師，他很有智慧，聰明而通達，他很瞭解煉製各種處方的藥物，善於治療各種不同的疾病：這位優良的醫師有很多孩子，或者有十個孩子，或許有二十乃至一百個孩子，因爲有事情的緣故，所以出門去到很遠的其他國度；在他離開的這段時間裡，他的那些孩子們在他離開之後，由於不小心飲用了各種各類的毒藥，藥性發作以後或者悶絕了，或者心中迷亂，於是爬不起來而躺在地上；這時他們的父親回到這個國度而到達家裡，他的那些孩子因爲飲用了那些毒藥，有的已經失去本心而不能分別善惡，但有的還沒失去本心，還能作正確的分別；他們遠遠地看見父親回來了，還沒有失去本心的孩子們心中就非常地歡喜，那些失本心的不辨好壞的孩子也跟著歡喜，於是一起拜跪之後又問訊說：

『父親安隱歸來實在是太好了，我們大家因爲愚癡而不能分別，所以誤服了毒藥；祈願父親看見我們各種中毒的情況，爲我們解救療治，讓我們可以活更久。』這位作醫生的父親看見孩子們有這樣不同的苦惱，於是依照各種不同的中毒症狀，開出了各種不同的處方，並且去尋求好的藥草，這些藥草是新鮮而且具足色香美味，就依照正確份量搗碎了再篩過，然後和合做成解藥，讓這些孩子們服用，就這麼吩咐說：『這是最好的良藥，色香美味全部都具足；你們可以服用，就能夠快速除掉苦惱，不會再有種種痛苦了。』那些孩子們之中，凡是還沒有失去本心的人，看見這些良藥既新鮮而且又很香，於是就吞服了，他們的病也就除掉而使色身痊癒。其餘心地已經迷亂的孩子們，雖然看見父親來了，一樣也歡喜地問候，也跟著求索治病，然而父親給他們的藥，他們竟然認爲不夠好而不肯服用；爲什麼會這樣呢？因爲他們喝了毒藥以後，毒氣已經深入身中，所以他們的心地已經迷亂了，對於父親所製作的好色香藥，他們認爲那個藥不好，不肯服用。

這位父親就這樣子想：『這些孩子們眞是可憐愍者，被毒所中之後，心已經迷亂而產生顚倒見了；雖然看見我這個父親而心中仍有喜歡，也向我求救索藥，想要救治自己，可是給了他們這種好藥，他們竟然又迷亂而不肯服用。我如今應當要巧設方便，讓他們不得不聽受我的吩咐而服用這些藥物。』於是他就開口說：『你們這些孩子們應當要知道！我如今已經衰老了，不久就要死了；而這些美好的良藥，我就留給你們；你們應該要拿去服用，只要服用了，中毒的病就不必憂愁說不會痊癒。』這樣子教導了之後，就讓孩子們知道他又有事情要到遙遠的國度去，然後就出門了。

出門不久，就派遣使者還來，告訴孩子們說：『你們的父親已經死了。』這時，這些孩子們聽聞到父親已經死亡而背棄他們了，心中大大的憂惱，就這樣子想：『如果父親還在的話，會慈愍我們這些孩子們，就能夠來看顧我們、救護我們；如今父親已經捨我們而去，在很遙遠的別的國度捨壽了。』這時這些孩子們心裡面自己這樣思惟著，認為自己就像大太陽底下單獨存在的一滴孤獨露水一樣，已經沒什麼可以依靠的了；心中常常懷著悲傷感歎，這時才終於醒悟過來，才知道原來父親已經為他們準備好治病的藥了，這個藥不但很好而且色香味美而不會很苦；於是就去取來服用，所有中毒而產生的病也就全部都痊癒了。他們的父親派人來探聽，聽說這些孩子們的病都好了，於是不久就回來，讓他們全部都可以再看見。諸善男子啊！你們的意下如何呢？難道還有人可以說這位良醫這樣的作法有虛妄、有罪嗎？」

世尊這麼說明了以後，彌勒菩薩跟大眾就回答說：「不會的！世尊！」佛陀就說：「我也是像這樣子，自從我成佛以來，已經無量無邊百千萬億那由他阿僧祇劫了；為了眾生的緣故，所以用方便力來告訴大家說：『我不久當來就會滅度。』但也沒有什麼人能夠如法而說我這樣說，是有虛妄過失的。」

**講義**：這是 世尊慈悲而說的譬喻，佛陀弘法的過程中說了很多譬喻，《法華經》裡面也有很多譬喻。這就是說，諸佛如來都不會一直永遠住世而不示現滅度的，因為想要度眾生時，這也是一種方便施設。也許有人突然間生起一念說：「欸！你說的不對吧？你看極樂世界阿彌陀佛是無量壽欸！我們如果往生到那邊去，都可以一直住到成佛欸！」可是 無量壽佛眞的不示現滅度嗎？祂還是一樣會示現的；所以說無量萬億阿僧祇劫以後，阿彌陀佛也會示現滅度，那時由 觀世音菩薩來繼承極樂世界法主的位置。那麼 觀世音菩薩在那邊示現成佛，繼續接引那邊的眾生以後就永遠不示現滅度嗎？不！經過無量萬億阿僧祇劫以後也會示現滅度，然後由 大勢至菩薩接上來當法主，所以沒有一佛不示現滅度的。

也許有人又想起來：「那多寶如來不是還在嗎？」是還在啊！可是祂一樣先示現滅度，眾弟子爲祂起了七寶塔，然後祂把七寶塔變化成自己的寶塔，只要有佛演說《法華經》，就乘著寶塔來示現，祂也是先示現滅度啊！而且不是眾生們想見就能得見的。所以沒有一佛不示現滅度的，否則眾生就會心中懈怠，然後對於五陰的虛妄就不肯好好去觀行，於是連我見都不能斷除啊！因此諸佛都會示現滅度，只是示現滅度前的時間比較長、比較短的差別而已；但是示現滅度後，又會在別的世界示現，這樣不斷地利樂眾生。所以諸佛如來其實並沒有滅度，但是都必須要示現滅度，才能符合法界中的眞理，才能夠符合現象界中一切法生滅無常的眞理，才能方便促使懈怠眾生精進修學正法。

所以諸佛如來的法都是這樣子，爲了度眾生而這樣示現有滅度，可是諸佛如來其實都不滅度，其實都是眞實而不虛妄。那麼這個譬喻裡面說：「譬如良醫，智慧聰達，明練方藥，善治眾病；」他雖然有很多的子息，但不可能永遠跟在他們身邊吧？同樣的道理，諸佛如來也不可能永遠都跟在每一個眾生身邊照顧著。假設你將來成佛了，三大阿僧祇劫之中要度那麼多人，你有可能化身那麼多人，把每一個人都跟隨著照顧嗎？不可能！就好像在人間養育孩子，你總得把他們送去學校吧！總不能當他去上幼稚園時，你也跟著一直都在幼稚園陪他一整天才回家。等他上了小學，你也跟著上小學去陪他？不可能的。

如果有人真的那麼執著說：「我就是跟到底，從小學跟到他大學畢業。」如果你有三個孩子、四個孩子，那你怎麼跟？總是會遇到他不在你身邊的時候吧！因爲他們得要自己去學習歷練呀！你不可能老跟在他身邊來代他學習呀！有很多事情是要經由他自己去歷練的，不能由你代他歷練，人生經驗莫不如此。所以諸佛如來都會這樣示現滅度，就像這位良醫，有時總會外出去辦事情；有時候出差一年，結果家裡孩子不慎吃了毒藥，慢性中毒，這是很平常的事情。特別是古時候醫藥資訊不發達，孩子亂吃是很正常的，中毒了以後一直身子不好；有時根本就是自己的體質特異，別人吃了沒事，他吃了就有事，也是很正常的事，所以孩子誤服毒藥，「藥發悶亂，宛轉于地」

就躺下去了！

有的孩子會迷亂，有的躺下去以後心中還是清醒的，只是病重而沒有體力，爬不起來，這是在譬喻什麼？「諸子飲毒或失本心，或不失者」，譬喻什麼？「失本心」是譬喻那些退轉的人。「失本心」是說，本來很清楚這是好的藥、這是我的家、這是我的家人，我應該作什麼，我不應該吃什麼；若是已經迷亂了，就是「失本心」，這時已經分不清什麼是可吃、什麼是不可吃了，所以這時就亂吃。他心地迷亂而分不清楚了，屎也吃、尿也喝，毒藥也吃、好藥也吃；什麼都吃，亂吃一氣。這譬喻什麼？譬喻退轉的人哪！

以前在 佛陀時代聽聞過 釋迦如來說法，可是 釋迦如來示現滅度以後，也就是經文中說的長者離開家了，然後有的人一世、兩世、三世以後退轉了，忘失本心；忘了自己當年是要學佛菩提道的，結果因爲有人告訴他：「只要一念不生就是入涅槃。」他也就相信了；有人說「如來藏是外道神我」，他也信了，都已經分不清楚了，整個見地全都迷亂了，這就是「失本心」。「失本心」以後，人家教他這個法，他也學、也練、也修；教他另一個法，他也學、也練、也修；什麼都學，都不分別是對的法、錯的法，全都修學一通，都分不清楚正訛，這就是「失本心」，所以永遠沒有辦法入道；或者是入道後退轉了，都屬於「失本心」。

退轉了以後爲什麼也叫作失本心？你們想想看啊：常見外道說的他們也信，外道捏造的假名菩薩所造的僞論他們也信受，正法經論中明明開示說「阿賴耶識就是如來藏」，他們偏不相信，然後開始搞一些常見外道法，例如離念靈知，就主張離念靈知是佛地眞如，說這個離念靈知可出生阿賴耶識。好啦！那他們不就等於是毒藥也喝下去了嗎？可是正覺給的好藥他們也照吃，正確的經典他們也讀，那就是好藥；但是毒藥他們也照樣吃下肚！心中眞的完全迷亂了，這就是「失本心」的人！

那麼「或不失者」是指什麼人？欸！你們都不敢承擔哦？釋迦老爸走了那麼久了，那你們有時不小心服了毒藥，所以無法證得阿羅漢果，不是嗎？是嘛！就是不小心服了毒藥而被害的！可是畢竟還沒有失去本心，還知道什麼是正法，所以人家告訴你那些常見外道法、斷見外道法，你們心中就不會接受，表示只有中毒而沒有失掉本心。可是釋迦如來不在了，因此大家對於佛道的實證也就無可奈何啦！

將來哪一天 釋迦如來又示現了，那就是老爸回來了。我現在講的並不是依 如來示現滅度兩千五百年後的現在而講未來世，這裡說的「釋迦如來回家示現」，是指兩千五百年前的事。是說 釋迦如來在往昔多劫度了這些弟子們，度化了這些人以後就示現滅度而離開了，又去度化別的眾生們；這段時間裡，這裡的弟子們有的人「失本心」，有的人未「失本心」，所以這時 釋迦如來回來了，就是在兩千五百年前又回來了，那時大家看見了就說：「哎呀！老爸回來了！」我們說「釋迦老爸」，古人說的是「釋迦老子」；大家遠遠看見了，心中好歡喜！拜跪問訊時就說是「善安隱歸」，說「您回來眞正的太好了」。然後說：「我們太愚癡了，誤服了毒藥；願見救療，更賜壽命。」

釋迦老爸二千五百年前回來，看見那些孩子苦惱如是，所以「依諸經方，求好藥草，色香美味皆悉具足」；不但如此，而且「擣篩和合與子令服」。「依諸經方」是指什麼？就是古來諸佛所說的一切佛法。「求好藥草」是什麼？就是施設各種對治的方法。爲什麼要有對治的法？因爲若沒有先對治我所等煩惱，就無法靜下心來學佛。佛法中很有名的五停心觀就是對治法，那些法的本身並不是佛法，都是對治法；要先用對治法來修學，然後大家心安下來了，性障被降伏了，這時才可以眞修三乘菩提；這些對治法就是「求好藥草」，這些好藥草也眞的「色香美味皆悉具足」。

可是單單這樣還不行，還得要「擣篩和合」。怎樣「擣篩和合」？就是把它們統合整理成爲五乘法——人乘、天乘、聲聞乘、緣覺乘、菩薩乘，這叫作「擣篩和合」；於是教導給大家，這叫作「與子令服」。又告訴大家說：「這個是大良藥啊！色香美味皆悉具足；汝等可服，速除苦惱，無復眾患。」可是「大良藥」到底是指什麼？大家都只看到那個藥瓶子：「哇！這藥瓶是水晶製造的，還鑲著金邊，還有浮雕，多好！」末法時期的佛弟子們都只看到那個瓶子精美，都沒有看到裡面的好藥。或者看見那個好藥，卻是不肯吃，爲什麼呢？因爲覺得那都是藥，想到是藥就不肯吃了。最後只好離開，再叫人來告知父親死了，沒有人會來救他們了，要他們趕快服藥。

若告訴他們那是糖果，他們就吃了；因爲是藥，所以不肯吃。那「大良藥」到底是指什麼？（眾答：大乘法。）不只如此，簡而言之，就是法與次法。你開出藥方想要治病，不是只有一味藥就能治病，要有很多味藥。單單一種草藥而想要治病很難，功效不彰；要有其他的草藥來輔佐、來推動，主藥的藥效才會顯現出來。例如我開的治風溼關節炎的藥，不也是這樣嗎？裡面有好幾味藥。你看有的要八兩、有的要四兩，有的二兩、有的一兩，爲什麼要這樣區分？這叫作君、臣、佐、使。

治療風溼性的關節炎，哪一味藥是君，它是最主要的。可是單單靠它還不行，君王只有一個人，推動政務要靠什麼人？臣下。臣下的人數還不夠多，力量也還是不夠，還得要有輔佐的人；有了許多輔佐的人也還不行，還得要有跑腿的使人，這叫作「使」。君臣佐使都具足了，這個藥就有效。不過順便吩咐一下：沒事別亂吃藥。有風溼性的關節炎才去吃它，沒有關節炎就不要吃它；那是專門醫關節炎的藥方——風濕性關節炎。別看到名稱是「補骨丸」，有個補字就想補。

現在話說回來，「大良藥」之所以爲大，就是它具足各種的法。佛法中有人天善法、三乘菩提法，總共五乘。可是徒法不足以令人成佛，還必須要各種次法幫助，次法就是教導大家怎麼樣修集福德、消除性障、修練禪定，然後修習各種神通，加上無量心及一切諸法等等，具足了世間、出世間法，這樣子這些次法的配合才能夠使佛法成就；所以這個「大良藥」最重要的基石，還是在輔佐你實證三乘菩提的次法，才算具足「大良藥」。

諸位想想看，凡是談到三乘菩提的實證，大家都有意願；可是說到三乘菩提的實證中，應該先具備哪些次法，大家眉頭就皺起來。對呀！如果你去問那些大師、小師們，問那大居士、小居士們：「幫助你證初果，你要不要？」他一定跟你說：「要！」除非他認為你在跟他開玩笑，否則一定會說「要」；可是等你告訴他說：「你想要證初果前，先得要自殺。」他馬上拒絕。對不對？對呀！「我想要證初果，是我要繼續存在，怎麼可以叫我自殺？自殺以後還有誰能證初果？」他們都不想否定五陰十八界常住的邪見——不肯自殺，這是他們的想法。所以這個良藥，他們都吃不下去。

他們想要證初果就先要自殺才行，這有點像那個什麼神功？武俠小說中的《葵花寶典》，那叫什麼神功？說「欲練神功，引刀自宮」，有沒有？佛法還眞有點像是這樣子，你想要證得初果就先要在知見上面把自我死掉。然而他們都不肯，都要把握自我，都想要當自我，永遠死不掉我見啊！所以你沒有辦法讓他們吃下那個斷我見的好藥。因此，你想要讓他們吃下那個好藥，就必須先告訴他們：「你們如果沒有吃這個藥，生死病就一定不會好。」

必須要這樣說明。所以我們不斷地告訴佛教界說：「你要證初果，就必須先要自殺——把自己先否定。不能想要把握自我，不能要當自己。」可是到現在為止，我們正覺弘法二十幾年了，有哪一個大法師、大居士出來承認說意識是虛妄的？還沒有看見一個啊！

他們想要證初果，可是意識不肯死，那要怎麼實證？也許到時候我告訴他們說：「三個月後我蕭平實要走了哦！你們的我見要不要死掉？」也許就肯死了。但我看也是難哪！其實我說「我明天要死了，要離開你們了」，他們也是不肯死的。所以對次法不肯接受，連聲聞菩提都得不到。修聲聞菩提時如此，修因緣法時也是如此，我告訴他們說：「你們想要證緣覺果，一定要信受有一個第八識出生了名色。」可是你一談到第八識，他們就說：「那是外道神我，那是從意識心中細分出來的，沒有第八識存在。」你也無可奈何。那我們只好不斷地告訴他們：「如果沒有這個識，你們的名色都不可能出生，那你們就不能觀察名色從哪裡來，十二因緣法就會推窮無盡，永遠都沒有證因緣法的一天。」我們就是用這樣來說服他們。

在講三乘菩提之前，學人一定先要對人天乘的法能夠接受，所以人天乘之法就是三乘菩提的次法。修學佛法的人要先接受確實有三界，這第一個條件要先接受，否則佛陀何必先講世界悉檀說：為什麼會有人類？為什麼會有欲界天人？為什麼有色界、無色界天有情？為什麼會有三惡道眾生？這都要先讓學人瞭解。學人能接受法界中確實是有三界的不同層次，才會深信因果。若不信有三界就不會信受因果律：不信有欲界天，他就不可能想要努力行善；不信有地獄、畜生、餓鬼，他就不可能止惡修善。所以你們去看，不管哪一個大法師，只要他不相信有地獄，就敢大膽否定正法。例如印順法師，他就不相信有地獄，也不相信有極樂世界，更不相信有十方虛空他方的佛世界。他不相信地獄的存在，認為地獄只是聖人設教度人的方便說，所以他對於看不順眼的經典就直接否定；正因為他不信有地獄，不信三界六道的眞實存在，認為沒有三世因果的報應，就敢造作否定正法的大惡業。

因此說，想要證聲聞菩提的人，一定要先信受人天善法：怎麼樣可以保住人身，如何能往生欲界天、色界天、無色界天。要能夠先信受三界六道的事實，這就是三乘菩提的次法；可是眞正在三乘菩提中修學時，什麼是次法？就是消除性障、修集福德，再努力把定力修好，這就是三乘菩提的次法。可是這個次法修起來好辛苦，所以「此大良藥，色香美味皆悉具足」是指什麼？就是指三乘菩提中說的如何來對治煩惱、消滅煩惱。所以眞正要修學三乘菩提而有所實證的人，不但要有這個「大良藥」，還要有苦口的良藥；苦口的修行良藥大家不想修：「叫我要修除性障？那多辛苦！」怎麼辛苦呢？時間到了，下週再分解。

上週的《妙法蓮華經》講到一百四十六頁第二行「此大良藥，色香美味皆悉具足；汝等可服，速除苦惱，無復眾患。」對於這位大長者、這位老父親來說，給的確實是「大良藥」；但是對孩子而言，不認爲那是「大良藥」，人多會認爲良藥苦口。就好比說諸位假使五十來歲了，發覺五臟六腑似乎不像以前年輕時那麼好，所以去中藥店買了六味丸來使用，你覺得用過一兩週以後身體好多了；可是年輕人一旦聞到那個藥味，馬上就把手掌拿來鼻子前不斷地搧，他認爲那只是不好聞的藥味；可是對你而言，你把它放在嘴裡讓它慢慢化掉，並不覺得難吃，往往覺得那個味道還蠻不錯的，但孩子們就是沒辦法接受。

可是這孩子如果生活到三、四十歲以後，他漸漸也會接受啦！並且還會比較這家的六味丸比較香，那家的六味丸不香；可是對於八、九歲或十來歲的孩子而言，全部都覺得藥臭。同樣的道理，明明是「大良藥」，可是往往佛陀說明了以後，弟子們並不是全部接受；有好多弟子是不接受的，因爲「大良藥」裡面有一些是有點苦味，有一些藥很香，有一些藥甘甜，有一些藥又有一點苦澀；但是綜合而言，尚能入口，因爲對身體確實有益，這個「大良藥」就譬喻佛法中所修的法與次法。法是可以讓人直接解脫生死的，譬如二乘菩提；可是要修二乘菩提時，對一般人而言卻很痛苦啊！所以我們弘法到現在二十幾年，佛教界有哪個道場表示接受的？沒有一個道場接受。

我們說二乘菩提的法就是要永遠自殺，而且自殺的過程要離開欲界愛、色界愛、無色界愛，要先把自己全面否定了，那就是要把貪瞋斷除了，再把無色界有的無明也斷除了，死後不更受有而不再出生於三界中，永無後世的五蘊了；可是對那些目前還只有八歲、九歲的大法師們而言，他們認爲這不能接受。也許你今天第一次來聽經，心裡抗議說：「蕭老師口氣太大了吧？人家大法師都七、八十歲了，道場也那麼大，你說人家只有十來歲，八、九歲，沒道理吧？」可是諸位想一想，你能夠把我見斷了，最多七返人天就能出三界了；他們現在口中說要「斷我見、斷我見」，等到你教他把識陰六個識否定，說這六識都是虛妄的，他們又捨不得了，都不肯否定識陰六識，都不認爲識陰六識虛妄欸！那你來衡量一下：你可以否定，你現在應該是幾歲？他們沒辦法否定，連我所的執著都還放不下，那你說他們只有八、九歲或十來歲，不過分吧？眞的不過分啦！

要是不信的話，你哪一天去找某位大法師，因爲你跟他很熟嘛：「欸！師父啊！我約你哪個時間跟蕭平實見一見，好不好？」他會怎麼說？會說好，還是不好？「不好。」就像一個八、九歲的孩子要去見嚴父一樣，媽媽說：「去見見你爸爸。」「我不要去，去了一定被罵。」對不對？對啊。他知道一定會被罵，因爲他錯得一塌糊塗，作錯了當然要被罵，那你說他們是不是八、九歲或十來歲？對嘛！這意思是說：法，他們就已經沒辦法接受了，如果再要談到次法而說要修除性障、修集福德、少受供養、不要貪名聞等等，他們一樣也不能接受。

這個次法跟法不一樣，法就好像是六味丸，還蠻香、蠻甜的；可是次法，就有點像平實補骨丸，不信，你把它嚼一嚼看看，如果沒有用蜜去煉成丸，單是製丸前的藥粉，你吃看看，一定會覺得好難吃。那難修、難接受的就是次法。可是難吃歸難吃，當你筋骨痛的時候、風濕關節炎發作的時候，你吃了就是有效。順便附帶告訴你們：「沒事別亂吃藥。有關節炎時才吃，若不是關節炎你就少吃。尤其腎臟不好的人千萬別吃平實補骨丸，雖然那裡面都沒有加西藥，但藥就是藥。」

話說回頭，「法」的本身他們都已經不能接受了，因為要滅掉我所、滅掉自我，才能夠證得聲聞果、緣覺果，這已經不能接受了；如果要再加上「次法」，他們更不能接受的。但世俗法中老人家有一句話說：「苦口的是良藥！」只要是對症下藥，不管它苦不苦，都得吃；甜也得吃，苦也得吃，只要它是對症之藥。可是有多少人一看到要先修學次法，心中就起煩惱。因為起了這個煩惱，次法不肯修，單要得法；可是次法不能修的人就無法得法，因為除性障的法他不肯修！如何能解脫於我所？

修集福德是很辛苦的，他也是不肯修，想要平白得法，那就是世間心。想要以世間心去證得出世間果，佛法中沒這回事。得要以出世間心來得出世間果，才是正確知見。但他們一天到晚就是想要在世間法上弄，有的大法師要搞寺院全球第一高，有的要搞寺院全球第一多，有的要搞學術第一，有的要搞環保第一、信徒第一等等，他們各大山頭都各有第一。但咱們卻是什麼第一都不要，就只要法跟次法。那你想，他們那種求世間法的心是世間心，以世間心而想要得出世間果，那是背道而馳；所以應該要有出世間心來求出世間果，修行上的因與果才會相應；否則那個修行的因，跟他想要得到的果一定不相應。

如果一天到晚都不肯修次法，就想要得法；這表示他屬於世間心，那他所想得到的法卻是屬於出世間法，因果不相當，怎麼能得法？當然不可能得。於是他們再怎麼修都沒有辦法證果，那麼連二乘果都無法實證了，大乘菩提就更難了，所以法與次法合併而言就是「大良藥」。可是「大良藥」對諸菩薩而言、對諸阿羅漢而言，眞的是「色香美味」，因爲確實可以幫助成就出世間法、世出世間法，所以叫作「色香美味皆悉具足」。但是對於那些不懂的人而言，就像這位老父的那些孩子們一樣，覺得那不好吃。這位老父準備了好藥，就特別交代他們說：「此大良藥，色香美味皆悉具足，你們只要把它服用了，就可以很快把苦惱滅除了，以後再也沒有種種的災患了。」

那麼其中有一些孩子心神還沒有散亂，所以聽到老父這麼說，他們就趕快把良藥給吃了，於是病也就全部除愈了。

「不失心者」是譬喻什麼？譬喻在三賢位中不退轉而且願意繼續把種種次法，配合著修法的過程一一加以實修，這就是三賢位中不退轉而願意具足修習法與次法的人，這就是「不失心者」。所以不失心的人看見法這麼好，知道次法也是很重要，可以幫助自己速證於法，因此覺得這些法與次法全部都是「良藥、色香俱好」，於是「即便服之，病盡除愈」。「病盡除愈」是譬喻什麼？譬喻已經入地了，因爲三界愛的現行已經斷除了！有時候不小心撞著了、疼痛，揉一揉、藥擦一擦，推拿推拿就好了；有時候小小感冒，開水喝一喝就好了。但有的人可不是啊，一點小小感冒就躺下去、動彈不得；每一次感冒就得要去醫院跑兩三個月，那就表示病沒有好！也就是遇到一點點煩惱就得對治很久，心境才能平復而回到正法中。所以「病盡除愈」就是講入地，剩下的只是習氣種子的現行而已，三界愛的現行已經斷除了。那麼這樣說來，如果病還沒有全部除愈，那該怎麼辦？就該把法與次法努力地修學呀！繼續努力熏習以後，才能夠「病盡除愈」。

那麼接下來說「餘失心者，見其父來，雖亦歡喜問訊，求索治病，然與其藥而不肯服；所以者何？毒氣深入，失本心故，於此好色香藥而謂不美。」失心的人是指什麼？就是已經退轉於三乘菩提，又回落到五陰中去了。這一些失心的人看見父親來了，父親是指誰？正是世尊哪！世尊已經來了，他們看見 世尊來了，雖然也歡喜問訊，求 世尊開示治療他的生死病、治好他三界煩惱的病，可是 世尊把藥開給他，也把藥做好給他了，他卻不肯吃，也就是 世尊說明法應當如何修，他不能接受；至於世尊說的次法應當如何修，他也不接受，這就是「然與其藥而不肯服」。

至於他為什麼不肯服用？一定有原因啊！正是「毒氣深入，失本心故」。因為他的我見、我執與我所的執著非常嚴重，就譬喻毒氣已經深入本心，所以世尊告訴他說：「這個法與次法應當好好修學，這是治生死病的大良藥。」可是他不肯實修，總是聽過就算數了。就好像從老父那邊把「大良藥」拿過來，聞一聞說：「這個藥不香又不甜，不好吃。」就把它丟在一旁不肯吃。你們來檢查一下，以前那些退轉的同修們是不是這樣？都是不肯修次法的人，然後就影響到所修的法，因此就退轉了。退轉就譬喻失心，那就只好回歸到世間法裡面去，而他們心裡是很痛苦的，這個叫作「失本心」。如果能夠懂得這些「大良藥」眞是「好色香藥」，並且謂之爲美，那就肯服用了。肯服用就可以修除性障，法上就可以實證，而且不斷地提昇，然後有一天「病盡除愈」也就入地了。因爲這些孩子們失心，不懂得要服用這些「大良藥」，所以這位老父心裡這麼想：「這幾個孩子眞是可憐憫，被毒所中，心中都已經顚倒了；雖然看見我是很歡喜的，也要求我治療而向我索取良藥，但是我給了他們這麼好的大良藥，竟然還不肯服用。我如今應當要巧設方便，讓這些孩子們願意服藥。」接著就這麼說：「你們這些孩子們應當要知道！我如今已經衰老了，死亡的時候已經快要到了；這麼多的好良藥，如今都留在這裡給你們；你們可以自己拿了去服用，只要吃了這些藥，不必擔心你的病好不了。」

這樣子跟他們教示了以後，他就離家而到別的國家去。然後派個使者回來說：「你們的父親已經死了。」這是譬喻什麼？譬喻舍利弗、須菩提眾弟子們一千二百五十位大阿羅漢，以及他們所度化的那些阿羅漢弟子們，往昔很多劫就跟在 世尊身邊修學；可是聽 世尊說了法，也說了次法，大家卻是繼續混日子；聽歸聽，但是不努力修學；因爲不努力修學，所以釋迦世尊在很多劫以前就故意示現入涅槃，告訴他們說：「應該告訴你們的法，已經都跟你們開示了，我走了以後你們得要好好修學呀！」無數劫前的世尊離去以後，大家就如喪考妣：「唉呀！世尊老爸走了，現在沒有誰可以依靠了，只好自己努力啊！」

世尊把法與次法都留下來了，那麼自己不努力，靠誰？以前世尊在世時大家可以依靠，現在世尊不在了，只好自己努力嘛，就這樣一世一世、一劫一劫各自努力呀！努力到後來想一想：「除了法與次法，也沒有別的可以幫助我們消滅煩惱病。」於是只好依照法與次法而實修，這就是吃了「大良藥」嘛！大家一天又一天繼續吃「大良藥」以後，也就是一劫又一劫實修了法與次法以後，煩惱病漸漸好了，於是世尊就回來重新再度化大眾了，因此大家也就入地了。

並不是一世就可以入地的，就像現在釋迦老子走了以後，法與次法留了下來，大家都得繼續努力呀！等到將來彌勒菩薩來人間示現成佛時，你們就得要證得大阿羅漢果啊！那時是不是就會入地了？有人會入地，可是依舊有人到那時仍只是三賢位中的菩薩，那就看將來 彌勒世尊會怎麼說，到時候 彌勒世尊自然會發落諸位。

這就是說，諸佛世尊如果常住世間，眾生會起輕易想，覺得說：「這不珍貴呀！我夢見十輩子以前在人間時，還曾供養世尊一顆蘋果呢！這沒什麼稀奇啦！世尊說祂會繼續住在人間幾萬年，那我在十輩子以後也還可以再供養到，會有什麼稀奇？」所以他這一世就不想再去供養，那麼可能未來二十世之中才只供養了兩顆蘋果，那他的福德要修到什麼時候圓滿呢？所以世尊不如示現幾十年以後就離開了，那麼大家想一想：「世尊難得值遇，我不趕快去追隨眞的不行欸！」這樣子大眾才會珍惜！

就像這位老父的孩子們：「是時諸子聞父背喪，心大憂惱而作是念：『若父在者，慈愍我等，能見救護；今者捨我，遠喪他國。』自惟孤露，無復恃怙；常懷悲感，心遂醒悟，乃知此藥色味香美；即取服之，毒病皆愈。」舍利弗、迦旃延、大迦葉他們那些人就是那個樣子，在很多劫以前就是「自惟孤露」的人；因爲當時 世尊走了，大家沒得依靠啦，心裡面想一想：「老爸不在了，怎麼辦？」不管心裡面怎樣悲感都沒有用，而這個悲感卻之不去；

於是最後想通就醒悟了，知道沒有人可以依靠了，這時不靠這些法藥還行嗎？於是醒悟了以後好好去反省、比對說：「願意吃這些藥的兄弟們『病盡除愈』，我們不肯服用這些『大良藥』，病體依舊百恙纏身，確實不可愛樂。」於是只好去把那些「大良藥」開始拿來服用，也就是開始把法與次法一體接受、一體實修，因此「毒病皆愈」，就表示他們的煩惱已經除掉了。

煩惱除掉以後，等待的是什麼？是等待 佛陀再來開示一下，就可以成就阿羅漢，接著再開示般若時就會成為菩薩，然後再開示種智，他們就成為入地的菩薩，這就是舍利弗、迦旃延等人多劫前追隨 世尊而在這一世又相逢的事情。也就是說，心中的那些煩惱得要修除掉，如果對於外我所以及內我所的煩惱都還很嚴重，那他吃了藥也不會立即好起來啦！為什麼不會立即好？因為他只有在法上想要實得，而次法都不想要修嘛！就好像那些大良藥，他都去挑選：這個不夠香，剔除掉。一包好好的藥，他一直推除掉，剩下不到十分之一的藥，他說：「這一些還好，還有一點香，有一點甜。」然後單吃這些藥。但他光吃這些殘缺不全的藥，能治好煩惱病嗎？不行啊！得要有很多味的草藥合在一起製成，統統都要吃嘛！單單一味藥就想要治好病是很困難的，因爲藥力推不動。所以中醫師很少開出單單一味的藥，一定都有好幾味來互相配合的，所以才要分爲君臣佐使；那麼有時要熬湯，有時用藥粉直接吃，有時不希望你在胃中馬上就吸收，想要讓你慢慢地轉入腸中才吸收，就製成藥丸而讓你空腹時才吃下，就是這樣啊！都是有原因的。譬如說，你若是咳嗽，就不讓你吃藥丸，就讓你吃藥粉或者喝藥湯，因爲肺在上方；如果是胃、腸呢，讓你吃藥粉；如果是腎臟、膀胱，就吃藥丸，希望下到腸子裡才開始消化吸收，要這樣區別啊！

可不能把一包藥拿來挑選說：我要挑哪些成分來吃，其中的哪一些我不吃。那可是治不好病的，所以要一體通吃。醫師開給你一個處方，你不可以說，我拿著處方去到藥局拜託藥劑師，這幾味藥我不想要，我只要這兩種藥就好。那有良心的藥劑師也不敢抓藥給你，寧可不賺你的錢。因爲知道你吃了會繼續拖延病情，病況好不了！所以一定要一體接受。一體接受才有辦法使那些病毒的成分排除到體外去，什麼叫作毒？毒有三類，稱爲三毒。

所以如果將來　彌勒尊佛來人間的時候，你想要那時就可以入地的話，很簡單，你得要在次法上趕快把三毒給去除。第一毒是貪，主要是指欲界愛；

第二毒瞋，主要是指欲界、色界的法；第三毒愚癡，就是執著離念靈知意識心自己，想要捨離色蘊而獨留受想行識。把這些三毒的執著掃除了，就是「病盡除愈」；意思是說老爸回來的時候，這時爲你開示五陰虛妄，你當下就是阿羅漢了；爲你開示完般若，當下就是菩薩了；爲你開示了種智，你當下就入地了。這不是偶然哪！如果這會是偶然，爲什麼佛世那麼多的佛弟子們，大阿羅漢不多，大菩薩們更少呢？當然是有過去世修行的原因。

所以當你願意把次法好好去修，法上進步就快；次法裡最難除的就是欲界愛，主要是名聲、財物、眷屬、權力，這四個是最難修除的。在修學佛法上，這四個一向都是最難修除的。對世俗人而言，男女欲是世俗人最難斷除的；修行人則是以前面這四個最難，把這些斷了，然後才有辦法去對治第二毒，就表示法與次法還要繼續修，就是良藥還要繼續吃，不斷地去吃，也就是法與次法不斷地修學：該斷的不斷地去斷，努力地去斷，這樣只剩下餘勢未盡，等於病已經差不多好了。這時佛陀老爸來摸摸頭、褒獎幾句，病可就全部都好了；那就是等到如來再度來人間示現，不久便入地了。可是這不能一步登天，得要如實履踐，一步一腳印。

田地上那些坑，每一個坑都代表著一個蘿蔔被拔走了：一個蘿蔔一個坑。所以假使諸位這部分已經作好了，如來老爸就會回來啦！所以「其父聞子悉已得差，尋便來歸，咸使見之」；也就是說，如來老爸看見往世所度的這些徒弟們的生死病，已經服藥而差不多可以了——在次法上實修到差不多了，然後就回來受生示現成佛了，這時大眾又可以看見如來老爸了。於是如來老爸一番開示，大眾就在原來的基礎上很容易成爲大阿羅漢，隨後又成爲菩薩而很容易入地了。

可是要想一想，在這之前，有一段很長的歷程啊！那個歷程是要在次法上先去作的，也就是把煩惱先給降伏；該作的都作完了，然後到達這個地步，是應該道業成就的時候了，如來就來示現受生而八相成道。如果不懂這個道理，心裡面就打妄想：「釋迦如來見性成佛，我也要見性成佛。所以當我看見佛性時就是佛位了。」他就自稱成佛了。可是他看見的是什麼佛性？只是六識識陰的自性，跟常見外道、自性見外道完全一樣啊！原來他成的只是妄想佛。

所以說，妄自菲薄很不好，然而狂妄自大時，卻是十百千倍的不好；因爲狂妄自大的人會自己創新佛法，然後突然有一天就高聲大呼：「我早已證得佛地眞如了。」噢！眞的很誘人欸！可是你想想，他們性障不肯修，福德不肯修，不但法上不肯好好去深入實行，次法更是不曾好好修過，結果突然間就可以證得佛地眞如而成爲究竟佛，眞正的佛門中絕對沒這回事啊！因此學佛時不能超過，也不能不及；過與不及，二皆有失，就是要恰恰好：現在正在什麼地步，應該修什麼？應該學什麼？自己心裡面要有個定見。這個定見要從哪裡來？要從如實地觀察來，要觀察自己現在的情況是什麼，究竟應該如何修習？觀察清楚以後，對於自己所應修的，好好付諸於實行去修；對於自己所不足的，好好去把它補足，然後可以再跳上去。

那個階位得了以後要再作檢查：「現在是不是眞的屬於這個階位？然後我接著要作什麼？」都得要一步一步親自去作，不能打妄想去誇大。但是也不必老是長他人志氣，滅自己威風；本來這一世就可以開悟的，偏偏要說：「唉呀！我算什麼，我是不可能的啦！我來正覺混一世就算了，下輩子再說吧！」那眞的就要等下輩子了，本來是可以這輩子實證的啊！有的人想：「入地喔？那對我來講，是一大阿僧祇劫以後的事。」可是焉知不能化長劫爲短劫？也許彌勒尊佛來的時候，也許再下一尊佛，也許是賢劫九百九十六佛以後，就可以入地吧！總是要一步一步，依著 釋迦老爸的吩咐，如實去作、去修就好。

釋迦老子總不會害你，因為你是祂的兒子，祂一定不會害你啊！所以你就依照祂的吩咐：該作的去作，該修的去修，就次第前進嘛！所以只要願意依照法與次法去努力，把該除的煩惱給除了，那麼你在世間並沒有什麼煩惱，於是 如來知道這些孩子們我所的煩惱已經除了——其病已差，有資格證得二乘果以及佛菩提果，祂就會再來示現，又來跟大家團聚，因此大家就能證得佛菩提果而入地。這就是 世尊演說這一段譬喻中，所要表示的道理。

然後 如來最後作了一個提問：「諸善男子！於意云何？頗有人能說此良醫虛妄罪不？」因為有的人會怪東怪西、怨天尤人：「哼！釋迦老子不是有四神足嗎？為什麼不肯留下來等我們入地？為什麼突然就走了？祂在人間才幾十年。」別搖頭！你們不會啦！但是有的人會這樣抱怨啊！當他們看到經中 如來說：「諸佛如來修四神足，可得住壽若一劫、若減一劫。」他們會想：「就算只住世一個刀兵劫、一個饑饉劫，或是住世一個疾疫劫好了，那總也是好幾億年的時光，縱使沒有幾億年，也能有幾千萬年歟！爲什麼就不肯等我們修行入地？」欸！如來正是要大家覺得「如來難見」，大家才會珍惜啊！所以往劫離去以後，所留下來的法教，人家就願意努力去修學，就等於服了「大良藥」。當這些弟子眾們煩惱都很輕微了，如來就回家來跟大家相聚啦！於是大家很快地，不過幾十年，既是大阿羅漢，又是證悟實相的菩薩，然後終於又能入地啦！等到 如來又要出遠門時，就不必再記掛你們了！這時可以先跟你們授記將來成佛時是怎麼樣的風光，未來你們大家都可以獨當一面去了，就不必再牽掛你們了，所以將來有很多弟弟妹妹就依靠你們了，這就是 如來所開示這一段經文中的意思。所以 如來往劫離開大家的時候，祂這樣作，沒有人能說祂有過失。

那麼因爲這樣的緣故，所以 彌勒菩薩答覆說：「不也！世尊！」這是因爲 如來眞的沒有過失，這只是 如來往劫所作的一種方便善巧。世尊這樣說明完了，又開示說：「我亦如是，我成佛已來已經無量無邊百千萬億那由他阿僧祇劫，就是爲了往昔無量無邊百千萬億那由他阿僧祇劫以來所度的這一些弟子們的緣故，所以往往示現一會兒就示現滅度，這都是一種方便力的示現，故意向眾生說『不久就當滅度』，然後眾生才會努力。但是我雖然這樣作，其實也沒有什麼人能夠如法而說我有虛妄的過失。」

若是不如法而說，當然就可以指責說 如來有過失；若是如法而說呢，就不能說 如來有過失。這告訴我們說，良藥確實苦口啊！但是對於渴求治癒眾疾的人來講，那藥再怎麼苦，都覺得很香甜；假使有人現在得了絕症，突然有一個新藥，只要三劑就一定可以病癒；雖然那個藥很苦，他吃的時候心情還會覺得苦嗎？不會啦！因爲那是生存下來唯一的希望，所以他就很歡喜的吃了。歡喜吃的時候就不覺得苦，因爲那是他唯一的希望，那個藥就叫作「色香美味」。可是對於沒有覺得自己患絕症的人而言，叫他吃一滴，他都不想要，因爲對他而言，感覺似乎沒有用處。

那麼這一段經文講解完了，我們是不是應該檢視一下當代的全球佛教，何處有良藥？可以出去外面找找看，哪裡有能治生死病底良藥？都是摻雜了很多假藥材而製成的假藥，就是這樣啊！最近報導說大陸過來的中藥裡，當歸也有假的；新聞報導出來有好多味，說有好多種中藥材有假的。若是假的東西做出來的藥，吃了也就無效！同理，大師所教的法與次法如果都是假的，那你修了也沒有用啊，猶如假藥，不是世間良藥。

例如在三乘菩提中的修學，都應該要否定意識心，若是在大乘法中的修學，還得要進而認定第八識是實證之標的；結果他們把意識心認定爲是常住的，不肯斷除這個我見，那他們賣的就是假藥。那他們當然也不會承認有第八識可以修、可以證，連帶就使第三轉法輪一切種智的增上慧學無法修證，所以他們賣的佛法也都是假藥，是用世間法來代替佛法世出世間的本質，所以都是假佛法。而佛教徒們很努力把錢財奉獻上去，又把自己的體力奉上去，長時間去幫他們作義工，結果得到的全都是假的，你說他們可惡、不可惡？（眾答：可惡。）

但我卻說不是很可惡，因爲那還不是最可惡的。因爲他們自己也是被矇騙，自己也不知道那是假佛法，不知道那些全都是假藥。由於他們本身不是惡意的，所以我說不很可惡！眞正可惡的是明知假藥，而且不但用假的藥材去做，還幫你加了調味料，那些調味料聞起來香香的，可是卻非常毒。那是指什麼假藥？就是密宗號稱即身成佛的雙身法，會使人下墮三惡道的毒藥，卻騙人說那個叫作即身成佛的最高階佛法。爲什麼說那個假法香香的，但很毒？因為即身成佛聽起來真是不得了，看來是非常高階的法，說是當生成就。大家想起來，這個法一定是至高無上；人家既然敢自稱成佛，顯然是真的呀！不然誰敢那麼大膽承擔著下地獄的大危險？其實密宗外道就是敢那麼大膽妄說，真正的佛弟子們都不敢那麼大膽，也都沒想到他們敢那麼樣大妄語，所以就被騙了嘛！

然後毒藥是指什麼？毒藥就是實修雙身法，結果就會在死後下墮三惡道。但密宗那種毒藥在表面上看起來，好香好美！骨子裡是下墮之法，那個才真是可惡啦！以前他們可以推諉說不知道那是假佛法，因為他們也是被密宗祖師給騙了；但他們現在不能夠說不知道那是有劇毒的假佛法，因為我們《狂密與真密》書中已經講到那麼清楚了！《狂密與真密》不夠，還有《中觀金鑑》、《廣論之平議》、《廣論三部曲》，我們正覺寫了好多東西出來，從多方面證實那是毒藥了啊！他們再也不能推說不知道密宗的法有毒，可是達賴等人為了政治目的，至今還要繼續堅持下去。我們已經證明那密宗的所有教義都是假藥，都跟佛法無關，達賴等人還要繼續堅持不已，那才叫作絕頂可惡。所以我說「**放眼天下良藥難尋**」啊！諸位有幸獲得良藥，該不該按時服用？（眾答：該。）該喔！那麼如果誰再把性障發起來，讓我瞧見了，別怪我棍子打過去囉！終於找到眞藥了，那就好好服用吧！一定會很快速進道的。接下來 世尊又怎麼樣演述重頌呢？

經文：【爾時世尊欲重宣此義，而說偈言：「

自我得佛來，所經諸劫數，無量百千萬，億載阿僧祇；
常說法教化，無數億眾生，令入於佛道。爾來無量劫，
爲度眾生故，方便現涅槃，而實不滅度，常住此說法。
我常住於此，以諸神通力，令顚倒眾生，雖近而不見；
眾見我滅度，廣供養舍利，咸皆懷戀慕，而生渴仰心。
眾生既信伏，質直意柔軟，一心欲見佛，不自惜身命；
時我及眾僧，俱出靈鷲山，我時語眾生：『常在此不滅，
以方便力故，現有滅不滅。餘國有眾生，恭敬信樂者，
我復於彼中，爲說無上法。』汝等不聞此，但謂我滅度。
我見諸眾生，沒在於苦惱，故不爲現身，令其生渴仰；

因其心戀慕，乃出為說法。」】

語譯：【這是重頌中的第一段：

世尊這時想要重新宣示這個義理，就以偈頌再說一遍：「自從我釋迦牟尼得到佛地果位以來，所經歷過的各種劫數，已經有無量百千萬億阿僧祇劫；

我常常說法教化，無量無數億的眾生，使他們進入於成佛之道。

我這樣子教化以來已經有無量無數劫了，為了度化眾生的緣故，常常方便示現入無餘涅槃，然而其實我並沒有滅度，一直都住在靈鷲山這裡在說法。

我雖然常住於這裡，卻以種種神通力，使得心行顛倒的眾生們，雖然住在很近的地方而仍然不能看見；

所以大眾看見我已經滅度了，就廣為供養我的碎身舍利，心中全皆懷著愛戀仰慕之心，也就生起了如同非常口渴而企圖遇見水的仰望之心。

眾生既然已經信受而降伏了種種煩惱，心地已經直爽單純，心意也已經很柔軟了，一心一意想要見佛，乃至於喪身捨命都願意而毫不愛惜；

這時我與眾僧，就同時離開了靈鷲山而示現給眾生看見，這時我就告訴眾生們：『我是恆時住持於靈鷲山並沒有滅度的，以方便力的緣故，示現有時候入滅、有時候不入滅。其他的國土也有眾生對我恭敬信受愛樂的人，我也會同樣地在他們那裡示現，為他們演說無上法。』而你們不曾聽聞我這些說法，心裡只是想著說我已經滅度了。

可是我看見種種不同心性的眾生們，沉沒在各種各樣的苦惱之中，還沒有辦法獲得救度，由於這個緣故就不為他們示現佛身，讓他們覺得很難遇見而在心中生起渴仰之心；

一直到將來因為他們心中很愛戀而仰慕於我，我才會再度出現為大眾說法。」

**講義**：這就是把前面的經文所說的內容，重新以偈頌再復述一遍，來加深大家的印象。世尊說：「自從我證得佛果以來，所經歷過各種劫的數目，是以無量百千萬億的阿僧祇來計算的。」也就是說，諸佛是常住的，不是在世間偶然出現的。印順法師似乎是在《妙雲集》裡面，他有一本書中有幾句話的意思，說的是：釋迦如來在人間出現只是一個偶然。他的大意是這樣子說的。他不承認要三大阿僧祇劫實修才能成佛的事，也不認為菩薩道的修行要經歷五十二個位階的實證內涵；他認為釋迦世尊在人間的出現只是一個偶然，是屬於機遇率、或然率的現象。

那麼諸位想一想，他這樣的心態，有沒有資格當大乘法中的僧寶？連聲聞僧的資格都沒有！如果有誰記得是在他的哪一本書裡讀到，就幫我查一下（編案：印順著《初期大乘佛教之起源與開展》一二四頁）。他那個說法實在是太荒唐，依他的說法，三乘菩提—特別是大乘菩提成佛之道—的次第與內涵，就得要全部推翻了！因為他認定成佛只是一種偶然，不是歷經三大阿僧祇劫的長時間修集福德，以及許多實相智慧而成就。如果成佛只是偶然，他又何必出家？因為他將來要成佛，也只是幾千年下來再幾十億分之一的機會而已呀！唉呀！那比中樂透還難啊！那他出家幹嘛？不如在世間五欲中混就好了，機會到了他就可以偶然成佛！

也許有人想：「唉呀！他就是從年輕起就身體不好，沒有辦法享受五欲，才要出家的啊！」說的也是！不然他有什麼理由出家？既不相信佛菩提道，他有什麼理由出家呢？所以最後才會說：大乘經典的創造、編輯、結集，全都是聲聞部派佛教分裂之後再發展演變成的，所以大乘經典所說的都只是對佛陀永恆的懷念。因此他從來都不承認諸佛常住。有時我都懷疑，他到底是什麼身分？他是不是從他化自在天往生來的？真的懷疑啊！因為他那樣子說，是很嚴重的指控，很嚴重的破壞；連外道都不敢這樣講！那他身為佛教裡的法師，怎麼可以公開在書中這樣講？假使要說生氣，什麼事情都可以不生氣，就獨獨對這件事情不能不氣，我得故意對他生起氣來說：這還能叫作佛門的僧寶喔？

所以我雖然不曾對他生氣，但我對他也沒有一絲一毫的恭敬心，因為他這個人是在破壞佛教正法。在佛法中出家，穿如來衣、吃如來食、住如來廟、妄說如來法而破如來法，釋印順正是這樣子啊！他說法的本質就是這樣，這就是標準的獅子身中蟲啊！所以如來常住的正義，他是從來都不承認的；他認為這是後來由聲聞部派佛教分裂成十八個部派以後，從聲聞法中發展出來的。但是問題來了，聲聞部派佛教只有六識論的凡夫僧，十八部派中只有一個上座部是主張八識論的正法，其他全都是六識論的凡夫僧。那些聲聞凡夫、六識論的凡夫僧，竟然可以發展出第八識來而且能夠實證哦？連聲聞上座部大阿羅漢們都沒有辦法，六識論的聲聞凡夫僧會有那個智慧嗎？所以釋印順的說法，真的叫作荒天下之大唐。

所以，他不承認如來常住，認為釋迦如來過去了就是灰飛煙滅。實際上諸佛永遠不會入滅的，因為入地之前就發了十無盡願。因此，諸佛什麼時候會入滅？當眾生度盡了的時候。然而眾生何時能度盡？遙遙無期欸！且不說十方世界，單說娑婆世界中小小的這個地球就好了，地球上有好多細菌，牠們什麼時候會成為人類？成為人類以後也還沒有辦法度他啊！還要經過很久的無法想像的時間。光是一個地球的眾生就度不盡了，而眾生沒有度盡以前就不能入涅槃啊！因為十無盡願就是這樣發的。

所以我說釋印順這個人可以確定是從天魔那裡來的，否則你沒有辦法、沒有任何理由—想要幫他找理由都找不到—可以為他寬解說他為什麼要這樣破壞正法。可是，其實 如來「**常說法教化**」，是常而不是間斷的；常說法教化，所教化的眾生是無數億的眾生。教化這些眾生的目的，就是要讓這些眾生入於佛菩提道中，不是要令眾生進入緣覺道、聲聞道中，因為那都不是佛陀的本懷啊！可是釋印順竟說 佛陀的本懷就是解脫道，他這個說法如果被雲門文偃禪師聽到了，一定當場給他兩個字：放屁！雲門文偃就是會這樣罵人的。所以眞不曉得是什麼樣的因緣，釋印順會幹出這種事來？

「爾來無量劫，爲度眾生故，方便現涅槃，而實不滅度，常住此說法。」

接下來 世尊說祂這樣子來度眾生，已經無量劫了；所以 世尊不是這一世才成佛的，這一世在人間成佛，只是來還一個以前發的願；因爲以前曾經有一千個兄弟約定要同一劫中成佛，他是其中的一位兄弟呀！所以大家要成佛時，祂得要依照當時的兄弟排序來示現成佛，把這個願成滿。眞相則是因爲很努力、很精進的緣故，其實在很早以前就成佛了；但是因爲五濁惡世的眾生壽命短促，以前也沒有聽聞過佛法，今生第一次聽聞，從表相上來看，只看到 悉達多太子出家修行、六年苦行然後成佛；都只看到這個表相，都沒有看到過去無量劫前的眞相，所以不相信 釋迦如來成佛以來已經無量無邊百千萬億那由他阿僧祇劫，都不相信 釋迦如來一直都在度化有情；因此看見 世尊示現入涅槃時，就以爲 世尊已經灰飛煙滅了。

然而 世尊其實沒有滅度，世尊其實常住於娑婆世界中度化眾生，並沒有離開娑婆世界；所以愚癡無智的人都只看這一世的表相，因此他們在成佛之道的修學就會產生很大的過失。講到這裡，我又想起以前剛出來弘法時，佛教界有好多人在毀謗說：「人家大法師們閉關了好幾年參禪，才出來弘法，你這一世學佛才不過四、五年就說自己開悟了，也沒有閉關。」他們都只看這樣的表相啊！所以有很多人非常生氣說：「我們師父出家三十年，都不敢說開悟；你蕭平實四十幾歲才學佛，五、六年後就說你開悟了，你算什麼？」眞的是：人比人氣死人。

只看表相可眞的會氣死人，可是你如果把過去多劫以來的那些事實一體同觀，也就不會氣死人。所以說，「如來常住」這個事實，對於根基淺薄的人而言，很難接受；必須是菩薩種性具足了，聽到了佛陀的說法而一體信受，絲毫沒有懷疑，他才有辦法趣入佛菩提道而快速實證。所以那些人不相信釋迦如來常住娑婆，可是咱們相信的人呢，當我們對於廣利人天的事情有所求時，而我們的因緣也是應該獲得指示的，祂就會入夢來指示；如果你的禪定功夫好，祂也會在定中來跟你指示。這都是事實啊！

就像我們同修會裡面，有好多同修求悟不努力，可是在次法上面很努力在修；爲了救護眾生，爲了正法久住，他很拼命啊！好不容易終於第一次報名精進禪三，他努力了六、七年，才第一次報禪三；因爲他的悟緣成熟了，

所以他報禪三後 世尊隨即知道了，在禪三前的夢中就來給他一些機鋒。當時他怎麼想也想不懂：「世尊召見我，又不跟我開示什麼法，爲什麼會這樣子？」因爲是好奇怪的機鋒，等到第二次禪三時他終於破參了：「啊！原來世尊在我夢裡給的機鋒是這個意思。」終於懂了，因爲 世尊都沒有跟他講話，那顯然就是個機鋒，至於是什麼樣的機鋒，我就不提了。

爲什麼我們會裡有這麼多人可以感應到 世尊？我們有很多同修感應到釋迦世尊，就這樣給他們證悟的機鋒。可是那些六識論的凡夫僧，包括釋印順在內，爲什麼都感應不到？因爲他們「失本心」故。失本心了，連老爸都不認得了，那麼老爸來見他幹什麼？是應該要送他們去精神病院打鎮定劑，讓他們完全平復下來，然後老爸才會進來見他們嘛！也就是說，他們那些毒見要全部除去以後快要痊癒了，這時老爸才可以來相見；要不然父子相見了，他們也不認得老爸，那麼老爸來見他們能幹什麼？所以他們是沒有因緣可以夢見 世尊的開示、指導或給予機鋒的。

因此諸位相信 釋迦如來常住娑婆，那你學法的時候若是遇到了困難，當你很努力護持正法，想一想也是應該實證了吧？可是眞的沒辦法，智慧不夠時能怎麼辦？就把自己的福德迴向。當你修了這麼多的福德、這麼大的福德，就在佛前迴向，佛總不能夠說：「我沒聽到。」於是你迴向時，佛就聽到你的心聲，知道你迴向什麼：迴向未來世很有錢嗎？當轉輪聖王嗎？還是想要什麼？結果聽你一說：「我要迴向自己這一世可以開悟。」好啊！佛陀就幫忙你。有時去到禪三道場時參到頭昏腦脹，忽然間 佛陀給你一念，你就解決了。只要丟給你一個念頭就行了，這就是因爲你信受如來常住，也有證悟時應該足夠的大福德了，所以你有這個因緣。那麼世尊當然要加持你啊！但是仍然要像以前一樣難可一見。

眾生如果常常得見 世尊，就會覺得不值一文，所以諸佛都不可能隨便給眾生看見，因此說「我常住於此，以諸神通力，令顛倒眾生，雖近而不見；」所以我們正覺的同修們常常有人把見道報告寫出來說：原來我去禪三前 世尊給我指導，就是這個意思。有人說：「世尊給我指導，所以我知道般若密意是什麼啦！那我就開始體驗，結果證明果然如此。」爲什麼這類報告，我都不刪除呢？以前也有人反對呀：「老師！這個不要寫上去啦，人家會攻擊說：『你們正覺迷信啦！那個夢見如來也講得好像眞的。』」然而誰能說那是假的？若是假的，還能使人眞的證悟嗎？所以我就故意要把它保留在見道報告中，讓他們看見以後反省說：爲什麼我們老是無法夢見？

假使他們夠聰明，自然會去檢討說：「啊！我們仍然在《法華經》講的『失心』的階段。」他們都已經「失本心」了嘛！學佛是爲了什麼？不就是爲了實證佛菩提而利樂眾生嗎？結果他們學了佛以後都在搞名聞利養，那你說他們怎麼可能夢得見 世尊？因爲他們心行顚倒啊！一天到晚都在想：「我明天要再勸募幾億元，然後我這個道場要弄成什麼模樣，我就成爲世界聞名的大師了。」他們都在想這個啊！這就是「失本心」的人。而且他們在夢裡面似睡非睡，也都是在想這些名聞利養等，世尊就算要對他們托夢也難哪！假使一去到那裡，看見他們思想亂七八糟都在想著名聞利養，就說：「算了！」於是又捨他們而去，這就是「失本心」的人！

譬如老爸回來看孩子，可是這些孩子只顧著在那邊哭啊、叫啊，見了老爸也不認得，那麼老爸能跟他們講得上什麼話呢？乾脆就告訴他們：「你們老爸已經死了，趕快吃他留下來的好藥吧。」就只能這樣子嘛！老爸已經死了，然而「大良藥」還在，就該趕快吃啊！我們正覺現在不就是把「大良藥」

廣發出去了嗎？所以他們那些六識論的道場裡，現在是安板以後門窗關起來，窗簾拉起來，正覺的書籍就偷偷拿出來開始讀了！對不對？只好這樣子。所以那些顛倒心行的眾生，如來是不會入夢去給他們看見的，更不會再有應身來示現給他們看的。

所以　釋迦如來雖然常住娑婆，還真是「雖近而不見」；當眾生看不見　如來，就會產生一個結果，就是後面這四句：「眾見我滅度，廣供養舍利，咸皆懷戀慕，而生渴仰心。」是不是會這樣呢？也許有人沒有聯想到什麼，那我們就拿個眞的事件來說明，大家就會知道了。大約十年前，不是有個……我就講佛光山吧，不是去大陸請了佛指舍利來台灣嗎？喔！你看！一大堆人啊！電視新聞也報導，報紙也大篇幅報導出來；就有不信佛的人也想去瞧一瞧，這樣就種下了善根，也不錯啊！有很多人去朝禮舍利的時候，合掌拜一拜就走了，也許會在功德箱裡投個五百塊錢，也許投個五十塊錢，也許都沒投錢進去供養。那有的人去了頂禮三拜，然後離開了；有的人去了頂禮三拜後再發了願，然後才離開；各式各樣的佛弟子或俗人，全都不一樣。

有的人是去看他們在表演什麼？至於那個佛指舍利並不去瞻仰，也有這樣的人哪！那麼如果去了，禮佛三拜時痛哭流涕，心中非常的仰慕想念 佛陀，發了大願才離開；我告訴你，這個人就是會實證佛菩提。也就是要看他對如來的渴仰之心有沒有很強烈？如果一點點都不強烈，人家說到 如來時他也無動於衷，就說：「啊！反正宗教都是讓人家修善業的啦！什麼宗教都一樣啦。」那麼就表示這個人距離佛菩提的入門處還很遠。如果他心裡面有產生了歡喜心，他就可以再進一步，他就會漸漸進入十信位中。那麼他在十信位裡面要作什麼？要不斷地去利樂眾生，外門廣修菩薩道。不斷地去利樂眾生，目的只是什麼？只是一群人大家嘻嘻哈哈共同去作善事，藉著一群人的力量使他對三寶的信心漸漸發芽、漸漸生長、漸漸強壯，然後十信位的功德滿足了，才可以進入初住位中。

所以當你看到有很多人：這是董事長大人，那是什麼董事長，週日到了就到哪裡去：「因爲上人交代呀，要去哪裡作善事。」他們也就去了，放下身段，爲那些窮苦老人沐浴、打掃環境、煮飯。回到家裡就開口說：「孩子！幫媽媽泡杯茶來，我累死了！」結果竟然沒有人應聲，「氣死我了，都跑到哪裡去了？」換了一付臉孔，能給誰瞧？給自己瞧。那就表示說，她在十信位的修學還差得很遠，還要在那上面去努力。如果她是屬於利根人，一個大劫可以完成十信位的修證；如果她是遲鈍的人，得要一萬大劫才能完成十信位的修證。

所以你看她董事長夫人，一捐就是兩千萬元；她每年都是兩千萬元這樣捐，捐了二十年以後還在捐。我說她捐得好啊！爲什麼好？因爲她要進入初住位以前，就得要這樣繼續捐下去；等到她對三寶的信心具足了，才能檢討佛法的修學究竟是怎麼回事，才能眞正進入初住位中繼續精修布施，那時才會探究布施的因果與施時三輪體空的道理啊！那，這些人目前有沒有因緣可以感悟如來？還沒有因緣。所以她們才會信受說：「**如來入滅以後，已經灰飛煙滅了。大乘經典就是佛弟子們對如來的永恆懷念，才會編造出來的。**」這樣的荒唐說法，她們會信受的。然而有善根的人就不會這樣信受下來，那麼請問諸位：你們有沒有善根？（衆大聲答：有！）對！如果你的善根不夠，《法華經》的這些內涵你是聽不進心裡去的，每回來聽了都覺得好刺耳，一定比拿兩塊保麗龍板在你耳朵旁磨擦還要難受！

「**衆見我滅度，廣供養舍利，咸皆懷戀慕，而生渴仰心。**」但是爲什麼你們聽得歡喜？因爲你們已經超過信位了；至於現在自己到底是在初住位、二住位？還是在三住、五住、七住位呢？就自己衡量看看。這就是 如來示現滅度的目的，要讓大眾看見說 如來滅度了，所以有舍利的時候大家都很恭敬供養。爲了凡夫眾生、爲了信不具足的眾生，如來還得要搞怪；若是都不搞怪，那些眾生信根就無法具足，信力無法發起。所以 如來怎麼搞怪呢？某一天，某一個傻弟子要去見另外某一個傻弟子，說要去禮拜他們家的舍利，那時 如來就會搞怪，把那個佛舍利突然間出生了另一顆。他來了，就是他正在瞻仰時，突然就多了一顆，他就好高興說：「**哇！如來對我好好哦！我要請回去，我要請回去供養。**」於是，他就去買了個舍利塔供起來了；供起來以後他要怎樣呢？總不能只是擺著吧？每天總是要供點水果、供點香啊！是不是？至少每天要供一炷香吧？於是他的信就開始逐漸出生了。

如果看看他的信心又快要退掉了，如來趕快再幫他變出一顆來，他就馬上又有更大的信根了：「**唉喲！你們看，如來好靈感哦！**」然後他就到處去找人來瞻仰說：「**我家又多出生了一顆舍利。**」於是又有一堆人來瞻仰了說：「**唉呀！好神奇！原來如來眞的還在世間。**」他就會相信 如來還在。有很多眾生就是這樣，但是他要見到如來眞身或化身可就是見不到，卻有舍利可以供養，使他繼續保持對三寶的信心。所以如來不留下全身舍利，故意留下碎身舍利，總共八斛四斗之多。哇！那可以有多少人獲得舍利而作供養？可是你們要注意喔！有好多喇嘛說：「你們來供養我，就給你一顆佛舍利。」全都是假的，（眾大笑……）他們哪能感應到佛舍利？他們都是破法者，佛陀怎麼會給他們眞的舍利？用膝蓋想也知道。

那麼因爲這樣子，思戀渴慕的緣故，所以他就很想供養舍利。供養了舍利以後會漸漸傳開，越來越多人供養、越來越多人信受，有越來越多人從舍利上去得到感應；雖然見不到佛陀親自來感應，可是從舍利上有感應，他們也很心滿意足，因此「咸皆懷戀慕，而生渴仰心。」有渴仰心才有辦法發起大心，這時候就是這四句了「眾生既信伏，質直意柔軟，一心欲見佛，不自惜身命；」這時眾生終於信伏了。以前是心裡面想：「如來不過也如此。」這時他們想：「這種事情我根本辦不到，不但我辦不到，諸天天主也辦不到，所有的天神都辦不到。」他們眞的從深心中信受了，於是心中完全降伏下來，這時他的心「質地」是直爽的。

就是說，他心地的本質已經不是彎曲的，因爲他已經完全信受了。所以談到三寶、談到佛法的時候，他的心意是柔軟而不再剛強的。假使還不夠柔軟，聽到你開口閉口都是佛法，他就會說：「你講來講去都是佛法。」覺得不耐煩。可是他如果已經柔軟了，信力產生了，這時不但不會說你一天到晚都講佛法，而且「一心欲見佛」；他心心念念想的是我如何可以遇見佛，所以「不自惜身命」，寧願捨棄生命也想要見佛。當眾生有這樣的心性的時候，有這樣強烈的企圖心要見佛的時候，那麼佛陀就會離開靈鷲山，就示現在人間受生，眾生才能夠看見。所以釋迦如來在人間成佛的時候，有許多人一聽到佛陀出現在人間，就趕忙要去覲見，那是什麼原因？不是因爲迷信，而是因爲諸佛如來難可得見。諸佛如來福慧兩足，遇見了如來而不得解脫，那是很少有的事。

遇見如來至少總得要證個初果，哪有不得解脫的。即使是阿闍世王殺害了父親，曾經又想要害死母親，最後大病一場即將沒命了，他的大臣建議他說：「你找那些世間醫師、外道，都沒有辦法治癒你的病，只有如來能治你的病。」勸了很久，於是他接受了，願意去見佛；可是路上依舊因爲心中猶豫——他曾經跟提婆達多勾結共同害佛、害舊王，所以他想：「我去了，如來會不會報復而害死我？」在路上就幾度退縮。都因爲他那個大臣不斷地勸諫，他才繼續往前走；甚至於到了如來的祇樹給孤獨園，走進園林之中時，一直都是靜悄悄的，他心裡還生起很不好的想法說：「如來是不是都埋伏好了要殺我，爲什麼都沒有聲音？」還得要他的大臣爲他說明：「如來法眾樂於寂靜，完全不可能有喧囂之聲。」他才終於信受，解下佩劍進去瞻仰如來。即使是他這樣的惡人，聽聞 佛陀說法以後不但病癒了，都還能得到無根信；如果他不殺害父王，不勾結提婆達多害佛，這時至少要證初果。但是，雖然如此，如來還是讓他色身康泰，病也就好了，又得到無根信。也就是信位已經滿足了，只是因爲善根毀壞而不得初果。你想，這樣的人都還可以得無根信，那如果已經信伏了，一心渴仰想要見佛，聽到有佛如來出現在人間，急急忙忙就趕去見，這種人怎麼可能不證果？怎麼可能不開悟？

所以你們看給孤獨長者去朋友家拜訪時，聽到他的朋友說夜晚全部時間都在備辦飲食，準備明天要供佛，說 釋迦如來明天會來受供；結果他那晚就不睡了，讓他的主人朋友繼續準備供品，他獨自一個人就去見 佛。你看他這麼急，不等明天相見欸！他那晚上離開朋友家，就獨自去見 佛了，然後才會在當時證得初果，立刻請求 佛陀在當地住下來。於是 佛陀說：「你有什麼好的林園可以讓眾僧安住嗎？」他說：「我一定會去尋找，有適合的園林就會買下來供養佛及眾僧。」所以才會找上祇陀太子要買太子的祇樹園。但祇陀太子說：「就算你把黃金鋪滿了，我也不賣給你。」印度的習慣，可以找人仲裁，那祇陀太子說：「就算你把黃金鋪滿了，我也不賣。」好！給孤獨長者說：「那就表示說，只要我把黃金鋪滿了，你就得賣我。」祇陀太子說：「我講的是你鋪滿了我也不賣。」然後兩個人就找了仲裁人，裁定說：「既是這樣子說了，給孤獨長者把黃金鋪滿了祇園，你就得賣給他。」給孤獨長者才會去取來庫藏黃金把園地鋪起來，鋪到後來剩下那個門樓的部分，長者想著：「哪個地方埋藏的黃金剛好不多也不少？」正在想的時候，祇陀太子誤會說：「你如果反悔，那就不要買；你把黃金收回去，我的林園還是收回來。」給孤獨長者說：「不是這個意思，我在想，我有哪個地方埋藏的黃金比較少，剛好可以鋪滿這個地方。」太子一聽就想：「不是要反悔喔？」就說：「那你不要再鋪了，這一小塊地就由我來供佛。裡面的樹林我並沒有賣給你，我只是賣地給你而已，這些樹林就我來供佛，剩下未鋪黃金的地方，就留著由我來做個門樓供佛。」所以才會叫作祇樹給孤獨園，不然就只叫作給孤獨園了。

那麼你想，他只聽到「佛」這個字，爲什麼三更半夜就先離開獨自去見佛？不等天亮欸！如果是一般人：「我的好朋友明天要供佛，這麼誠心連夜備辦飲食，我就留下來，明天看看佛長什麼模樣？」一般人是這樣的嘛！但他才一聽到「佛」，就整個毛髮都豎起來，於是讓朋友去忙，他自己當天晚上就先去見 佛了，然後第二天就去買那個林園來供養 佛陀及眾僧。這就是說，他一心要見 佛，什麼都不計較了；當他是這樣心性的時候，一定會實證佛法。《阿含經》結集中所講的都是聲聞果，沒有說菩薩果；可是給孤獨長者是個菩薩，他當然不是只有初果、二果的實證，一定還有菩薩果的實證。

「時我及眾僧，俱出靈鷲山，我時語眾生：『常在此不滅，以方便力故，現有滅不滅。餘國有眾生，恭敬信樂者，我復於彼中，爲說無上法。』汝等不聞此，但謂我滅度。」所以說，這時是眾生應該要證果得道的時候，因此釋迦如來與眾僧就離開靈鷲山，來到人間受生示現啦！如來在人間示現時，一定是有很多人得度的因緣成熟了，才會來示現。如來度了這些人，其實不是只有度這些人，因爲這些人也都各有眷屬，所以這些人的眷屬就會跟著這些人得度，因此　如來示現的時候當然會向眾生開示：「我常在娑婆世界度化眾生，並不入滅；可是由於方便力的緣故，示現有滅度的應身，但是我也有不滅度的莊嚴報身。那麼其他的國土如果也有眾生恭敬信樂於佛法的時候，他們如果與我有緣，我就在那個國土也同樣的示現，也爲他們演說無上法。」

這就是說，諸佛如來示現在人間，不會只演講有上法就入滅了。什麼是有上法？正是二乘菩提呀！因爲那不是至高無上之法。你們看所有不迴心的阿羅漢們遇到菩薩的時候敢開口說法嗎？沒有人敢開口。也許有人說：「那是古時候，現在不一定吧？」好呀！那不然你去南洋找阿羅漢來試試，看他們來到正覺時敢不敢開口。隨便哪一位親教師跟他談，他都不敢開口應答的。因爲南洋那些阿羅漢們其實都只是凡夫嘛！哪裡是阿羅漢？縱使眞有阿羅漢來了，一樣是開不得口，無法與我們會裡的親教師們論法。所以諸佛如來示現在人間爲大眾說法時，不會只說有上法，一定要把大乘菩提等無上法講解完畢，而眾生也實證到一個階段了，如來已經可以再到別的星球示現度眾生的時候，那時才會示現入涅槃，否則就是化緣尚未滿足。

諸位可以比較一下，二乘菩提比起大乘菩提，那眞的叫作有上法，大乘菩提眞的至高無上。我們出來弘法到現在，講過很多很多遍，幾乎每一本書都這麼談。也曾經有人想要推翻我這個說法，因爲他們不服氣呀！他們認爲佛法就是解脫道，實證佛法時最高就是證得阿羅漢果啊！可是我們說佛法的實證與二乘菩提的實證不同，不但法上不同，證果也不同，幾乎每一本書都在談這個，他們爲什麼到現在沒有辦法寫出一本書來如法的解說呢？都沒有辦法嘛！這證明佛法不是有上法，二乘菩提則是有上法。諸佛如來大慈大悲，不怕辛苦，在人間這樣示現，怎麼可能不講無上法？怎麼會是只講了有上法就示現入涅槃？一定不可能這樣！

如果有佛這樣示現說，講完二乘法就入涅槃，我就說那個人一定不是佛。如果他眞的是佛，我會叫他「吝嗇佛」。可是十方三界佛教中不可能有「吝嗇佛」啊！諸佛都是大慈大悲，怎麼會吝嗇於法？既然諸佛都不吝嗇，都是大慈大悲，怎麼可能只教給大家二乘小法，不教給眾生大乘無上法？如今我們也證明，大乘佛法確實是無上法，非二乘小法所可比擬。所以現在印順派那些六識論者——說 釋迦如來已經灰飛煙滅了的人，不敢再大聲講話了；也正因此，現在佛教界的水平提昇了很多，這就是正覺弘法所得到的一個成績。

但這個成績是誰得利呢？是廣大的佛教底層學人普能得利。那我們正覺有沒有得利呢？有！我們雖然爲他們作了很多事、很辛苦，得不到什麼世間法上的利益支持，但是我們的法財增長非常之多，這就是我們所得到的。可是當眾生不瞭解這個道理時，在我們正覺努力廣傳三乘菩提之前，眾生們都是不聞此法，更不瞭解這個道理，總是以爲 佛陀已經入滅了，都不知道如來是常住不滅的；所以幾十年來他們一再地說：「釋迦如來已經入滅，已經是空無了。」早就預見末法時世的眾生會這麼誤會，其實也是當時的眾生已經顯現出這種誤會，怪不得世尊要說：「汝等不聞此，但謂我滅度。」

又到新的一年了，二〇一二年會不會眞是世界末日？愚癡人信受那些所謂的考古研究者所說（編案：演說當時有一部電影依馬雅文化的考古研究拍攝，宣稱二〇一二年是世界末日），心中惶然不安，所以是愚癡人。也有人相信《推背圖》，其實很多都是後人假藉古人的名義寫了出來，但因爲過去的歷史都已經讀過了，然後用個古人的名義寫出來，當然都會正確嘛！但是未來的預言會不會正確？不會！大家應該要瞭解這一點。這就像西藏密宗，由現代的人來寫五十年前的人，或是寫了幾百年前、兩千年前的事情，然後說：「接下來這五十年、一百年將會怎麼樣。」那麼大家都可以看到及印證無誤，就想：「他講的過去事情都正確，那麼後面未來的事情應該也會這樣子吧？」其實只是後代人寫出來的過去預言，那他寫的前面各種事情當然正確，因爲那已經是歷史了！但是他僞託古人名義所寫，不知道內情的人就會相信他了。

於是他僞託古人名義寫好以後，到山上某個地方去藏起來；當他即將死亡的時候就吩咐徒弟們：「你們某年的某月某日去某個地方，那裡會出現什麼經藏，你們就去挖出來。」於是徒眾們依照時地去挖出來說：「喔！果然有經典，眞是佛說的經典。」其實只是他自己寫出來，等著別人聽他的話去挖出來，那就叫作伏藏或者岩藏。因爲西藏不太有樹木等等，大部分地方都是石塊，草木不生，他就先去埋在那邊，死時或是死前幾年教人去挖出來騙人；然後就有一堆傻瓜迷信盲從，就被誤導而走入岐途了。（誰的手機在響啊？把它關掉好不好？忘了關，會讓人家誤會你在錄音哦！）於是迷信的人就相信了，其實都是後人僞託古人名義所寫的邪見。就像《釋摩訶衍論》也是一樣的，又例如《佛說天地八陽神咒經》也一樣是後人僞造的，所以有智慧的人不要被騙哦！

那麼在佛法弘傳的過程中，有定業也有不定業；若是定業，我們要把它轉變成不定業；不定業，我們要把它扭轉成佛事來利樂眾生。（手機鈴聲⋯）剛剛才講，又有一支手機響了，請大家記得把手機關掉；佛門裡面有一句話說：「寧攪千江水，不動道人心。」寧可費盡千辛萬苦攪動千江之水，也不要去動到一個修道人的心。請記住這一句話，趕快把手機關了吧，別影響到修道者聽經聞法的心緒。

回到《妙法蓮華經》，今天要講解的這一段經文最後六句說：「我見諸眾生，沒在於苦惱，故不爲現身，令其生渴仰；因其心戀慕，乃出爲說法。」這是說，其實 釋迦如來本來就一直在靈鷲山，只是眾生看不見，就誤以爲 釋迦如來已經入滅啦！在 釋迦如來示現入滅後的兩千多年來是如此，在 釋迦如來無量劫前成佛以後示現入滅之時也是如此；可是 世尊爲何不常常示現？因爲如果眾生可以常常看見 釋迦如來，就不會覺得珍惜啊！這就好像說，我如果一天到晚到你們家裡面去，你們也不會珍惜的。因爲心裡面會想：「哎呀！蕭老師一天到晚都在我家裡，有什麼難見的？」如果我每週都去大陸和那些同修們相見，他們也會覺得沒什麼稀奇說：「蕭老師每一週都會來與我們相會。」可是如果很難得見，就會覺得很珍惜，因爲因緣難得啊！

如果我在台灣，哪一天突然宣布說：「我每一年只講經一天。」那麼當我那天要講經時，大家想想：「眞難得欸！不去聽經就可惜了。」會不會比現在更珍惜一點？一定會嘛！不過我相信諸位每週跟我相見時也一樣珍惜的，我相信諸位是這樣的，不然你們也不會寒流來時那麼冷，也來聽經；下雨時也來，大太陽的夏天幾乎要中暑時也來聽。那麼對於一般眾生而言，有很多人很想找到一張蕭平實的相片，只是求不可得，所以現在蕭平實的相片就變成奇貨可居；如果哪一天正覺同修會缺錢的話，我就來賣簽名照，一張五萬塊錢、十萬塊錢，同修會就不虞缺錢了。所以有的人一天到晚在問，甚至也有人上網去問：「誰有蕭平實的相片，寄給我吧！」當然，我後來有一天剛好有件事情已經有個段落，心想：「我也來找找看吧。」於是去網路上看到底有沒有我的相片，上去一查，也有標題說是蕭平實的相片，結果點進去一看，只是賣東西的。原來我的相片標題也可以成為一個賣點，眞是想不到啦！但這就是眾生的心態。

我再說一個眞實的事情，正覺同修會還沒有成立之前，有時我會去找以前的同修們說法；大家以前同樣都在北投那間寺廟一起的同修，有時我去找他們，告訴他們末法時代還是可以開悟的；不但開悟明心是可能的，看見佛性也是可能的，可是他們竟沒有一人信我。我親自送上門去，一次沒用，兩次沒用，三次沒用，我就不再去了，我知道那些人的法緣都是還不夠的。然後就等，我就開始效法姜太公那樣直鉤釣鯉；人家釣魚的鉤子是彎的，才能鉤得起來！但他是直鉤，而且沒有餌，並且還離水三寸；我就學姜太公那樣，願者上鉤；不願意的話，那就都不勉強。我也不要放到水裡面去引誘一下，直鉤也都不要弄什麼魚餌，結果就度得諸位，算是很不錯的啦！

這意思就是說，眞正勝妙的法，是最頂級的，可以說是佛法中的精品，要放在哪裡賣？在精品店啊！那麼最勝妙法在台灣的精品店就只有七家，從台北到高雄，加上洛杉磯，只有七家。現在正覺去香港又開了一家，所以算是八家精品店了（編案：這是二〇一二年初所說）。我們不會到處都開佛法精品店啦！不要期待我們會去每一個鄉鎮都設立講堂，這是不可能的；因爲這是精品店，買精品的人一定是少數人，不會每個升斗小民都來買精品。所以眞正的勝妙法就是在正覺講堂「賣」，別的地方不「賣」。而我們正覺講堂怎麼「賣」？大眾要用什麼錢來買？得要用法財，或是用功德財，要用七聖財來買，我們不接受世間財來購買。所以如果有誰講：「蕭老師啊！我以兩千萬元供養您，您別刁難我一定要參加兩年半的共修，還要去打禪三，那太辛苦了！您當下引導我可以證悟，我供養兩千萬元。」我說：「兩千萬元台幣喔？不！要兩千萬美金！」我說：「兩千萬美金就可以啊！但你還是要來上兩年半的課，還是要去打禪三。你如果願意接受，兩千萬美元供養我也收，那我可以藉同修會來爲眾生作很多事啊！」

這就是說，這是精品佛法呀！因爲如來藏是三乘菩提中的名牌，不是普通的雜牌；普通的牌子都是雜牌，講什麼緣起性空啦！苦空無我啦！那些表相佛法到處都買得到啊！但實證如來藏這個精品呢，就只有正覺有貨，別的地方都沒貨；別的地方有時也講如來藏，卻都是贗品；所以正覺不隨便「賣」，學人得要有七聖財才能在正覺精品店裡買得到。當然，這個佛教中的精品店老闆，目前是由我當老闆，你們是總經理、經理、業務員等等；目前由我當老闆，我走了就換人當老闆，總是要推一個人在教團裡面調和鼎鼐。但我當然不可以一天到晚去宣傳「我就是蕭平實，我是蕭平實」；人家都認識了：「唉呀！我知道這個人是誰啦！沒什麼稀奇。」可是當人家都不知道蕭平實是何許人，神龍見首不見尾；對外面的人來講，連首都見不到，就別說要見尾，這樣他們才會覺得稀奇嘛！我既不求名聞、不求利養，何必讓世俗人都認得我？佛法也是這樣啊！如來藏妙法不是隨便給人的，不迴心的阿羅漢已經是人天應供了，佛陀都還不給他們如來藏妙法，那你想，這麼勝妙的實相妙法，菩薩得了以後還只是見道而已，那麼佛陀是已經成佛了，而見道和成佛的距離是那麼大、那麼遙遠，佛陀這樣的法主怎麼可能時時刻刻讓眾生隨便見到呢？當然是如此嘛。

我這個人從來不自矜，我總是很隨和，眾生想要見我，就讓眾生如願得見；可是後來知道眾生會因此覺得不珍貴，我就盡量避免直接與眾生相見。有時候官員來同修會拜訪，我說：「那我打個招呼就離開吧，不用我來陪他們講話論事。」但有幹部偷偷跑到佛前請問，說不用相見，偷偷告訴了我。

喔！我知道了，我領會出其中的道理了。對眾生而言，眞善知識是不應該隨便便跟尙無法緣者見面的。接著我就想到另一點：那些六識論者、否定如來藏者、一天到晚主張大乘非佛說的人，他們求佛指點，禮拜佛陀請求指點，始終是連夢都夢不到；所以他們求了二十年、三十年，猶未夢見在。爲什麼呢？因爲他們的因緣就是還不應該見到嘛！若是讓他們眞的夢見以後，就會覺得說：「釋迦如來也沒什麼稀奇啊！」他們就會這樣想，所以佛世尊不隨便讓他們夢見。

那麼這就是世尊說的：「我看見諸眾生們沈沒在種種的苦惱之中，所以呢，我就故意不現身。因爲這個緣故才不現身，不是因爲沒有神通而沒有辦法讓所有眾生看見；而是因爲他們苦惱很重，見到了也沒有用。」不如讓他們繼續在苦惱中打轉，轉到後來他們會反省，他們會想：「我爲什麼老是見不到佛陀？我在法上爲什麼始終無法進步？」最後心裡面如同渴極想要飲水一樣，因此一天到晚仰望著佛像祈求說：「佛啊！您什麼時候召見我一下？讓我當面禮拜一下也好。」就這樣子生起渴仰之心，於是他求了五年、十年、二十年、三十年，才終於有一次佛陀來到他夢中，讓他禮拜完了，佛陀點個頭就走了。可是他印象就非常深刻，牢牢記住說：「佛陀有顧念我。」於是他就可以得到信位的滿足。

只要這麼一見，信位就滿足了，然後他就願意學法了。等他很努力學，學到一個程度時說：「哎呀！我始終是沒有辦法開悟。看話頭我也會啊！了義正法我也學了，七聖財我也努力修集了，法供養我也作了，可就是悟不了。佛陀啊！請您幫幫忙，我一定願意為眾生繼續努力，保證將來有能力入涅槃的時候，我一定不會入涅槃的；我會永遠當菩薩去利樂有情，絕對不當阿羅漢。」這時 佛陀看看他的知見可以了，功夫也夠了，七聖財也有了，於是「因其心戀慕，乃出為說法」。於是也許在定中，也許是夢中；他如果沒有定，佛陀就入於他的夢中，跟他解說了幾句法；通常不會很多句，都是兩、三句就結束了；佛說法時哪有像我這樣長篇累牘一直講下去的，那麼就只有兩、三句話，他也就悟入了。

在夢中因為 世尊的開示因緣而悟了，雖然還有些眞妄不分，但沒關係，去到禪三道場時我們看見他證悟的因緣成熟了，幫他理清楚也就好了。甚至於有人根本不用佛陀開示，佛於禪三時在冥冥中為他加持一下就悟了；於

是他對 佛陀的敬愛之心，可就是永劫存續、永不中斷，於是道業就跟著突飛猛進了，未來就可以利樂很多眾生。這就是說，諸佛菩薩都不是隨便給人家看見的；若是隨便都可以看見，眾生就覺得不稀罕了，這就是五濁眾生的根性。

在民間信仰中也常常有這個現象，有時人家請了玄天上帝或保生大帝或什麼大帝，請回家去供著想要問事；因此家中得要有人每天日夜都點著一根粗大的香，在佛案前不斷地晃動祈求。你們有沒有看過？有嘛！這事情在閩南語中叫作「觀神」，就是要請神降臨以便問事；一般都是在下午請回家來，供上神案以後就這樣子恭敬地供養，當然還得寫上疏文講明要問的事情，那尊神在當天晚上就抓了乩童降乩，把你要問的事情講清楚。可是有時請神的那個人家，他們想要問的事情很麻煩，因爲有兩姓祖先供在家裡，有的人更有三姓祖先同時供奉著，那他們祖先在冥界裡吵得不可開交；可是他們爲什麼要吵呢？後人也都不知道，因爲是上一輩子留給他們的恩仇。

祖先們在冥界裡面繼續吵個不停，就好像基督教與回教繼續不停地打仗一樣，至於爲什麼兩個宗教的教徒要一代一代不停地打仗？他們其實也不知道。推究原因，其實就是當初那兩個兄弟分家，同一個神被兩兄弟分成兩邊的信仰，兩邊的家族互爭說：「我這邊所信仰的才是眞神，你們家信仰的是假神。」然後雙方就一直打架，後來隨著家族擴展及擴大傳教的緣故，信仰的人很多了，漸漸演變成不同信仰國家間的戰爭。本來只是因爲兩個兄弟的家仇，弄到現在變成兩個不同信仰的世界長期在打仗，你說人類笨不笨？同樣的情形，那些冥界中不同姓的祖先也是這樣，兩姓、三姓的祖先在持續吵架，弄得這個家庭裡不安寧，一天到晚不是有人生病就是發生事故，反正是不好的事情連綿不斷，又不知道原因，只好請神來問了，因爲天神管得著冥界的事。

可是請神兩天了還沒降乩說明，三天過了也還沒降乩，到了第四天晚上終於降乩了，信眾們就請問了：「某某上帝！爲什麼這回求了這麼久才降乩啊？」上帝也感嘆說：「因爲你們家這件事情是三代之前的恩怨，你們現在的祖先就這樣繼承下來，鬧得不可開交；可是三代之前的恩怨，我一時也查不出來，因爲他們都已經投胎往生去了，已經不在冥界鬼神道中，我查不到了只好代你們去求問觀世音菩薩。可是觀世音菩薩很忙，我到今天晚上才見著，終於才問清楚。」想一想，連上帝要見觀世音菩薩都那麼不容易，也眞是苦了上帝。

那你想一想，將近四天才見著了，然後觀世音菩薩才爲上帝說明，這是什麼樣的事情，該怎麼排解，你就這樣去處理，於是上帝那晚就來降乩說明，就把過去四代前的祖先在人間的事情，例如結了什麼怨，條分縷析一一告訴後代子孫，然後排解完畢，家中就再也沒有意外事情繼續發生。那你想，上帝要見觀世音菩薩都那麼難，如果是想要見佛呢？諸位想想看。這都是眞的事情，不是傳說；那你就想，佛菩薩對你多麼寬厚，多麼照顧。你去到龍山寺，把籤一抽，筊杯擲上幾次，菩薩就給你指示了。可是上帝要當面見他卻是那麼難，要親自見到他眞的很難啊！因爲得要他有空啊！才能撥個空說：「你要問什麼事情？」然後再告訴你。

那你如果有機會夢見了觀世音菩薩，夢見了釋迦如來，你得要知道，祂們那麼忙還特地來你夢裡開示或給機鋒，這證明你的法緣是很深的。所以諸佛菩薩都不隨便讓人家見到，因此我現在開始在學習這一點；不管去到哪裡，有時候也許人家談到一點佛法，我稍微爲他講了兩句，他就問：「您貴姓？」知道我姓蕭，然後就說：「哎！你也剛好姓蕭喔？那你跟蕭平實有什麼關係？」「我啊？蕭平實啊？我是他弟弟。」「那我什麼時候可以請您幫我引見一下？」我說：「我沒辦法，他眞的好忙，連我想要見他都很難。」這樣事情就解決了。那我不必讓人家知道蕭平實是誰，大家就會想：「唉！想要見蕭平實還眞的難。沒有辦法隨便得見啊！大法師們，我都可以憑人情關係談一談，就可以見到，那蕭平實竟然沒辦法見到。」

那麼大家就會覺得說：「這蕭平實的法一定很高，因爲想要見他都難啊！我好意提出來說：『我捐個幾百萬元，請你幫我引見。』都沒辦法得見。」「要捐錢？歡迎啊！我們蕭老師說：『你到同修會九樓櫃檯去捐。』他很高興的。」對啊！也有人來到講堂要見蕭平實卻見不到，因爲我現在已經不想隨便見人了。但是只要成爲本會的會員，那就隨時可以見到。可是他想：「我見不到蕭平實，那我就去見達賴吧。」結果因爲要捐錢，所以一去就見著了。那麼結果變成達賴很沒有架子，因爲隨便一見就見著了嘛！要見達賴這個人很簡單，你只要準備著孔方兄就一定可以見到，就這麼簡單，但蕭平實不是有錢便能見得著，得要與法有緣。

所以諸佛菩薩不賣人情，只看眾生的因緣，看眾生的根性。如果你的根性是具足菩薩性的，你雖沒有想要求見，但祂們看你的緣熟了，也會主動入夢來跟你作個指示，這就是諸佛菩薩，根本不像那些凡夫外道的大師們。正因爲這樣子，所以眾生心中愛戀諸佛、仰慕諸佛，當眾生到了這個地步時，表示他對佛與聖僧的信心具足了，那他對法的修證因緣也就具足了，這時 佛所說的法他一定信受；那麼繼承 世尊的法而繼續在弘揚妙法的僧寶，他就會同樣信受，所以這時我就可以出現爲他說幾句佛法，然後他就可以依於正法而聞熏修學乃至實證。

所以 釋迦如來如今還在不在世間？當然在啊！我們會裡有好多人感應到了啊！怎麼會不在？那凡是在書上或是演講，或是說法時公開說 釋迦如來入滅了，再也見不到了，那個人可就真的見不到了；因爲他都已經公開說是見不到了嘛！諸佛如來都不奪眾生所願，所以當他說永遠都見不到的時候，如來得要滿他的願，就讓他見不到。直到他有一天想通了「如來沒有入滅」的道理，然後他誠心想要見 如來了，如來才會重新滿他的願，讓他得見。諸佛如來永遠不奪人所願，這同時也是 釋迦如來的慈悲。

那麼這樣看來，還有佛法中最勝妙的如來藏妙義，以及眼見佛性的妙義，在正覺講堂繼續弘傳著，這表示你們已經憑著七聖財買了門票而進入佛法精品店了。接下來就是你要慢慢看，看哪個部分是你搆得到的，你就可以親自拿到了。從這裡來瞭解，就可以對十方諸佛、諸大菩薩們，在無止盡的未來繼續弘法利生的狀況有所瞭解；那你就會知道諸佛菩薩始終不離我們，只是我們得見的因緣成熟或者還沒有成熟的差別。既然是這樣，轉到下一世去的時候，需不需要恐懼？就不需要了。因爲世尊可以在未來世給你依靠，觀世音、文殊、普賢菩薩都可以在未來世給你依靠。要不然我上一輩子生活在江蘇、浙江過安逸的日子，雖然戰亂連連，沒辦法出來弘法，但是再怎麼樣都比當年的台灣好，爲什麼我當年要生來台灣？

當年的台灣眞的好像人家說的「鳥不生蛋的地方」，家徒四壁的狀況是很平常的，想要吃一碗白米飯都難；特別是到了冬天，剛收成之後有時還可以吃幾次白米飯，通常都是糙米飯；因爲白米飯還要再精碾，一般人吃不起，大約是醫生在吃的。那麼到了秋天，連糙米飯都沒了，吃什麼呢？吃曬乾的蕃薯簽。那新鮮的蕃薯飯很好吃哦，可是把它弄成簽以後再曬乾保存，冬天取來煮成飯，你們吃吃看，很難吃的，那我們當年冬天就吃那個東西。想想看，上輩子在江浙過那麼好的生活，結果要生到鳥不生蛋的台灣來，一窮二白。好在台灣還有福報，當年蔣介石帶了不少黃金過來，也因此有錢買武器，守住了台灣；也是用那些黃金作準備而發行新台幣，然後又有一些美援，才開始發展起來，才有今天。

但你們後來也跟著陸陸續續生到台灣來，都忘了上一世你們在大陸的生活。但你們爲什麼後來也會出生到台灣來？台灣本來才幾十萬人口，爲什麼你們後來也會跟著出生到台灣來？（有人回答：來跟隨導師。）你們自己能作主來台灣跟隨啊？你們沒辦法自己作主跟隨我過來的，你們當年其實是自己也不知道我生到哪裡去了，那麼是誰安排你們生過來台灣的？（有人回答：佛。）這樣就瞭解了。本來咱們都生活在大陸（大陸在哪邊？西邊！不要指到東邊去，那邊是太平洋），那麼爲何你們會跟著我生過來？因爲佛菩薩安排的嘛！

學這個法不是三兩世的事情，因緣不夠就沒有辦法跟這個法相應的。特別是來聽我說法，一般人大約聽不慣；因爲才剛來一聽就會覺得：「這蕭老師說法時目空一切，沒辦法接受。」但他不知道我眞的不是目空一切，我只是如實說；而我這個如實說，以前都沒有人講過，所以他根本不曾聽過，因此他就進不來正覺。可是諸位能夠不斷地聽下去，心中都不生煩惱，是什麼原因？是因爲往世就在這個法裡面學過了，然後 佛陀看看正法的因緣，是應該在台灣才能發展起來的，所以安排我先來了！當年我生活在江浙的時候，何曾知道台灣將來會怎麼樣？都不知道，那麼 佛說要來這裡出生，那我就來了。

諸位往世在大陸臨命終的時候，知道台灣會發展爲今天的光景嗎？你有天眼通啊？看見了？沒有嘛！那你上一世在大陸死了，爲什麼會投胎到台灣來？當然都是佛菩薩安排的。所以應該這樣理解，佛菩薩雖然不是時時示現在我們眼前，但總是知道我們的因緣；當我們該命終的時候，就會幫我們安排好，等你到了中陰的階段，就會告訴你應該到哪裡去，所以我們才會離開往世的同修們而生到台灣來。那麼現在反觀一下說：以前如果繼續在江浙那邊投胎，結果是到現在爲止都還不可能有如來藏正法弘揚起來，因爲大陸十幾年前的環境是還不允許的。那我們生到台灣來，經濟發展以後緊接著就會有民主改革，然後佛教的教法就可以在多元化的社會中弘揚起來，我們就正好在這個節骨眼來弘揚；這並不是我預見以後才生到台灣來，這是 佛的安排。而諸位剛才說是跟著我來，其實不是啦！是佛菩薩安排你們也來，你們卻不是主動跟著我來的，因爲你們當年在大陸捨壽時都還不知道我生到台灣來了，怎麼可能跟著過來？不過，我聽你們這樣說，還是很歡喜。

所以在這種情況下，到了該轉入下一世的時候，也就是說你們該轉世的時候（其實你們全都是轉世再來的人，所有路上的狗也是轉世再來的狗，大家都是轉世再來的；轉世沒什麼稀奇，要看有沒有證量來轉世），那麼諸位前世既然在大陸生活那麼好，爲什麼也會陸陸續續生到當年一窮二白的台灣來？很簡單！就是佛菩薩安排的！因爲正法的弘揚不能單靠我一個人，所以應當要有各位來共同襄助，否則我一個人作不了多少事情。那麼這樣子，正法在這裡立足，然後訊息開始傳了出去，也藉諸位的力量把正法的種子帶往大陸，以後再往全世界去散播，這樣子去漸漸地影響。當大陸經濟發展到一個階段，也必須要開始改革，最後也必須要走向民主化或者開放宗教信仰自由，那就是我們把正法帶回去的時候了。

這些事情都是在佛菩薩的安排之中，只要眾生的業力不是很重，我們就有希望成功，重新復興中國佛教；其中有一些業是我們可以有能力把它轉變的，我們就要努力去作；雖然如今（編案：這是二〇一二年所說）在大陸推廣正法抵制邪教依舊困難重重，但是我們現在也已經努力在作；等他們開放宗教自由的時候，那時就是正法又一次大力復興的時間來到了。那就是諸位要去大陸賣力氣的時候了，那時不用賣命，只要賣力氣就行。因為你們都有很多往世的父母、師長、親友等等，也包括很多往世的子女留在大陸，我們要去幫助他們回到正法中來，別讓中國佛教消失了。大家眼光放遠一點，別只看這一世短短的幾十年：「這是我的父親母親、姊姊妹妹、子女。」不要看得這麼近，要看多世一些；因為你們未來世，不會永遠都是這一世的家人，那麼過去世的家人還是會在未來世跟你們相聚，要記得這一點。

雖然 佛陀很不容易見到，但祂總是會幫我們安排。也許諸位想：「這可能是你自己瞎編胡扯來說服我們的吧？」我說不然，即使是修到了七地的菩薩，往往都還要 佛陀來加持，修到了十地也都還要諸佛加持。譬如說，七地菩薩快要滿足七地心的時候，佛就會時時刻刻注意他，一會兒就看一下他：「他大概還多久就會滿足七地心？」然後過了多久又再看一下。為何要常常來看他，為何總是要以佛眼隨時看一下他，是怕他哪一天完成念念入滅盡定的證量時，突然就入無餘涅槃去了！那不就好像一顆水果長得非常好、非常好，這顆很珍奇的水果已經照顧到七分熟，突然間它就掉下地了！就像是這樣啊！只要再三個階位，接著進入等覺位以後，修福一百劫就能成佛了，結果他突然就入涅槃去了！入了無餘涅槃以後，就沒地方找到他了，以諸佛威神之力也找不到他了，所以不能讓他入涅槃。可是成佛卻必須要經歷這個階段，因此只要七地住地心即將要滿心了，佛也是時時以佛眼在看著的。

那麼人間正法能不能繼續流傳，也像是這樣的道理。因此當某一個人捨報轉世的時間到了，佛就會安排，平常卻很不容易見得到，因此看見 佛陀是很不容易的。但是也別因為見 佛不容易，到了轉世的時候就擔心受怕說：「哎呀！我都要轉世了，佛怎麼還沒有來？」不用擔心，如果你是求生極樂世界，已經氣息快要斷了，阿彌陀佛還沒有來，你就得擔心；但是你要繼續生在這個世界，就不必擔心！你還是生在娑婆世界中，還在這個地球上，到了中陰身的時候 佛陀再來接引你就行了！不必死前那麼早就來。佛陀很忙，比我們還忙，所以佛不容易見；這有很多的原因，不是一個單一的原因而說；當眾生很渴慕的時候才要讓眾生見，不是單單這個原因。但是對治一般的眾生而言，就是要這樣啊！否則眾生很容易生起慢心；一旦生起輕心，對於諸佛就沒有珍重之想，所以 世尊說的對啊：「因其心戀慕，乃出為說法。」

有的眾生對 佛陀很戀慕、很戀慕，卻為何老是見不到 佛陀？也有啊！有的人對佛眞的很信受，非常渴仰，但就是見不到；每天都求，就是見不到，這是因為他的苦惱太多太重了，當他的苦惱太多太重的時候就不適合見佛。也許有人不信，那咱們打個比方好了：他苦惱很重時，是什麼苦惱呢？譬如說：「我兒子經營一家公司，必須要成功，請佛加持，這一世要讓他至少賺上一百億元。我自己的公司呢？我這一世想要賺兩百億元，請佛加持我。」像他這麼貪，苦惱這麼大，卻抱怨說：「佛啊！您為何不加持我？」他每天跪在佛前這樣痛哭流涕來求也沒有用，佛不會滿他的願，也不會見他，因為所求非分。

眞正佛弟子的所求不應該是這個，像這樣的苦惱眾生，眞的叫作沉沒，正是沉沒在苦惱中，把他拉出來也沒用，因爲他自己還想要再沉下去啊！你眞的拉他出來，他不是就上岸了？但他不肯啊！你把他拉上岸，他還會下去貪欲煩惱海中，不肯放捨那個煩惱。那麼這樣的眾生，你現身爲他說法也沒有用啊！直到他的苦惱消滅了，心中仍然繼續一樣的渴仰，那時是他可以實證菩提的時候，才是現身爲他說法的時節到了。所以如果沒有見到佛，怎麼求都見不到，要想一想自己是不是煩惱還很重？可是我這些話說了也等於沒說，爲什麼呢？因爲煩惱重的人，他們自己都不會覺得煩惱重，還是會覺得說：「我沒什麼煩惱啊？我只是想要賺一百億元而已。」煩惱重的人往往自己不會知道煩惱重，都是要經過好幾年，或是十幾年、三十年學法以後才知道說：「哦！原來我以前的煩惱好重，現在才算是煩惱比較少。」都是這樣子啊！所以見 佛眞的不容易，但是不能因爲見 佛不易就說 佛已經不在娑婆世界了。接下來是重頌的下一段：

經文：【「神通力如是，於阿僧祇劫，常在靈鷲山，及餘諸住處。眾生見劫盡，大火所燒時，我此土安隱，天人常充滿。

園林諸堂閣，種種寶莊嚴，寶樹多花果，眾生所遊樂。
諸天擊天鼓，常作眾伎樂，雨曼陀羅花，散佛及大眾。
我淨土不毀，而眾見燒盡，憂怖諸苦惱，如是悉充滿。
是諸罪眾生，以惡業因緣，過阿僧祇劫，不聞三寶名。
諸有修功德，柔和質直者，則皆見我身，在此而說法。
或時為此眾，說佛壽無量；久乃見佛者，為說佛難值。
我智力如是，慧光照無量，壽命無數劫，久修業所得。
汝等有智者，勿於此生疑，當斷令永盡，佛語實不虛。
如醫善方便，為治狂子故，實在而言死，無能說虛妄。
我亦為世父，救諸苦患者，為凡夫顛倒，實在而言滅。
以常見我故，而生憍恣心，放逸著五欲，墮於惡道中。
我常知眾生，行道不行道，隨所應可度，為說種種法。
每自作是意，以何令眾生，得入無上慧，速成就佛身。」】

語譯：最後一段的重頌中，佛說：

【「我釋迦如來的神通力是這樣的，在無量劫之中永遠都住在靈鷲山，以及其餘所應當要住的地方。

當眾生看見劫已經盡了，被大火燒壞世界的時候，我這個清淨佛土其實依舊是安隱的，而且天人充滿於其中。

這世界的園林中還有許多亭臺樓閣、講堂等等，而且有種種的寶物來作莊嚴，我這個淨土裡面還有許多寶樹，樹上都有花與果實，是這淨土中的眾生所遊玩戲樂的地方。

而且諸天也常常敲擊天鼓，一直都在演奏種種不同的天樂和歌舞等，並且從天上降下了曼陀羅花散布於我釋迦牟尼佛以及諸菩薩眾的上空。

我這個淨土並不會毀壞，然而大眾往往只看見表相而說我這個娑婆世界已經焚燒壞盡了，這一些五濁惡世中的人間眾生，有著憂愁恐怖等等不同的痛苦與煩惱，像這樣子充滿著五濁惡世的人間。

而這一些有罪的眾生們，由於往世所造惡業的因緣，往往經歷了無量數劫之後，仍然無法聽聞到佛法僧三寶的名義。

這些眾生之中，如果是有努力修集功德的人，心地調柔平和而且是直爽而不彎曲的人，他們就可以看見我釋迦牟尼佛應化身，在這個地方為大眾說法。

或者有時我會爲大眾們，説明諸佛壽命無量無盡；如果是福德因緣輕微而性障很重的人，他們得要經過很久的很多劫以後才能夠遇見佛，我就爲他們説明諸佛非常難以值遇。

我的智慧力量就是像這樣，我的智慧光芒照耀無量無邊的眾生，我的壽命無量數劫，是長久以來不中斷地修集善淨業而得到的。

你們這些有智慧的人，不要對我所説的這些事實產生懷疑，應當要斷除而且使這樣的懷疑永遠滅盡，因爲諸佛所説的言語都是眞實而不虛妄。

猶如善於醫治疾病的醫師具有善巧方便，爲了醫治發狂子女的緣故，其實他本來還存活在人間，卻派人告訴他們説父親已經死亡了，這很好的良醫雖然這樣子説了妄語，其實也沒有任何人可以説他所講的話是虛妄的。

我也同樣像是這位良醫，因爲我是世間眾生的父親，我爲大眾救護種種的苦患，是眾生之所歸依；但因爲凡夫的所知所見是顚倒的，所以我釋迦牟尼佛雖然還是眞實住在於世間，卻要跟眾生説我即將會入滅。

眾生因爲可以常常遇見我的緣故，因此在他們心中會生起了憍慢和放逸心，於是開始重新放逸而貪著世間的五欲，最後就墮於惡道之中。我永遠都會知道一切眾生，有的在行道而有人不樂行道，沒有一個人是我不知道的，我就隨著因緣來觀察這一些眾生中，所應該要度或是可以得度的人，我就為他們演說種種的法。

我往往會生起這樣的作意，應該要用什麼樣的方法和方便善巧，以及什麼樣的修行法門和知見，來導令眾生進入無上的智慧之中，將來能夠快速地成就佛地圓滿報身。」

**講義**：這一段重頌是直接告訴我們：釋迦如來也有淨土世界。以前好像沒有哪位大師說明 釋迦如來有什麼淨土，但其實一樣是有的。娑婆世界下方的虛空也是 釋迦如來的淨土，可是淨土的層次有很多的差別，所以諸佛自住於常寂光淨土，諸菩薩們則是跟諸佛住於實報莊嚴土中；那一些修學二乘法的通教菩薩們，證得初果、二果、三果、四果的人，他們如果生到 釋迦如來的淨土來，可以住在方便有餘土中。至於凡夫眾生們，就跟我們一起住在這個人間，這叫作凡聖同居土。那麼這個人間算不算 釋迦如來的淨土？算啊！但卻是層次最低的凡聖同居土，所以這個人間有凡夫也有聖人。

這就好像下品往生極樂世界的人，下品上生者在極樂世界花苞裡面要待很久；要待多久呢？如果我沒記錯，是七七四十九天。那裡一天等於我們這裡一個大劫，那裡一個小劫等於這裡多久？你們當然只能搖頭了，對啊！可是那裡的七七日之後（這是指下品上生），下品的中生、下生人，那要進入初地可就遙遙無期了。下品的上生者，在蓮花大寶宮中住七七日之後，花開時看見 觀世音菩薩、大勢至菩薩爲他說法；然後再過極樂世界十小劫的修行才可以入地，也就是聖人了。所以極樂世界的下品生，只能住在那裡的凡聖同居土；那個凡聖同居土裡有初地菩薩、也有凡夫，就像我們這個人間。

我們這個人間也有地上菩薩，也有凡夫眾生，因此我們這裡是凡聖同居土。可是我們這個娑婆世界中，一樣有 釋迦如來的娑婆淨土。這樣講可能有點抽象，我打一個比方說：五不還天又稱爲五淨居天，這五淨居天也是在四禪天裡面，並不是從四禪天又跳上去，而是在四禪天的境界中；可是一切四禪天的天人天主都到不了五不還天的境界中，只有等他們斷了五下分結，或者已經生在四禪天以後又明心了，並且有了無生法忍，才能到達五不還天。所以一般的四禪天人乃至四禪天的天主，一樣都找不到五不還天在哪裡。同樣的情形，在我們這個娑婆世界中，如今我們現在所住的是凡聖同居土，可是這個娑婆世界還另外有方便有餘土，所以大迦葉得要入滅盡定中，他現在所住的就是方便有餘土，要等待彌勒尊佛成佛以後，來打開雞足山那個山洞，讓大家看見他，你自己去找還是看不見的。

如果不信，你就去雞足山找找看，你就發願說：「我用一百年時光去找找看。」保證你找不到。但是你其實不用找，只要繼續輪迴生死就夠了；等到彌勒尊佛來的時候，就會帶你去打開他所住的山洞而讓你看見。同樣的情形，四禪天的天人與天主都找不到五不還天在哪裡，雖然他們也曾聽說過：「我們四禪天這裡另外有個五淨居天，但這五種淨居天到底在哪裡？」都找不到。就好像我們現在，如果有誰說：「我要去找釋迦如來的方便有餘土。」一定找不到。那你若是想要找尋釋迦如來的實報莊嚴土，一樣找不到。那麼常寂光淨土，則是唯佛與佛乃能知之，你也就別問了。

那你也許會產生一個問題：釋迦如來這裡怎麼同樣會有方便有餘土？有沒有產生這個疑問？沒有啊？怎麼都沒有這個聯想力？沒關係！我幫你們提出來問了，就來作個說明。在釋迦如來的法教中，菩薩有兩類，一種稱爲別教菩薩，一種稱爲通教菩薩。聽過沒有？聽過嘛！應該有人也讀過的，在我的書中都曾經有講過。那通教菩薩證得阿羅漢果的時候，是不會入無餘涅槃的，還是會故意再生起一分思惑；然後當他還沒有遇到別教的妙法，他的因緣不像諸位那麼好，諸位是因緣好，這一世就遇到了大乘別教的妙法，而他始終沒有遇到，所遇到的就只有解脫道，可是又知道有成佛之道，所以不應該入無餘涅槃，那他就生到 釋迦如來的方便有餘土去了，所以娑婆世界還是有方便有餘土。

但因爲他是通教菩薩，生在 釋迦如來的方便有餘土中，等候因緣到了，可以修學別教的法，也許哪一天 佛陀指示他說：「你應該到人間去了，人間有個正覺同修會，那邊可以幫你證得別教菩提。」於是他就來人間投胎了。雖然剛開始他會猶豫一下：「我在方便有餘土中沒有煩惱，也沒有什麼生死痛苦，下去到那邊的凡聖同居土去喔？那邊又要投胎，得要住在母胎中十個月呢！然後出生時也很痛苦，所以我將來出生時免不了要哇哇大哭。然後接著成長的過程中也常常會生病等等，而且出生以後誰都要管我，然後到時候我要求法時不又是很苦惱嗎？我那時要到哪裡去求得佛法？」他心中一定會猶豫啊！佛就說：「你為了求別教菩提，就不要再考慮那麼多了，時間到了我就安排你遇到正法，怕什麼？」於是他心裡面想：「佛陀都說了，好啦！」就來人間了。這也有可能。那他還沒有來人間之前，他住在哪裡？住在世尊的方便有餘土中，那就是釋迦如來的方便有餘土。可是那個方便有餘土，凡聖同居土中的人們是找不到、見不到的。

那麼還有實報莊嚴土，是諸地菩薩之所居住的；這就像極樂世界一樣，中品中生的人，等到蓮花開敷以後，住在極樂世界裡，都是住在方便有餘土中；上品往生的人，花開以後全都住在實報莊嚴土。中品往生的人，花開以後就在那裡證得阿羅漢果，阿彌陀佛就會繼續為他演說大乘法，等到他發起了大心，教導他：「你應該好好學習大乘法了。」就讓他去凡聖同居土中，跟初地菩薩修學；學到他悟了以後也有無生法忍了，再讓他來到實報莊嚴土中安住。

諸佛都有四種淨土，既然諸佛都有，怎麼可能釋迦如來沒有呢？這樣想一想就通了。但不能因為沒看見，就說是不存在，不能這麼說。這是在事相上說，可是理上是每一個人自己也都各有四土。不信喔？應該要信啊！你自己的如來藏自住境界就是常寂光淨土，當你斷了三縛結，你自己身中同時就有方便有餘土；後來又因爲明心了，繼續努力修，那麼只要無生法忍現起了，你身中就有實報莊嚴土了。從理上來說，你的如來藏，當你實證後引生的智慧就是你的實報莊嚴土。然後你這個五陰繼續要朝九晚五過生活，你的老闆說：「你今天要到某處去辦事。」「是！老闆！馬上去。」可是你的老闆只是一個凡夫，而你是個證悟的賢聖，你卻照樣要聽老闆的話去爲他作事，那你這個五陰是什麼？就是個凡夫嘛！而你又實證了勝妙法，那你這個五陰不就叫作凡聖同居土嗎？

所以理上也有四土，怎麼沒有？因此不應該說我們沒有看見的，就是不存在。如果沒有看見的就是不存在，那麼人間的很多事情就變得很單純了，可是人們的智能也就會跟著全部退化了，因爲是沒有看見的就表示不存在嘛！那麼阿姆斯壯登陸月球，我們又沒有親眼看見，就表示那不可能曾經存在。對啊！所以到現在，都還有愚癡人在懷疑當初那個月球登陸的轉播是美國人僞造的影片，都還有人這麼講著。至於原子、質子、核子、電子、中子、J粒子，到現在還有新發現的夸克，聽說最近又找到更微細的物質；愚癡人就會說：「反正這些說法，我的眼睛也看不到，那怎麼可能是存在的？你不要騙我。」就主張說，凡是肉眼看不見的就是不存在，可不能這麼說。

所以很多現象是人類的肉眼所不能見的，但不能說因為見不到就代表不存在。就好像以前佛教界一直都說沒有如來藏，說如來藏就是外道神我，只因為都沒有人可以找到啊！所以他們認為如來藏不存在。但我們後來不是找到了嗎？也寫出很多書籍來證明確實可以親證，於是他們才不敢再否定。所以 佛在經中的所說，我們一步一步走過來以後，發覺 佛並沒有任何一處欺瞞過我們。既然沒有欺瞞我們，就代表 佛陀眞是實語者，因此祂所說的，凡是我們還沒有證得的部分，就應當信以為實。否則就是一個信力還沒有發起、信根還沒有圓滿的人，那他當然還得要在十信位裡面繼續混下去！

那麼諸位如果遇到外面有人不信，你就告訴他：「那你就是信根不具足，信力還不曾生起的人。你想不想當一個已經發起信力的人，由你自己決定。」就告訴他，由他自己決定。那他如果還繼續說：「我還是不信。」那你就說：「好啊！那就是你自己決定要當一個信力還沒有生起，信根不具足的人，那你就繼續疑著吧。」這算不算扎了他一針？算啊！他以後就會想：「我要不要繼續當信力發不起的人？」所以釋迦如來以神通力，像這樣子來度化眾生，在阿僧祇劫中，也就是在無量數劫之中，始終都住在靈鷲山。這靈鷲山可能會被大火所燒壞，但燒不到那個淨土。而且佛的淨土還有其他的地方，不單單是靈鷲山一處；所以那一些淨土世界，當劫火來燒的時候，都只是在物質世間焚燒，燒不到淨土中。可是眾生只有肉眼，沒有慧眼也沒有法眼，更沒有佛眼，所以只看見物質世間，就說是火劫來了，把山河大地都燒盡了，一片焦燃，大海也都乾掉了。然而釋迦如來的淨土依舊是安隱不亂，依舊是清涼可住，裡面常有諸天天人前來聞法受教，所以說：「我此土安隱，天人常充滿。」

「園林諸堂閣，種種寶莊嚴，寶樹多花果，眾生所遊樂。諸天擊天鼓，常作眾伎樂，雨曼陀羅花，散佛及大眾。」這淨土之中有許多的園林，也有各類的樓臺堂閣，因此 世尊可以在其中爲大眾說法；這一些亭臺樓閣也有種種的寶物來作莊嚴，而寶樹也非常之多，每一棵寶樹上也都有花，同時也有結果，令大眾得以享用；這些寶樹香花吹動，眾生在其中清涼的環境中可以遊樂，菩薩們、阿羅漢們也可以在其中以法遊樂，由於這個緣故所以諸天就要擊天鼓，而且常作眾伎樂，還要從天上不斷散下各種白花來供養 佛以及菩薩眾、阿羅漢眾們。

「我淨土不毀，而眾見燒盡，憂怖諸苦惱，如是悉充滿。是諸罪眾生，以惡業因緣，過阿僧祇劫，不聞三寶名。」這個淨土不會毀壞，因為淨土都不會受到三禪天以下的各種災劫所影響，否則就不叫作淨土了。這個淨土是不會毀壞的，可是大眾看見從人間、欲界天、一禪及二禪天，竟然都被火劫、水劫、風劫所毀壞，只看到物質世間的毀壞，所以心中非常的憂愁恐怖，不免會有種種的痛苦與煩惱，這就是物質世間的現象。那麼這樣子，物質世間的眾生就是因為惡業的因緣，才會遭受這一些苦痛；那諸位想一想，末法時代過了以後，在人間已經無法再弘揚勝妙的正法了，你是不是接下來要承受刀兵劫、飢饉劫、疾疫劫呢？（有人答：是。）是喔？你那麼勇敢，我可沒那麼勇敢，因為我想再過九千多年後——如果咱們有能力把我們的願達成，九千多年後再把它延續三千年，那我們就繼續住下來；如果眞的沒辦法，到時候月光菩薩說放棄了，因為法緣已經完全散壞了，那時候你還要留下來嗎？不要了！要到那裡去？（眾說：兜率陀天。）

對了，就是要到兜率陀天去，去跟隨 彌勒菩薩，然後五億七千六百萬年後 彌勒菩薩即將來人間，咱們就先下來人間，看哪個地方適合就去投胎，等候他下來。他下來後出家成佛只要一天就結束了，然後大家龍華樹下經歷三會說法都成爲阿羅漢，接著二轉法輪、三轉法輪，大家都入地了，最後講《法華經》爲諸位授記，你們個個都準備某個時候要成佛，好不好？（眾答：好！）好啊！當你們說好的時候，我第一個念頭就是未來世在人間不怕沒有你們幫忙了。

那麼這樣子就不會像這一些「罪眾生」一樣「過阿僧祇劫，不聞三寶名」。爲什麼他們會有惡業因緣，竟然經過無量數劫之中連三寶的名稱都聽不見？這是個大題目。絕大多數的眾生是這樣，專門出生在沒有佛降世的地方，他們沒有因緣可以出生在有佛示現在人間的地方，那一定是往世有很大的惡業，而這一些人遠不如佛世能遇見 佛陀的狗類。我這是眞話，不是嘲笑；佛世的狗，佛世的鳥，牠們有因緣遇見 佛時，若是懂得作一下供養，死後隨即轉生爲人。諸位不要以爲這個是神話，我們有一位師兄，他夢見自己有一世是一隻鳥，可是牠一心一意去找沉香；當牠找到一塊沉香時，叼著飛啊飛啊……飛到佛前，恭敬地放在 佛前，把頭點了幾下；因爲牠也沒有手可以禮拜，只好用點頭的方式示敬，因此 佛陀爲牠祝福；牠飛走了，捨壽後下一世就當人了，你說好不好？

眞難得啊！假使當了狗，有因緣生在佛世，還可以遇見 佛的話，就去找找看有什麼好的食物，例如水果，叼了來供佛，也可以很快脫離惡道，這福德很大。因爲供養應身佛的功德很大，那牠不過一世、兩世就能回來當人類了，將來還有因緣可以證悟；可是這些有罪業的眾生們，因爲惡業的因緣竟然要經過無量數劫而連三寶的名字都聽不到。那諸位想想，一定是很重的惡業，竟然經歷無量數劫而都聽不到三寶的令名。那麼諸位來想一想看，他可能是造什麼樣的惡業？（眾言：謗佛。）唉！謗佛、謗法。凡是謗佛謗法的因緣，都是最重業；特別是他的謗佛或者謗法惡業造作時，是具足根本、方便、成已三個罪。

譬如說，他想要毀謗最勝妙的如來藏妙法，於是不斷地構思，去作種種毀謗的構想，還去找一些外道學者所寫的資料，然後不斷從經典裡面去斷章取義乃至斷句取義，這樣他就有具足的動機，就有具足的根本罪了，而且又有具足的方便罪；接著把它寫成文字或者把演講錄成錄音帶，放在網路上流通，或是印成書、印成文章到處流通；而他自己也去說給人家聽，於是他這個謗勝妙法的罪具足了根本、方便、成已，這就是一闡提罪——斷盡一切善根的重罪；換句話說，凡是謗菩薩藏的人都是最重業。

可是諸位要注意，這種謗菩薩藏的人，很多都是心性很調柔，對人很和氣，也非常肯布施，還很努力在學佛的人，可是就打定主意說：「我就是要否定菩薩藏，我就是要否定如來藏。」你說這種人可憐、不可憐？這種人是佛法中最可憐的人，最值得我們憐憫，我們要救的正是這種人。因為他的心性很好，只是被惡知識所誤導，而他真的想要護持正法，由於誤認為如來藏是外道法，他想：「我要護持正法，正法就是緣起性空，如來藏法是外道神我，所以我要想辦法把它寫出來，講出來，勸人家瞭解。」於是根本罪成立。然後施設各種方便，尋找資料怎麼樣把它去組織而寫成一篇文章，或者寫成一本書去印出來，到處去流通，於是方便罪與成已罪都有了。實在好可惜，一個非常好的人，只因為被惡知識誤導，為了要護法，結果造作了破法的最重罪。

這就是我們要救的人，因爲這種人眞的該救，而我們要怎麼樣去救他們，就是我們的課題；所以我們要作的事情還很多，每一個層面都要去作。他造作了這個惡業因緣，還自己以爲是在護持正法，想起來眞的令人心裡面很沉重。這種人是最値得憐憫的，那麼好的人，可是竟然造作了最重罪，而他們自己卻不知道。如果是另外一種人，例如因爲瞋恨心而謗法，我們當然也要救，但不會覺得他很可憐。爲什麼呢？因爲他的瞋，背後另有原因。他的瞋是因爲說：「我的名聞被剝奪了，我的利養被剝奪了，我的眷屬流失了。」於是他起瞋。不管你怎麼樣爲他說明，他明明知道你說的對，但還是繼續毀謗到底，所以他也有根本、方便、成已等三罪。

這種人就不値得憐憫，因爲他是爲了世間法上的利益而起瞋，來造作謗法的惡業；我們一樣要救他們，但是不會有憐憫心。心中沒有憐憫心，可是又覺得這種人很可憐；像這樣的人，過阿僧祇劫那麼久，都會生在沒有佛應世的地方。他也無法聽到什麼人轉述說：「現在我們那個地方有佛出現在人間。」他永遠聽不到，所以佛法僧三寶的名稱，他也都聽不見；三寶之名永遠不聞，這樣經過阿僧祇劫都過著無意義的生活。經過一個阿僧祇劫的時光，人家是從凡夫地已經修到入地了，他卻連聽都沒聽到三寶的名字，所以這種人真的叫作惡業因緣。

那麼有的畜生道有情懂得恭敬於佛，尊敬佛所說法，雖然牠們聽不懂。可是因瞋而歷經無量數劫不聞三寶名的那一些畜生，他們見了佛還會起瞋，因為那種惡業種子還沒有消滅。所以有時候一條狗，跟別的狗都不一樣；所有的狗見了佛都是很歡喜、很高興、很恭敬，遠遠地肅立，就只有這麼一條狗對佛一直狂吠；這就屬於那種往世種下惡業因緣的有情，是不值得憐憫的因貪因瞋而故謗妙法的惡業眾生。因為往世遇到佛在因地說法的時候，他為了名聞利養受損而不斷地抵制，不斷地否定，所以這一世相見了，往世那個瞋的種子沒來由又發起來了，因此就對著世尊狂吠。通常動物見了諸佛都會很恭敬隨順，可是偶然就會有那麼一條狗會這樣，那你要有知見確認就是這一類的惡眾生。想想看，經過阿僧祇劫而竟都不聞三寶名，這個比被人家殺死還要恐怖幾萬倍，但有的人就是這樣繼續混下去啊！

「**諸有修功德，柔和質直者，則皆見我身，在此而說法。**」可是反過來說，一切有在修集功德的人，並且心地是調柔而平和的，他的心地也是直爽的，不彎曲的，這樣的人就常常都有機會遇見諸佛；只要有佛在人間出現，他就有機會值遇。一有機會遇到了，就有機會作供養，供養應身佛的功德最大。應身佛不在世了，則以護法的功德最大，而他總是有機會遇到應身佛，這就是有修功德，心地柔和質直的人。那麼大家就要想一想：我到底是要作這種人？還是那種人？但這個不必用腦袋想，對不對？用膝蓋一想就知道應該要作這種柔和質直的人，這就很確定了。

所以我說諸位，賢劫千佛必不空過；每一尊佛都應當承事供養，不要空過；因爲不是時時有佛出現在人間，一旦出現了，你就應當有因緣遇見，因此而作供養、承事受學，福德的增長就很快；這一種人，世尊說：「**則皆見我身，在此而說法。**」所以大家一定要當這一種柔和質直的人，學佛時可不要像客家人說的「強項——硬頸」，脖子太硬其實不很好。我這個人有時候脖子很硬，比誰都硬，但只是在法上；我在世間法上卻很隨緣，反正我又不貪求什麼，睡覺還是這樣睡，飯還是只吃那麼一碗，又不是要大魚大肉，也不是想吃香喝辣，更不想再聚集什麼錢財，就只是要賺法財，那我在世間法上何必要和人家爭什麼；然後我也不想要人家認識我，因此也不必到處去宣揚說我是某某人；我就這樣很平靜地過生活，眾人都不知不覺我的存在；雖然大家都知道有我這麼一個人，但在遇見我時都不知道我是誰，這樣子最好；然後我的法財就這樣暗中不斷地累積起來，我作這樣的人就好了。

這就是修諸種功德，不為世間的名位、權力、錢財，世間人求的大概就是這三種，頂多加上求眷屬；若是修道人，黃金那些當然就不必求了，像這樣子，就可以每一尊佛都一一值遇。那麼當你因緣到來的時候，世尊示現了，叫你往何處受生去，你就生到那裡去，都不必想是為了什麼；根本都不必想，因為一定是對你最好，才會這樣安排。上一世我如果問　世尊說：「**為什麼叫我往生去那麼貧窮的地方？**」那今天大家都會跟我一樣，沒有正法可以弘揚與修學。所以都不必問，到時候　世尊就是會示現，真的直接「**見我身**」，真的可以見。那麼如果你到了末法時期過去了，不想留在這裡，也許你說：「**距離彌勒尊佛來人間的時節還要很久，我可以再跟隨釋迦如來多聽聞一些法。**」這也行啊！你就求祂接引到淨土去，一樣可以繼續聞法。所以應當作一個「**諸有修功德**」的人，同時又是「**柔和質直者**」，好處就是「**則皆見我身，在此而說法。**」今天就講到這裡。

上週講到一百四十八頁第二行。接下來說：「或時為此眾，說佛壽無量；久乃見佛者，為說佛難值。」世尊說祂住在靈鷲山為眾生說種種法，但得要是「柔和質直者」才能夠見佛，但是有時也為大眾說明諸佛的壽命都是無量無邊的。這是針對菩薩性具足的眾弟子們而開示說佛壽無量，如果是對一般的初學佛眾生而言，為他們說明佛壽無量是很難被接受的；即使是淨土法門中為大眾說明極樂世界的 無量壽佛的佛壽無量，也還得要施設一個期限，說無量無數劫之後，無量壽佛還是會示現入涅槃，由 觀世音菩薩接踵住持極樂世界；然後又過無量無數劫示現入涅槃後，由 大勢至菩薩接踵住持極樂世界。

想想看，為大眾開示極樂世界的勝妙而說那裡的法主是 無量壽佛，既然是無量壽，卻還得要施設一個期限啊！單單是仰信而求生極樂世界，甚至於也有迷信而求生極樂世界的人，都還得告訴他們說，無量壽佛壽量還是有一個很長的期限。所以對菩薩性還沒有具足，還沒有深入第一義諦的學佛者來說，直接告訴他們而「說佛壽無量」，是很難被他們信受的，因此還得要施設一個 無量壽佛的交棒期限。然而什麼樣的人可以聽聞「說佛壽無量」？

是對第一義諦已經有了深厚的信心，並且信力已經發起了，然後信力圓滿而且實證之後有善知識細加解說，這時才可以爲他「說佛壽無量」。其實念一佛就是念無量佛，當你憶念　無量壽佛的時候，在十方法界中，其實一切佛莫非無量壽佛；因爲每一佛都是無量壽，那你念　無量壽佛時不就是念一切佛嗎？因此你憶念著　阿彌陀佛而稱爲　無量光佛，當你心中念著這麼一佛的時候，諸佛同樣也是無量光啊！那也等於是念無量佛。

佛佛都相同，但是爲凡夫眾生，爲迷信階段、仰信階段、聞信階段的淺學眾生，你只好告訴他佛壽有量；即使強調說：「**去極樂世界是那麼好，可以讓你住到不想離開，永遠賴下去也行。**」都還得要告訴他說佛壽有量，否則他們就有可能不信受。然而你從實際上來觀察、來推斷，諸佛壽命全都無量，哪有一尊佛是壽命有量的？如果壽命有量，祂就不可能有報身佛住持於色究竟天宮，怎麼可能壽命有量？當然是「**說佛壽無量**」。但是這個眞實的情況或者事實，只能對菩薩性已經具足的人來說明；對於另一些菩薩性還不夠的人，還在十信位修行的那些最底層的佛弟子而言，你只能告訴他：「**諸佛的示現猶如優曇缽華，久時乃得一現，有時很多劫過去了，都還遇不到一**

尊佛。」

這就是說，有一些人的根基還很粗淺，你沒辦法跟他說明諸佛法界的眞相；只能夠觀察他們的根器，爲他們說：諸佛在人間示現非常難以值遇，一旦有佛出現在人間時，就要好好把握，趕快去親近、禮拜、供養、受學。眾生聽了，心中就生起了難遭遇之想，才會知道佛出現在人間是如何地珍貴。而這也是事實啊！當 世尊提前三個月宣布說三個月以後將入涅槃，都還有人一直在猶豫著而不肯來見佛；甚至像須跋陀羅還是拖延到 世尊已經要捨壽前的那一刻才來，像這樣的人，一定要告訴他說諸佛很難得值遇，諸佛示現在人間的時間不會很長久，這就是「久乃見佛者，爲說佛難值。」

像這一類人，如果告訴他說佛壽無量，他不會信受的，因爲他只看見五陰的生住異滅法相，以應身佛在人間示現的五蘊來當作是佛，所以你如果告訴他：「釋迦如來並未入滅，入涅槃只是一種示現。」他們不會信受。甚至於已經在佛門中出家了，都還生起妄想而向佛教界暗示或明示說：「釋迦如來已經灰飛煙滅了，佛弟子們再也見不到佛陀了，所以才要編造大乘經典，作爲對佛陀的永恆懷念。」那麼諸位想想看，這是不是謗佛？從這裡就很容易檢查出來，釋印順的信位諸法有沒有圓滿，顯然是還沒有圓滿嘛！所以他在書裡面才會說：「佛陀在人間的出現只是一個偶然。」意下就是或然率的本質，他的本意是這樣的。他想要讓臺灣佛教界瞭解到這一點：釋迦如來在人間出現只是一個偶然，不是經歷三大阿僧祇劫的修行而成佛的。那麼可想而知，這種人就叫作愚癡人。

可是這一類愚癡人在表相上看起來都是很聰明的，沒有人敢去招惹他；而臺灣佛教界就是有這樣的愚癡人，然後只出現了一個人去招惹他，讓他無法回應。別人招惹他，他都是馬上就回應，都很迅速的；那我們就說這種人就像某人家裡養的一條狗，看見國王與隨從巡城而來體察民情，走到他家門口，那條狗竟然猛吠不止，把國王當作惡人，釋印順不就是這樣的嗎？可別質問我說：「你怎麼把人家講得這麼不堪？」我說，其實眞正推究起來，釋印順還遠不如那條狗；因爲沒有因緣去當狗，只好當人來佛法中出家，來破壞佛法而下墮，來世連當狗都難。所以對於信力還沒有發起的人，你只好告訴他說：諸佛很難值遇啊，如優曇缽華；有時候很多劫，你都見不到一尊佛出現在人間，所以現在有佛出現了，你得要趕快去親近、禮拜、供養，然後跟祂學法。

「我智力如是，慧光照無量，壽命無數劫，久修業所得。汝等有智者，勿於此生疑，當斷令永盡，佛語實不虛。如醫善方便，爲治狂子故，實在而言死，無能說虛妄。我亦爲世父，救諸苦患者，爲凡夫顚倒，實在而言滅。以常見我故，而生憍恣心，放逸著五欲，墮於惡道中。我常知眾生，行道不行道，隨所應可度，爲說種種法。每自作是意，以何令眾生，得入無上慧，速成就佛身。」可是一切入地菩薩都知道諸佛常住，而且戒定直往的初地菩薩，常常可以禮見於 釋迦如來；戒慧直往的四地以上菩薩，更是常常可以禮見 釋迦如來，他們當然知道如來常住，怎麼可能會是久劫難以值遇呢？所以只有對信力還沒有發起的人，要告訴他們說：諸佛難值遇，只要有佛示現在人間了，就要趕快去求見。那麼 釋迦如來示現滅度之前，爲了末法時代信力不足的眾生，由於他們無法信受 釋迦如來常住的事實，是因爲他們既不能親見，也不能感應到，所以就得告訴他們說：「死後往生去極樂世界吧！去了那邊，阿彌陀佛的佛壽無量，你一定可以見到阿彌陀佛的。」於是那些人就都很歡喜，就求願往生西方極樂世界；雖然一直都無法實證佛菩提，但至少努力持名唸佛，總可以把如猿猴般的心收攝下來吧，這也是個對治的方便，所以才把它列入五停心觀之一——念佛觀。

但是對諸位而言，就不需要這樣，可以直接告訴諸位「釋迦如來常住」。例如有的人持名唸佛，唸阿彌陀佛已經唸了二｜年、四十年，終於來到正覺，也聽聞了正法；在他還沒有證悟之前，還是一心想著死後要往生去極樂世界啊！可是有一天突然聽到蕭老師說：「上品中生人，在極樂世界七寶池中要住一個晚上，如果剛好現在往生的時候正好是那邊的下午，那就不止要住一個晚上了；如果正是那邊的下午，可就是在蓮苞裡住一天的四分之三。極樂世界的一天，是娑婆世界一個大劫；在那邊的蓮華裡面安住，雖然蓮華寶宮有五百由旬那麼寬廣，什麼享受都有，過得可舒服了，可是終究不能華開見佛，想要悟無生法忍也就遙遙無期。」

想想看喔！上品中生往生極樂世界去時，如果剛好是那邊的下午，要在裡面待半天以上的時光，等於這裡的住劫已經過去了。娑婆世界成住壞空四個中劫是一個大劫，往生去那邊要待在蓮花中經過這邊的四分之三個大劫，等於這邊住劫已經過去，這裡的賢劫千佛都已經過完了，留在這裡的同修們已經值遇九百九十六佛，進步會有多麼快？再想一想，自己去到那邊，在那邊都還沒天亮的時候，人家留在娑婆世界已經修到很遠去了，可是自己在那邊還在等候天亮。有一天終於聽到蕭老師這麼說的時候，心裡面開始猶豫了：「**我到底要不要往生過去？**」要不要去極樂世界？諸位有沒有想過這個問題？你沒有為自己想過？我們可得要為他們想一想，要為那些唸佛人想一想。

那你如果是上品上生，就沒這個問題了；因為如彈指頃就到了，而且馬上就見佛聞法，聽聞 阿彌陀佛說法以後，隨即就有無生法忍而能入地，那是很不錯的境界啊！所以上品上生跟上品中生之間的差異很大。若是上品中生，在那邊的蓮花裡等著，天亮之後還要經過多久才能得不退轉？我記得是七天。那裡的七天是這裡多久呢？是七個大劫。就算你上品上生好了，聽完阿彌陀佛說法可以得無生法忍，需要聽多久呢？你想，你要聽多久才可以證得無生法忍？大家想一想，有沒有誰願意提供意見？那裡的一小時好不好？一小時夠不夠？夠啦！不要那麼久，就說是半小時好啦！那裡的半小時等於這裡多久？啊？可能都已經一百佛過去了。那麼上品上生聞佛說法時悟得無生法忍，上品中生人花開見佛、聞佛說法時卻只是不退轉，只在三賢位中，差異好大呀！

所以有智慧的人是把佛法整個全部綜合攝受之後，再去作一個分析判斷，最後才作出抉擇。所以我的抉擇是捨報後，繼續留下來娑婆世界為正法久住而奮鬥，因為要同時修集廣大福德；但是將來人間若是沒有辦法繼續弘揚了義正法了，已經只剩下表相佛教，了義正法已經沒有人信受了，那我們就去彌勒內院，在那邊跟著 彌勒菩薩受學；將來先下來人間鋪路，等候 彌勒尊佛下生；然後同樣再等下一尊佛，就這樣子一尊佛又一尊佛都不空過，這才是大福報。

過去曾經六十劫都沒有佛出世，然後才出現二尊佛；然後再經過三十一劫之後才有下一尊佛。我們現在這一劫中，可以有一千佛出世，這是多麼難得！瞭解了以後，自己慶幸說：「好在我發願要留下來。」可是如果以前沒有想到這一點，現在聽我說明去極樂世界上品上生、上品中生的情況，想一想說：「我還沒有明心，我如果往生去了，大約是上品中生，住在那邊時，就算我是極樂世界的夜初分往生去的好了，也要待一個晚上。待上一個晚上，這裡賢劫千佛已經過去了。」因爲賢劫中的住劫才只是一個中劫的時間而已。這時是不是心裡面會開始檢討說：「我要不要往生去極樂世界？」會檢討啊！

假使這裡沒有正覺同修會也就算了，反正開悟無望，那就往生去極樂世界嘛！那就是正確的抉擇。因爲留下來人間，下輩子萬一又幹了惡業怎麼辦？如果沒有正覺同修會在弘法，萬一下輩子被喇嘛們引入雙身法中去，三惡道可就逃不掉了，因爲都已經氾濫到很嚴重了！那你如果知道還有正覺同修會，心裡面想：「這樣看來，我似乎應該要留下來。」可是爲什麼會有淨土三經來告訴大家這個道理？而且講到很詳細，卻不刻意強調；有智慧的人就會知道說：「我如果上品中生，要在那邊待半個大劫，賢劫千佛都過去了。」有智慧的人會知道這個道理，但沒智慧的人就想：「喔？待一個晚上？一個晚上很快就過去了，在那邊睡一覺就過去了。」就只會這樣子想。

那爲什麼 釋迦如來最後要告訴大家念佛法門？因爲這些人的根基很粗淺，所以要告訴他們：極樂世界 無量壽佛，壽命無量；你們可以一直住下去，而極樂世界永遠存在。於是那些信心不夠的人，不能相信 釋迦如來常住的人，就讓他們往生極樂世界，總比留下來在這裡造惡業的好。所以像這一類的人，他們總是覺得：「還要很久以後才有辦法再見到佛，我現在往生極樂世界，可以馬上見到阿彌陀佛。」他們粗想：「我不過是在極樂世界等上一天，最多也不過是七天嘛！」他們不曉得那裡的七天是這邊的七個大劫。

可是娑婆世界如果已經沒有正法存續，留在這裡的結果往往是造惡業，那麼下墮以後將來要回來人間，可不只是七個大劫，而是七個大劫的好幾倍又好幾倍，所以 世尊還是得要講解淨土三經哪！那麼都講完了以後，像法時期、末法時期，有緣遇見了義正法的人，他就可以繼續往上修，人間某些有緣眾生的法身慧命就這樣維繫住了。所以爲不同的眾生要有不同的說法，對諸位來講，應該「說佛壽無量」；對一般眾生而言，應該告訴他們：諸佛出現猶如優曇缽華，時乃一現。這就是 世尊的方便善巧。那麼接著說：

「我智力如是，慧光照無量，壽命無數劫，久修業所得。」世尊說祂自己的智慧功德力就像是這樣子，智慧光明照耀於無量無邊世界，而祂的壽命也是無量無數劫，這是經過很長久勤修福業慧業的所得。成佛需要三大無量數劫，當然是「久修業所得」。成阿羅漢，利根的人一世便可以成就；但是不論再怎麼利根的菩薩，成佛就是要三大無量數劫；即使化長劫入短劫，依舊是三大無量數的短劫，所以成佛很難哪！但是，正因爲難，正因爲經歷過這麼久的時間，所以成佛以後智慧無量，成爲正遍知者，否則諸佛怎麼可能會有十號具足呢？又如何會有十力呢？

「汝等有智者，勿於此生疑，當斷令永盡，佛語實不虛。」是吩咐大家，怕大家還有一絲絲的懷疑，所以重新再吩咐一遍說：「你們這一些有智慧的人，不要對我說的這一些事實產生了疑惑之心，應當把這個疑心斷除，讓它永遠滅盡，因爲諸佛所說的言語都是眞實而不虛妄的。」至少從我們的所證而走到現在這個地步，還沒有發現過釋迦如來所說諸法，曾經有什麼虛妄不實之處，因此應當知道 如來是方便善巧來利樂各種不同層次的學人。

「如醫善方便，爲治狂子故，實在而言死，無能說虛妄。」就像那個良醫有善巧方便，爲了救治那些發狂兒子們的緣故，其實他還生存在世間，卻施設方便離開而去到他國，再派人回來告訴這些孩子們說：父親已經死了。這些孩子們才肯把那些善好妙藥服用，才能治好病。如果 釋迦如來如今還住在人間，大家一定想：「不必急啦，我下下輩子再來學就好了；反正釋迦老爸那時一定還在，我再享受幾世再說，我再去玩一玩吧。」本來就是如此啊！譬如人間，如果老爸打電話來說：「兒子啊！我只剩下一個月的生命，醫師說我活不過一個月了，你什麼時候回來看我啊？」那你一定明天馬上就去買機票。可是老爸如果告訴你說：「放心啦，老爸至少還要再活二十年。」那你可能五年後才會回來看他。這就是人之常情！

所以得要告訴大家說：「我釋迦如來將來還是會入涅槃的，你們要精進啊！」於是有的人就會很精進，所以一世實證的阿羅漢，在這一世就被授記了。可是有的人，有那麼好的法，他們不肯修，譬如有好良藥而不肯服用，所以世尊往昔多劫以前就故意示現入涅槃，然後大家看看說：「如來走了，留下來這麼好的法教，那我們不好好依著法教去學去修，我們的生死病是永遠都治不好的。」於是就乖乖地實修了嘛！

「我亦為世父，救諸苦患者，為凡夫顛倒，實在而言滅。」所以說釋迦如來其實也同樣是如同世間的父親一樣，是為了救治很多生死病苦的患者，而來擔任這個四生慈父的角色；都是因為凡夫心生顛倒，不得不告訴大家說：「釋迦如來入滅了。」其實 釋迦如來依舊還在，只是不讓一般不夠精進的人見到而已。可是你的法緣如果成熟了，是應該開悟般若了，當你去打三之前就會夢見；那時也許爲你開示，有時候給你一個機鋒；於是到了禪三的時候，你就恍然大悟。眞的是大悟了，就不會退轉了；這是我們會裡很多同修親自經歷過的事，不是只有一位、兩位、三位，誰說 如來入滅而不存在啦？

但是對於那一些信力還沒發起的人，就要告訴他們：「如來已經入滅了，留下這一些色香味美的好藥，看你們吃不吃？你們若是不吃，就別再一天到晚自怨自嗟說：『我爲什麼命這麼苦？都遇不到佛？』」以前佛陀在世的時候其實是有遇見，也禮拜供養過了，就是不好好努力修學，現在又來抱怨說以前都沒有遇見過 世尊。那麼現在只好在哪一天想通了說：「我非要去實證這個法不行。」他就只好乖乖把這個法藥給吃了，把法藥吃了以後病不就好了嗎？於是就是開悟般若了，就能現見自己本來就在涅槃裡面。所以眾生心生顚倒時，就必須要告訴他說 如來已經入滅了，留下這麼勝妙的法教，大家就好好用功修行吧！

「以常見我故，而生憍恣心，放逸著五欲，墮於惡道中。」這是很平常的事，因爲現在是五濁惡世，所以這種事情相當平常，都不稀奇。眾生跟釋迦如來出生在同一個年代，而且生活在同一個國度裡面，依舊會有一些眾生都不懂得珍惜，心中還生起憍恣之心；因爲憍恣所以對如來生起惡心，他們死後就得下墮於惡道中。因爲貪著五欲——放逸而貪著於五欲，就故意毀謗正法，同樣要下墮於惡道，所以有情墮落傍生惡道不是沒有原因的。「放逸著五欲」的事，請諸位看看現在臺灣的假藏傳佛教，密宗四大教派那些喇嘛們不就是這樣子嗎？所以我們得要趕快出來救護眾生。

但是我們救護眾生時說的都是如實語，我們沒有打過誑語，我們的文宣中所講的也都是事實，可是他們竟然來告我，說我毀謗他們。如果說的是如實語，就不是毀謗，因爲只是敘述。如果有加油添醋或者扭曲，才能叫作毀謗。他們在世間仿冒佛教，然後斂財騙色而說他的法比佛教的法更高級；可是比佛教的法更高的就不會是佛教，因爲佛教的法是究竟的，他們比佛教更高，當然就不是佛教了！可是世間人沒有智慧，密宗四大派都已經告訴你說：「我們喇嘛教不是佛教，我們比佛教更高。」可是世間人聽不懂也就被騙了，我們就出來說明：爲什麼它是冒牌的佛教。然而我們說明以後，他們倒是去告了，幹惡事的惡人反而振振有詞告了作善事者，這眞是沒天理。

不過，好在還有法律上的理，所以我們就反告，我們告他們加重毀謗。因爲他們告我加重毀謗，我們也告他們加重毀謗。但我們告了馬上被法院駁回，被駁回了我們就改告民事，已經駁回的刑事案件再向高院提告，然後他告我那個案子就判決不受理，也就暫時解決了。可是我們以後要教他們不許再說謊，所以他們說謊誣告正覺的其他部分，還要繼續告他們。以後記者採訪他們的時候不能再說謊，說謊一次就告他們一次。因爲我們說的是老實話，句句如實；而他們句句謊言，那我們說的老實話就會被他們打折扣，剩下不到一半的力量，所以我們得要這樣來作。（編案：目前正覺幾乎是全盤皆墨，達賴基金會贏了全部官司；救護眾生、保護學密家庭的行善者正覺與平實導師，依舊被不講正義的台北法院判輸了，但我們還是會繼續上訴爭取公義。）

那你想達賴基金會爲什麼要告我？根本原因就是「放逸著五欲」；他們不是修行人，不修菩薩行，所以該會董事長在法庭上說「砍頭生意有人作，賠錢生意沒人作」。他們是把弘法當作賺錢作生意，不相信我們花那麼多錢是爲了教育社會大眾，拯救善良家庭避免因爲修了雙身法而破裂，導致家中兒少失怙。喇嘛教的所有上師們，你看他們不是過得很荒唐嗎？那樣靡爛的生活還能公然叫作修道！以前有喇嘛竟然有能力可以住在一〇一大樓裡面，人家看見他住在那裡面生活時，到處都是酒瓶，那不是放逸嗎？可是他們放逸的可不只這些啦！諸位都知道，我就不用再提了！那因爲喇嘛們那種放逸的生活而騙人家說，他們修的是最高級佛法，我們把他們拆穿了，他們不利於再過「放逸著五欲」的生活，於是他們就去要求達賴基金會說：你們在台灣代表了西藏密宗，你們要替我們喇嘛出頭，於是達賴基金會就來告我。他們爲什麼會來告正覺與我？原因就在這裡。

正因爲他們原來收的供養金和供養色身的女信徒都越來越少了，能夠騙得的越來越少了，所以只好從法院來告而不論法義的大是大非。但是世間難道沒有公理正義嗎？還是有啊！因爲他們幹的惡事確實就是惡事，證據確鑿，我們不想告他們。但是他們既然告了，我們就得告回去反制。俗話說「不看僧面看佛面」，那昭慧法師身上還穿著僧衣，我就不回告她；可是這密宗外道，身上並沒有僧衣，而且他們都是破壞佛法的，我就不需要看佛面了，而且佛陀也一定不會反對我告他們，因爲我得要護持正法、救護眾生！所以我這回不必看僧面，也不必看佛面，我就反告了，都因爲他們是外道。這就是說，因爲他們放逸而貪著於五欲，才需要毀謗佛教正法。還有密宗人士在網站上公開斥罵，說「正覺是阿賴耶外道」！竟然敢說咱們正覺是阿賴耶外道。如果實證阿賴耶識的人是外道，那麼所有大菩薩們全都是外道了？因爲七地以前都是證得阿賴耶識，那麼七地、六地、五地乃至初地的菩薩們全都是外道了？八地以上的菩薩摩訶薩以及諸佛，也都是證得阿賴耶識而次第漸修成就佛道的，到佛地時把阿賴耶識改名爲無垢識，依舊是因爲證得阿賴耶識而成就的，那麼八地以上乃至成佛以後也都是外道了？就只有他們密宗四大派才是內道？可是他們那個內道是什麼本質？是只能暗中進行而見不得人的假內道嘛！這就是「放逸著五欲」的密宗四大派。這種人因爲貪著於五欲、精修雙身法，於是故意毀謗正法、故意誣謗賢聖，死後當然要如佛所說「墮於惡道中」。那麼前一句說「而生憍恣心」，這也是眞的；因爲眾生若是常常都可以看見釋迦如來，就不免生起憍恣心；他們不知道能見到如來是多麼可貴的事，因此他們就生慢而隨意妄語，死後不免墮入畜生道中。

（未完，詳續第十六輯解說。）

# 佛教正覺同修會〈修學佛道次第表〉

## 第一階段

* 以憶佛及拜佛方式修習動中定力。
* 學第一義佛法及禪法知見。
* 無相拜佛功夫成就。
* 具備一念相續功夫—動靜中皆能看話頭。
* 努力培植福德資糧，勤修三福淨業。

## 第二階段

* 參話頭，參公案。
* 開悟明心，一片悟境。
* 鍛鍊功夫求見佛性。
* 眼見佛性〈餘五根亦如是〉親見世界如幻，成就如幻觀。
* 學習禪門差別智。
* 深入第一義經典。
* 修除性障及隨分修學禪定。
* 修證十行位陽焰觀。

## 第三階段

* 學一切種智真實正理—楞伽經、解深密經、成唯識論…。
* 參究末後句。
* 解悟末後句。
* 透牢關—親自體驗所悟末後句境界，親見實相，無得無失。
* 救護一切衆生迴向正道。護持了義正法，修證十迴向位如夢觀。
* 發十無盡願，修習百法明門，親證猶如鏡像現觀。
* 修除五蓋，發起禪定。持一切善法戒。親證猶如光影現觀。
* 進修四禪八定、四無量心、五神通。進修大乘種智，求證猶如谷響現觀。

# 佛菩提二主要道次第概要表——二道並修，以外無別佛法

## 佛菩提道——大菩提道

### 遠波羅蜜多

#### 資糧位

十信位修集信心——一劫乃至一萬劫

初住位修集布施功德（以財施爲主）。

二住位修集持戒功德。

三住位修集忍辱功德。

四住位修集精進功德。

五住位修集禪定功德。

六住位修集般若功德（熏習般若中觀及斷我見，加行位也）。

外門廣修六度萬行

#### 見道位

七住位明心般若正觀現前，親證本來自性清淨涅槃。

八住位起於一切法現觀般若中道。漸除性障。

十住位眼見佛性，世界如幻觀成就。

一至十行位，於廣行六度萬行中，依般若中道慧，現觀陰處界猶如陽焰，至第十行滿心位，陽焰觀成就。

一至十迴向位熏習一切種智；修除性障，唯留最後一分思惑不斷。第十迴向滿心位成就菩薩道如夢觀。

內門廣修六度萬行

初地：第十迴向位滿心時，成就道種智一分（八識心王一一親證後，領受五法、三自性、七種第一義、七種性自性、二種無我法）復由勇發十無盡願，成通達位菩薩。復又永伏性障而不具斷，能證慧解脫而不取證，由大願故留惑潤生。此地主修法施波羅蜜多及百法明門。證「猶如鏡像」現觀，故滿初地心。

二地：初地功德滿足以後，再成就道種智一分而入二地；主修戒波羅蜜多及一切種智。滿心位成就「猶如光影」現觀，戒行自然清淨。

## 解脫道：二乘菩提

← 斷三縛結，成初果解脫

← 薄貪瞋癡，成二果解脫

← 斷五下分結，成三果解脫

入地前的四加行令煩惱障現行悉斷，成四果解脫，留惑潤生。分段生死已斷，煩惱障習氣種子開始斷除，兼斷無始無明上煩惱。

近波羅蜜多 —— 大波羅蜜多 —— 圓滿波羅蜜多

修道位 —— 究竟位

三地：二地滿心再證道種智一分，故入三地。此地主修忍波羅蜜多及四禪八定、四無量心、五神通。能成就俱解脫果而不取證，留惑潤生。滿心位成就「猶如谷響」現觀及無漏妙定意生身。

四地：由三地再證道種智一分故入四地。主修精進波羅蜜多，於此土及他方世界廣度有緣，無有疲倦。進修一切種智，滿心位成就「如水中月」現觀。

五地：由四地再證道種智一分故入五地。主修禪定波羅蜜多及一切種智，斷除下乘涅槃貪。滿心位成就「變化所成」現觀。

六地：由五地再證道種智一分故入六地。此地主修般若波羅蜜多——依道種智現觀十二因緣一一有支及意生身化身，皆自心眞如變化所現，「非有似有」，成就細相觀，不由加行而自然證得滅盡定，成俱解脫大乘無學。

七地：由六地「非有似有」現觀，再證道種智一分故入七地。此地主修一切種智及方便波羅蜜多，由重觀十二有支一一支中之流轉門及還滅門一切細相，成就方便善巧，念念隨入滅盡定。滿心位證得「如犍闥婆城」現觀。

八地：由七地極細相觀成就故再證道種智一分而入八地。此地主修一切種智及願波羅蜜多。至滿心位純無相觀任運恆起，故於相土自在，滿心位復證「如實覺知諸法相意生身」故。

九地：由八地再證道種智一分故入九地。主修力波羅蜜多及一切種智，成就四無礙，滿心位證得「種類俱生無行作意生身」。

十地：由九地再證道種智一分故入此地。此地主修一切種智——智波羅蜜多。滿心位起大法智雲，及現起大法智雲所含藏種種功德，成受職菩薩。

等覺：由十地道種智成就故入此地。此地應修一切種智，圓滿等覺地無生法忍；於百劫中修集極廣大福德，以之圓滿三十二大人相及無量隨形好。

妙覺：示現受生人間已斷盡煩惱障一切習氣種子，並斷盡所知障一切隨眠，永斷變易生死無明，成就大般涅槃，四智圓明。人間捨壽後，報身常住色究竟天利樂十方地上菩薩；以諸化身利樂有情，永無盡期，成就究竟佛道。

←七地滿心斷除故意保留之最後一分思惑時，煩惱障所攝色、受、想三陰有漏習氣種子全部斷盡。

煩惱障所攝行、識二陰無漏習氣種子任運漸斷，所知障所攝上煩惱任運漸斷。

← 斷盡變易生死成就大般涅槃

# 圓滿成就究竟佛果

佛子蕭平實 謹製
（二〇〇九、〇二 修訂）
（二〇一二、〇二 增補）

## 佛教正覺同修會 共修現況 及 招生公告 2020/05/03

**一、共修現況：**（請在共修時間來電，以免無人接聽。）

**台北正覺講堂** 103 台北市承德路三段 277 號九樓 捷運淡水線圓山站旁
Tel..總機 02-25957295（晚上）（**分機：九樓**辦公室 10、11；知客櫃檯 12、13。 **十樓**知客櫃檯 15、16；書局櫃檯 14。 **五樓**辦公室 18；知客櫃檯 19。**二樓**辦公室 20；知客櫃檯 21。）
Fax..25954493

**第一講堂** 台北市承德路三段 277 號九樓

**禪淨班：**週一晚班、週三晚班、週四晚班、週五晚班、週六下午班、週六上午班（共修期間二年半，全程免費。皆須報名建立學籍後始可參加共修，欲報名者詳見本公告末頁。）

**增上班：瑜伽師地論詳解：**單週六晚班。雙週六晚班（重播班）。17.50～20.50。平實導師講解，2003 年 2 月開講至今，僅限已明心之會員參加。

**禪門差別智：**每月第一週日全天 平實導師主講（事冗暫停）。

**不退轉法輪經**詳解 本經所說妙法極爲甚深難解，時至末法，已然無有知者；而其甚深絕妙之法，流傳至今依舊多人可證，顯示佛法眞是義學而非玄談，其中甚深極妙令人拍案稱絕之第一義諦妙義。已於 2019 年元月底開講，由平實導師詳解。每逢週二晚上開講，第一至第六講堂都可同時聽聞，歡迎菩薩種性學人，攜眷共同參與此殊勝法會現場聞法，不限制聽講資格。本會學員憑上課證進入第一至第四講堂聽講，會外學人請以身分證件換證進入聽講（此爲大樓管理處安全管理規定之要求，敬請諒解）；第五及第六講堂（B1、B2）對外開放，不需出示任何證件，請由大樓側門直接進入。

**第二講堂** 台北市承德路三段 267 號十樓。

**不退轉法輪經**詳解：平實導師講解。每週二 18.50~20.50 影像音聲即時傳輸

**禪淨班：**週一晚班。

**進階班：**週三晚班、週四晚班、週五晚班、週六早班、週六下午班。禪淨班結業後轉入共修。

**第三講堂** 台北市承德路三段 277 號五樓。

**不退轉法輪經**詳解：平實導師講解。每週二 18.50~20.50 影像音聲即時傳輸

**禪淨班：**週六下午班。

**進階班：**週一晚班、週三晚班、週四晚班、週五晚班。

**第四講堂** 台北市承德路三段 267 號二樓。

**不退轉法輪經**詳解：平實導師講解。每週二 18.50~20.50 影像音聲即時傳輸

**進階班：**週一晚班、週三晚班、週四晚班（禪淨班結業後轉入共修）。

**第五、第六講堂**

**不退轉法輪經**詳解：平實導師講解。每週二 18.50~20.50 影像音聲即時傳

輸。第五、第六講堂為**開放式講堂**，不需以身分證件換證即可進入聽講，台北市承德路三段 267 號地下一樓、地下二樓。每逢週二晚上講經時段開放給會外人士自由聽經，請由大樓側面梯階逕行進入聽講。**聽講者請尊重講者的著作權及肖像權，請勿錄音錄影，以免違法；若有錄音錄影被查獲者，將依法處理**。

**念佛班** 每週日晚上，第六講堂共修（B2），一切求生極樂世界的三寶弟子皆可參加，不限制共修資格。

**進階班**：週一晚班、週三晚班、週四晚班。

**正覺祖師堂** 桃園市大溪區美華里信義路 650 巷坑底 5 之 6 號（台 3 號省道 34 公里處 妙法寺對面斜坡道進入）電話 03-3886110 傳眞 03-3881692 本堂供奉 克勤圓悟大師，專供會員每年四月、十月各三次精進禪三共修，兼作本會出家菩薩掛單常住之用。開放參訪日期請參見本會公告。教內共修團體或道場，得另申請其餘時間作團體參訪，務請事先與常住確定日期，以便安排常住菩薩接引導覽，亦免妨礙常住菩薩之日常作息及修行。

**桃園正覺講堂（第一、第二講堂）**：桃園市介壽路 286、288 號 10 樓（陽明運動公園對面）電話：03-3749363（請於共修時聯繫，或與台北聯繫）

**禪淨班**：週一晚班（1）、週一晚班（2）、週三晚班、週四晚班、週五晚班。

**進階班**：週四晚班、週五晚班、週六上午班。

**增上班**：雙週六晚班（增上重播班）。

**不退轉法輪經**詳解：平實導師講解。每週二晚上，以台北正覺講堂所錄 DVD 放映；歡迎會外學人共同聽講，不需出示身分證件。

**新竹正覺講堂** 新竹市東光路 55 號二樓之一 電話 03-5724297（晚上）

**第一講堂**：

**禪淨班**：週五晚班。

**進階班**：週三晚班、週四晚班、週六上午班（由禪淨班結業後轉入共修）。

**增上班**：單週六晚班。雙週六晚班（重播班）。

**不退轉法輪經**詳解：平實導師講解。每週二晚上，以台北正覺講堂所錄 DVD 放映。歡迎會外學人共同聽講，不需出示身分證件。

**第二講堂**：

**禪淨班**：週一晚班、週三晚班、週四晚班、週六上午班。

**不退轉法輪經**詳解：每週二晚上與第一講堂同步播放講經 DVD。

**第三、第四講堂**：裝修完畢，即將開放。

**台中正覺講堂** 04-23816090（晚上）

**第一講堂** 台中市南屯區五權西路二段 666 號 13 樓之四（國泰世華銀行樓上。鄰近縣市經第一高速公路前來者，由五權西路交流道可以快速到達，大樓旁有停車場，對面有素食館）。

**禪淨班**：週四晚班、週五晚班。

**進階班**：週一晚班、週三晚班、週六上午班（由禪淨班結業後轉入共修）。

**增上班**：單週六晚班。雙週六晚班（重播班）。

**不退轉法輪經**詳解：平實導師講解。每週二晚上，以台北正覺講堂所錄 DVD 放映。歡迎會外學人共同聽講，不需出示身分證件。

**第二講堂**　台中市南屯區五權西路二段 666 號 4 樓

**禪淨班**：週一晚班、週三晚班。

**第三講堂**台中市南屯區五權西路二段 666 號 4 樓

**禪淨班**：週一晚班。

**第四講堂**台中市南屯區五權西路二段 666 號 4 樓。

**進階班**：週一晚班、週四晚班、週六上午班。由禪淨班結業後轉入共修。

**不退轉法輪經**詳解：每週二晚上與第一講堂同步播放講經 DVD。

**嘉義正覺講堂**　嘉義市友愛路 288 號八樓之一　電話：05-2318228

**第一講堂**：

**禪淨班**：週四晚班、週五晚班、週六上午班。

**進階班**：週一晚班、週三晚班（由禪淨班結業後轉入共修）。

**增上班**：單週六晚班。雙週六晚班（重播班）。

**不退轉法輪經**詳解：平實導師講解。每週二晚上，以台北正覺講堂所錄 DVD 放映。歡迎會外學人共同聽講，不需出示身分證件。

**第二講堂**　嘉義市友愛路 288 號八樓之二。

**第三講堂**　嘉義市友愛路 288 號四樓之七。

**禪淨班**：週一晚班、週三晚班。

**台南正覺講堂**

**第一講堂**　台南市西門路四段 15 號 4 樓。06-2820541（晚上）

**禪淨班**：週一晚班、週三晚班、週四晚班、週五晚班、週六下午班。

**增上班**：單週六晚班。雙週六晚班（重播班）。

**第二講堂**　台南市西門路四段 15 號 3 樓。

**不退轉法輪經**詳解：每週二晚上與第三講堂同步播放講經 DVD。

**第三講堂**　台南市西門路四段 15 號 3 樓。

**進階班**：週一晚班、週三晚班、週四晚班、週五晚班（由禪淨班結業後轉入共修）。

**不退轉法輪經**詳解：平實導師講解。每週二晚上，以台北正覺講堂所錄 DVD 放映。歡迎會外學人共同聽講，不需出示身分證件。。

**高雄正覺講堂**　高雄市新興區中正三路 45 號五樓 07-2234248（晚上）

**第一講堂**（五樓）：

**禪淨班**：週一晚班、週三晚班、週四晚班、週五晚班、週六上午班。

**增上班**：單週六晚班。雙週六晚班（重播班）。

**不退轉法輪經**詳解：平實導師講解。每週二晚上，以台北正覺講堂所錄 DVD 放映。歡迎會外學人共同聽講，不需出示身分證件。

**第二講堂**（四樓）：

**進階班**：週三晚班、週四晚班、週六上午班（由禪淨班結業後轉入共修）。

**不退轉法輪經**詳解：每週二晚上與第一講堂同步播放講經 DVD。

**第三講堂**（三樓）：

**進階班**：週四晚班（由禪淨班結業後轉入共修）。

## 香港正覺講堂

九龍觀塘，成業街 10 號，電訊一代廣場 27 樓 E 室。

（觀塘地鐵站 B1 出口，步行約 4 分鐘）。電話：(852) 23262231

英文地址：Unit E，27th Floor, TG Place, 10 Shing Yip Street, Kwun Tong, Kowloon

**禪淨班**：雙週六下午班、雙週日下午班、單週六下午班、單週日下午班

**進階班**：雙週五晚上班、雙週日早上班（由禪淨班結業後轉入共修）。

**增上班**：每月第一週週日，以台北增上班課程錄成 DVD 放映之。

**增上重播班**：每月第一週週六，以台北增上班課程錄成 DVD 放映之。

**大法鼓經**詳解：平實導師講解。每週六、日 19:00～21:00，以台北正覺講堂所錄 DVD 放映；歡迎會外學人共同聽講，不需出示身分證件。

## 美國洛杉磯正覺講堂　☆已遷移新址☆

825 S. Lemon Ave Diamond Bar, CA 91789 U.S.A.

Tel. (909) 595-5222（請於週六 9:00~18:00 之間聯繫）

Cell. (626) 454-0607

**禪淨班**：每逢週末 16：00~18：00 上課。

**進階班**：每逢週末上午 10：00~12：00 上課。

**不退轉法輪經**詳解：平實導師講解。每週六下午 13：30~15：30 以台北所錄 DVD 放映。歡迎各界人士共享第一義諦無上法益，不需報名。

**二、招生公告**　**本會台北講堂及全省各講堂、香港講堂，每逢四月、十月下旬開新班，每週共修一次**（每次二小時。開課日起三個月內仍可插班）；**但美國洛杉磯共修處之禪淨班得隨時插班共修。各班共修期間皆為二年半，全程免費，欲參加者請向本會函索報名表**（各共修處皆於共修時間方有人執事，非共修時間請勿電詢或前來洽詢、請書），**或直接從本會官方網站**(http://www.enlighten.org.tw/newsflash/class)**或成佛之道網站下載報名表**。共修期滿時，若經報名禪三審核通過者，可參加四天三夜之禪三精進共修，有機會明心、取證如來藏，發起般若實相智慧，成為實義菩薩，脫離凡夫菩薩位。

**三、新春禮佛祈福** 農曆年假期間停止共修：自農曆新年前七天起停止共修與弘法，正月 8 日起回復共修、弘法事務。新春期間正月初一～初七 9.00～17.00 開放台北講堂、正月初一~初三開放新竹、台中、嘉義、台南、高雄講堂，以及大溪禪三道場（正覺祖師堂），方便會員供佛、祈福及會外人士請書。美國洛杉磯共修處之休假時間，請逕詢該共修處。

**密宗四大派修雙身法，是外道性力派的邪法；又以生滅的識陰作為常住法，是常見外道，是假的藏傳佛教。**

**西藏覺囊巴以他空見弘揚第八識如來藏勝法，才是真藏傳佛教**

# 佛教正覺同修會　弘法行事表

2019/02/18

1、**禪淨班**　以無相念佛及拜佛方式修習動中定力，實證一心不亂功夫。傳授解脫道正理及第一義諦佛法，以及參禪知見。共修期間：二年六個月。每逢四月、十月開新班，詳見招生公告表。

2、**進階班**　禪淨班畢業後得轉入此班，進修更深入的佛法，期能證悟明心。各地講堂各有多班，繼續深入佛法、增長定力，悟後得轉入增上班修學道種智，期能證得無生法忍。

3、**增上班 瑜伽師地論**詳解　詳解論中所言凡夫地至佛地等 17 師之修證境界與理論，從凡夫地、聲聞地……宣演到諸地所證無生法忍、一切種智之眞實正理。由平實導師開講，每逢一、三、五週之週末晚上開示，僅限已明心之會員參加。2003 年二月開講至今，預定 2019 年講畢。

4、**不退轉法輪經**詳解　本經所說妙法極爲甚深難解，時至末法，已然無有知者；而其甚深絕妙之法，流傳至今依舊多人可證，顯示佛法眞是義學而非玄談，其中甚深極妙令人拍案稱絕之第一義諦妙義。已於 2019 年元月底開講，由平實導師詳解。不限制聽講資格。

5、**精進禪三**　主三和尚：平實導師。於四天三夜中，以克勤圓悟大師及大慧宗杲之禪風，施設機鋒與小參、公案密意之開示，幫助會員剋期取證，親證不生不滅之眞實心——人人本有之如來藏。每年四月、十月各舉辦三個梯次；平實導師主持。僅限本會會員參加禪淨班共修期滿，報名審核通過者，方可參加。並選擇會中定力、慧力、福德三條件皆已具足之已明心會員，給以指引，令得眼見自己無形無相之佛性遍佈山河大地，眞實而無障礙，得以肉眼現觀世界身心悉皆如幻，具足成就如幻觀，圓滿十住菩薩之證境。

6、**阿含經**詳解　選擇重要之阿含部經典，依無餘涅槃之實際而加以詳解，令大眾得以現觀諸法緣起性空，亦復不墮斷滅見中，顯示經中所隱說之涅槃實際—如來藏—確實已於四阿含中隱說；令大眾得以聞後觀行，確實斷除我見乃至我執，證得**見到**眞現觀，乃至**身證**……等眞現觀；已得大乘或二乘見道者，亦可由此聞熏及聞後之觀行，除斷我所之貪著，成就慧解脫果。由平實導師詳解。不限制聽講資格。

7、**解深密經**詳解　重講本經之目的，在於令諸已悟之人明解大乘法道之成佛次第，以及悟後進修一切種智之內涵，確實證知三種自性性，並得據此證解七眞如、十眞如等正理。每逢週二 18.50~20.50 開示，由平實導師詳解。將於《**不退轉法輪經**》講畢後開講。不限制聽講資格。

8、**成唯識論**詳解　詳解一切種智眞實正理，詳細剖析一切種智之微細深妙廣大正理；並加以舉例說明，使已悟之會員深入體驗所證如來藏之微密行相；及證驗見分相分與所生一切法，皆由如來藏—阿賴耶識—直接或展轉而生，因此證知一切法無我，證知無餘涅槃之本際。將於增上班《瑜伽師地論》講畢後，由平實導師重講。僅限已明心之會員參加。

9、**精選如來藏系經典**詳解　精選如來藏系經典一部，詳細解說，以此完全印證會員所悟如來藏之眞實，得入不退轉住。另行擇期詳細解說之，由平實導師講解。僅限已明心之會員參加。

10、**禪門差別智**　藉禪宗公案之微細淆訛難知難解之處，加以宣說及剖析，以增進明心、見性之功德，啓發差別智，建立擇法眼。每月第一週日全天，由平實導師開示，僅限破參明心後，復又眼見佛性者參加（事冗暫停）。

11、**枯木禪**　先講智者大師的《小止觀》，後說《釋禪波羅蜜》，詳解四禪八定之修證理論與實修方法，細述一般學人修定之邪見與岔路，及對禪定證境之誤會，消除枉用功夫、浪費生命之現象。已悟般若者，可以藉此而實修初禪，進入大乘通教及聲聞教的三果心解脫境界，配合應有的大福德及後得無分別智、十無盡願，即可進入初地心中。親教師：平實導師。未來緣熟時將於正覺寺開講。不限制聽講資格。

**註：**本會例行年假，自 2004 年起，改爲每年農曆新年前七天開始停息弘法事務及共修課程，農曆正月 8 日回復所有共修及弘法事務。新春期間（每日 9.00~17.00）開放台北講堂，方便會員禮佛祈福及會外人士請書。大溪區的正覺祖師堂，開放參訪時間，詳見〈正覺電子報〉或成佛之道網站。本表得因時節因緣需要而隨時修改之，不另作通知。

# 佛教正覺同修會　贈閱書籍 目錄　2018/10/20

1.**無相念佛**　平實導師著　回郵 36 元
2.**念佛三昧修學次第**　平實導師述著　回郵 52 元
3.**正法眼藏—護法集**　平實導師述著　回郵 76 元
4.**真假開悟簡易辨正法&佛子之省思**　平實導師著　回郵 26 元
5.**生命實相之辨正**　平實導師著　回郵 31 元
6.**如何契入念佛法門**（附：印順法師否定極樂世界）平實導師著　回郵 26 元
7.**平實書箋**—答元覽居士書　平實導師著　回郵 52 元
8.**三乘唯識**—如來藏系經律彙編　平實導師編　回郵 80 元
（精裝本　長 27 cm　寬 21 cm　高 7.5 cm　重 2.8 公斤）
9.**三時繫念全集**—修正本　回郵掛號 52 元（長 26.5 cm×寬 19 cm）
10.**明心與初地**　平實導師述　回郵 31 元
11.**邪見與佛法**　平實導師述著　回郵 36 元
12.**甘露法雨**　平實導師述　回郵 36 元
13.**我與無我**　平實導師述　回郵 36 元
14.**學佛之心態**—修正錯誤之學佛心態始能與正法相應 孫正德老師著 回郵52元
附錄：平實導師著《**略說八、九識並存…等之過失**》
15.**大乘無我觀**—《悟前與悟後》別說　平實導師述著　回郵 36 元
16.**佛教之危機**—中國台灣地區現代佛教之真相（附錄：公案拈提六則）
平實導師著　回郵 52 元
17.**燈　影**—燈下黑（覆「求教後學」來函等）　平實導師著　回郵 76 元
18.**護法與毀法**—覆上平居士與徐恒志居士網站毀法二文
張正圜老師著　回郵 76 元
19.**淨土聖道**—**兼評選擇本願念佛**　正德老師著　**由正覺同修會購贈**　回郵52 元
20.**辨唯識性相**—對「紫蓮心海《辯唯識性相》書中否定阿賴耶識」之回應
正覺同修會 台南共修處法義組 著　回郵52 元
21.**假如來藏**—對法蓮法師《如來藏與阿賴耶識》書中否定阿賴耶識之回應
正覺同修會 台南共修處法義組 著　回郵 76 元
22.**入不二門**—公案拈提集錦 第一輯（於平實導師公案拈提諸書中選錄約二十則，
合輯為一冊流通之）平實導師著　回郵 52 元
23.**真假邪說**—西藏密宗索達吉喇嘛《破除邪說論》真是邪說
釋正安法師著　上、下冊回郵各 52 元
24.**真假開悟**—真如、如來藏、阿賴耶識間之關係　平實導師述著　回郵 76 元
25.**真假禪和**—辨正釋傳聖之謗法謬說　孫正德老師著　回郵 76 元
26.**眼見佛性**—駁慧廣法師**眼見佛性的含義**文中謬說
游正光老師著　回郵52 元

27.**普門自在**—公案拈提集錦 第二輯（於平實導師公案拈提諸書中選錄約二十則，合輯爲一冊流通之）平實導師著 回郵52元

28.**印順法師的悲哀**—以現代禪的質疑為線索 恒毓博士著 回郵52元

29.**識蘊真義**—現觀識蘊內涵、取證初果、親斷三縛結之具體行門。
—依《成唯識論》及《惟識述記》正義，略顯安慧《大乘廣五蘊論》之邪謬
平實導師著 回郵76元

30.**正覺電子報** 各期紙版本 免附回郵 每次最多函索三期或三本。
（已無存書之較早各期，不另增印贈閱）

31.**現代人應有的宗教觀** 蔡正禮老師 著 回郵31元

32.**遠惑趣道**—正覺電子報般若信箱問答錄 第一輯 回郵52元

33.**遠惑趣道**—正覺電子報般若信箱問答錄 第二輯 回郵52元

34.**確保您的權益**—器官捐贈應注意自我保護 游正光老師 著 回郵31元

35.**正覺教團電視弘法三乘菩提 DVD 光碟（一）**
由正覺教團多位親教師共同講述錄製 DVD 8片，MP3一片，共9片。有二大講題：一爲「三乘菩提之意涵」，二爲「學佛的正知見」。內容精闢，深入淺出，精彩絕倫，幫助大眾快速建立三乘法道的正知見，免被外道邪見所誤導。有志修學三乘佛法之學人不可不看。（製作工本費100元，回郵 52元）

36.**正覺教團電視弘法 DVD 專輯（二）**
總有二大講題：一爲「三乘菩提之念佛法門」，一爲「學佛正知見（第二篇）」，由正覺教團多位親教師輪番講述，內容詳細闡述如何修學念佛法門、實證念佛三昧，以及學佛應具有的正確知見，可以幫助發願往生西方極樂淨土之學人，得以把握往生，更可令學人快速建立三乘法道的正知見，免於被外道邪見所誤導。有志修學三乘佛法之學人不可不看。（一套17片，工本費160元。回郵 76元）

37.**喇嘛性世界**—揭開假藏傳佛教譚崔瑜伽的面紗 張善思 等人合著
由正覺同修會購贈 回郵52元

38.**假藏傳佛教的神話**—性、謊言、喇嘛教 張正玄教授編著
由正覺同修會購贈 回郵52元

39.**隨 緣**—理隨緣與事隨緣 平實導師述 回郵52元。

40.**學佛的覺醒** 正枝居士 著 回郵52元

41.**導師之真實義** 蔡正禮老師 著 回郵31元

42.**淺談達賴喇嘛之雙身法**—兼論解讀「密續」之達文西密碼
吳明芷居士 著 回郵31元

43.**魔界轉世** 張正玄居士 著 回郵31元

44.**一貫道與開悟** 蔡正禮老師 著 回郵31元

45.**博愛**—愛盡天下女人 正覺教育基金會 編印 回郵36元

46.**意識虛妄經教彙編**—實證解脱道的關鍵經文 正覺同修會編印 回郵36元

47.**邪箭囈語**—破斥藏密外道多識仁波切《破魔金剛箭雨論》之邪說

陸正元老師著　上、下冊回郵各 52 元

48.**真假沙門**—依　佛聖教闡釋佛教僧寶之定義

蔡正禮老師著　俟正覺電子報連載後結集出版

49.**真假禪宗**—藉評論釋性廣《印順導師對變質禪法之批判

及對禪宗之肯定》以顯示真假禪宗

附論一：凡夫知見　無助於佛法之信解行證

附論二：世間與出世間一切法皆從如來藏實際而生而顯

余正偉老師著　俟正覺電子報連載後結集出版　回郵未定

★ 上列贈書之郵資，係台灣本島地區郵資，大陸、港、澳地區及外國地區，請另計酌增（大陸、港、澳、國外地區之郵票不許通用）。尚未出版之書，請勿先寄來郵資，以免增加作業煩擾。

★ 本目錄若有變動，唯於後印之書籍及「成佛之道」網站上修正公佈之，不另行個別通知。

**函索書籍**請寄：佛教正覺同修會　103 台北市承德路 3 段 277 號 9 樓
台灣地區函索書籍者請附寄郵票，無時間購買郵票者可以等值現金抵用，但不接受郵政劃撥、支票、匯票。大陸地區得以人民幣計算，國外地區請以美元計算（請勿寄來當地郵票，在台灣地區不能使用）。欲以掛號寄遞者，請另附掛號郵資。

**親自索閱**：正覺同修會各共修處。　★請於共修時間前往取書，餘時無人在道場，請勿前往索取；共修時間與地點，詳見書末正覺同修會共修現況表（以近期之共修現況表爲準）。

**註**：正智出版社發售之局版書，請向各大書局購閱。若書局之書架上已經售出而無陳列者，請向書局櫃台指定洽購；若書局不便代購者，請於正覺同修會共修時間前往各共修處請購，正智出版社已派人於共修時間送書前往各共修處流通。　郵政劃撥購書及　大陸地區　購書，請詳別頁正智出版社發售書籍目錄最後頁之說明。

**成佛之道　網站**：http://www.a202.idv.tw　　正覺同修會已出版之結緣書籍，多已登載於　成佛之道　網站，若住外國、或住處遙遠，不便取得正覺同修會贈閱書籍者，可以從本網站閱讀及下載。　　書局版之《宗通與說通》亦已上網，台灣讀者可向書局洽購，售價 300 元。《狂密與眞密》第一輯~第四輯，亦於 2003.5.1.全部於本網站登載完畢；台灣地區讀者請向書局洽購，每輯約 400 頁，售價 300 元（網站下載紙張費用較貴，容易散失，難以保存，亦較不精美）。

**＊＊假藏傳佛教修雙身法，非佛教＊＊**

## **正智出版社** 籌募弘法基金發售書籍目錄 2020/02/22

1.**宗門正眼**—公案拈提 第一輯 重拈 平實導師著 500元
因重寫內容大幅度增加故，字體必須改小，並增爲576頁 主文546頁。比初版更精彩、更有內容。初版《禪門摩尼寶聚》之讀者，可寄回本公司免費調換新版書。免附回郵，亦無截止期限。（2007年起，每冊附贈本公司精製公案拈提〈超意境〉CD一片。市售價格280元，多購多贈。）
2.**禪淨圓融** 平實導師著 200元（第一版舊書可換新版書。）
3.**真實如來藏** 平實導師著 400元
4.**禪—悟前與悟後** 平實導師著 上、下冊，每冊250元
5.**宗門法眼**—公案拈提 第二輯 平實導師著 500元
（2007年起，每冊附贈本公司精製公案拈提〈超意境〉CD一片）
6.**楞伽經詳解** 平實導師著 全套共10輯 每輯250元
7.**宗門道眼**—公案拈提 第三輯 平實導師著 500元
（2007年起，每冊附贈本公司精製公案拈提〈超意境〉CD一片）
8.**宗門血脈**—公案拈提 第四輯 平實導師著 500元
（2007年起，每冊附贈本公司精製公案拈提〈超意境〉CD一片）
9.**宗通與說通**—成佛之道 平實導師著 主文381頁 全書400頁售價300元
10.**宗門正道**—公案拈提 第五輯 平實導師著 500元
（2007年起，每冊附贈本公司精製公案拈提〈超意境〉CD一片）
11.**狂密與真密 一～四輯** 平實導師著 西藏密宗是人間最邪淫的宗教，本質不是佛教，只是披著佛教外衣的印度教性力派流毒的喇嘛教。此書中將西藏密宗密傳之男女雙身合修樂空雙運所有祕密與修法，毫無保留完全公開，並將全部喇嘛們所不知道的部分也一併公開。內容比大辣出版社喧騰一時的《西藏慾經》更詳細。並且函蓋藏密的所有祕密及其錯誤的中觀見、如來藏見……等，藏密的所有法義都在書中詳述、分析、辨正。每輯主文三百餘頁 每輯全書約400頁 售價每輯300元
12.**宗門正義**—公案拈提 第六輯 平實導師著 500元
（2007年起，每冊附贈本公司精製公案拈提〈超意境〉CD一片）
13.**心經密意**—心經與解脫道、佛菩提道、祖師公案之關係與密意 平實導師述 300元
14.**宗門密意**—公案拈提 第七輯 平實導師著 500元
（2007年起，每冊附贈本公司精製公案拈提〈超意境〉CD一片）
15.**淨土聖道**—兼評「選擇本願念佛」 正德老師著 200元
16.**起信論講記** 平實導師述著 共六輯 每輯三百餘頁 售價各250元
17.**優婆塞戒經講記** 平實導師述著 共八輯 每輯三百餘頁 售價各250元
18.**真假活佛**—略論附佛外道盧勝彥之邪說（對前岳靈犀網站主張「盧勝彥是證悟者」之修正） 正犀居士（岳靈犀）著 流通價140元
19.**阿含正義**—唯識學探源 平實導師著 共七輯 每輯300元

20.**超意境** CD 以平實導師公案拈提書中超越意境之頌詞，加上曲風優美的旋律，錄成令人嚮往的超意境歌曲，其中包括正覺發願文及平實導師親自譜成的黃梅調歌曲一首。詞曲雋永，殊堪翫味，可供學禪者吟詠，有助於見道。內附設計精美的彩色小冊，解說每一首詞的背景本事。每片 280 元。【每購買公案拈提書籍一冊，即贈送一片。】

21.**菩薩底憂鬱** CD 將菩薩情懷及禪宗公案寫成新詞，並製作成超越意境的優美歌曲。 1.主題曲〈菩薩底憂鬱〉，描述地後菩薩能離三界生死而迴向繼續生在人間，但因尚未斷盡習氣種子而有極深沈之憂鬱，非三賢位菩薩及二乘聖者所知，此憂鬱在七地滿心位方才斷盡；本曲之詞中所說義理極深，昔來所未曾見；此曲係以優美的情歌風格寫詞及作曲，聞者得以激發嚮往諸地菩薩境界之大心，詞、曲都非常優美，難得一見；其中勝妙義理之解說，已印在附贈之彩色小冊中。 2.以各輯公案拈提中直示禪門入處之頌文，作成各種不同曲風之超意境歌曲，值得玩味、參究；聆聽公案拈提之優美歌曲時，請同時閱讀內附之印刷精美說明小冊，可以領會超越三界的證悟境界；未悟者可以因此引發求悟之意向及疑情，眞發菩提心而邁向求悟之途，乃至因此眞實悟入般若，成眞菩薩。 3.正覺總持咒新曲，總持佛法大意；總持咒之義理，已加以解說並印在隨附之小冊中。本 CD 共有十首歌曲，長達 63 分鐘。每盒各附贈二張購書優惠券。每片 280 元。

22.**禪意無限** CD 平實導師以公案拈提書中偈頌寫成不同風格曲子，與他人所寫不同風格曲子共同錄製出版，幫助參禪人進入禪門超越意識之境界。盒中附贈彩色印製的精美解說小冊，以供聆聽時閱讀，令參禪人得以發起參禪之疑情，即有機會證悟本來面目而發起實相智慧，實證大乘菩提般若，能如實證知般若經中的眞實意。本 CD 共有十首歌曲，長達 69 分鐘，每盒各附贈二張購書優惠券。每片 280 元。

23.**我的菩提路**第一輯　釋悟圓、釋善藏等人合著　售價 300 元

24.**我的菩提路**第二輯　郭正益、張志成等人合著　售價 300 元

25.**我的菩提路**第三輯　王美伶等人合著　售價 300 元

26.**我的菩提路**第四輯　陳晏平等人合著　售價 300 元

27.**我的菩提路**第五輯　林慈慧等人合著　售價 300 元

28.**鈍鳥與靈龜**—考證後代凡夫對大慧宗杲禪師的無根誹謗。

平實導師著 共 458 頁 售價 350 元

29.**維摩詰經講記** 平實導師述 共六輯 每輯三百餘頁 售價各 250 元

30.**真假外道**—破劉東亮、杜大威、釋證嚴常見外道見 正光老師著 200 元

31.**勝鬘經講記**—兼論印順《勝鬘經講記》對於《勝鬘經》之誤解。

平實導師述　共六輯　每輯三百餘頁　售價250 元

32.**楞嚴經講記** 平實導師述 共 **15** 輯，每輯三百餘頁 售價 300 元

33.**明心與眼見佛性**—駁慧廣〈蕭氏「眼見佛性」與「明心」之非〉文中謬說
正光老師著　共448頁　售價300元
34.**見性與看話頭**　黃正倖老師 著，本書是禪宗參禪的方法論。
內文375頁，全書416頁，售價300元。
35.**達賴真面目**—玩盡天下女人 白正偉老師 等著 中英對照彩色精裝大本800元
36.**喇嘛性世界**—揭開假藏傳佛教譚崔瑜伽的面紗　張善思 等人著　200元
37.**假藏傳佛教的神話**—性、謊言、喇嘛教　正玄教授編著　200元
38.**金剛經宗通**　平實導師述　共九輯　每輯售價250元。
39.**空行母**—性別、身分定位，以及藏傳佛教。
珍妮·坎貝爾著 呂艾倫 中譯 售價250元
40.**末代達賴**—性交教主的悲歌　張善思、呂艾倫、辛燕編著 售價250元
41.**霧峰無霧**—給哥哥的信　辨正釋印順對佛法的無量誤解
游宗明 老師著　售價250元
42.**霧峰無霧**—第二輯—救護佛子向正道　細說釋印順對佛法的各類誤解
游宗明 老師著　售價250元
43.**第七意識與第八意識？**—穿越時空「超意識」
平實導師述　每冊300元
44.**黯淡的達賴**—失去光彩的諾貝爾和平獎
正覺教育基金會編著　每冊250元
45.**童女迦葉考**—論呂凱文〈佛教輪迴思想的論述分析〉之謬。
平實導師 著 定價180元
46.**人間佛教**—實證者必定不悖三乘菩提
平實導師 述，定價400元
47.**實相經宗通**　平實導師述　共八輯　每輯250元
48.**真心告訴您(一)**—達賴喇嘛在幹什麼？
正覺教育基金會編著　售價250元
49.**中觀金鑑**—詳述應成派中觀的起源與其破法本質
孫正德老師著　分為上、中、下三冊，每冊250元
50.**藏傳佛教要義**—《狂密與真密》之簡體字版　平實導師 著 上、下冊
僅在大陸流通　每冊300元
51.**法華經講義**　平實導師述　共二十五輯　每輯300元
已於2015/05/31起開始出版，每二個月出版一輯
52.**西藏「活佛轉世」制度**—附佛、造神、世俗法
許正豐、張正玄老師合著　定價150元
53.**廣論三部曲**　郭正益老師著　定價150元
54.**真心告訴您(二)**—達賴喇嘛是佛教僧侶嗎？
—補祝達賴喇嘛八十大壽
正覺教育基金會編著　售價300元
55.**次法**—實證佛法前應有的條件
張善思居士著　分為上、下二冊，每冊250元

56.**涅槃**—解說四種涅槃之實證及內涵　平實導師著　上、下冊　各350元
57.**山法**—西藏關於他空與佛藏之根本論
篤補巴·喜饒堅贊著　　傑弗里·霍普金斯英譯
張火慶教授、張志成、呂艾倫等中譯　精裝大本 1200元
58.**假鋒虛焰金剛乘**—揭示顯密正理，兼破索達吉師徒《般若鋒兮金剛焰》
釋正安法師著　簡體字版　即將出版　售價未定
59.**廣論之平議**—宗喀巴《菩提道次第廣論》之平議　正雄居士著
約二或三輯　俟正覺電子報連載後結集出版　書價未定
60.**救護佛子向正道**—對印順法師中心思想之綜合判攝
游宗明老師著　書價未定
61.**菩薩學處**—菩薩四攝六度之要義　陸正元老師著　出版日期未定。
62.**八識規矩頌**詳解　○○居士 註解　出版日期另訂　書價未定。
63.**印度佛教史**—法義與考證。依法義史實評論印順《印度佛教思想史、佛教史地考論》之謬說　正偉老師著　出版日期未定　書價未定
64.**中國佛教史**—依中國佛教正法史實而論。○○老師 著　書價未定。
65.**中論正義**—釋龍樹菩薩《中論》頌正理。
孫正德老師著　出版日期未定　書價未定
66.**中觀正義**—註解平實導師《中論正義頌》。
○○法師（居士）著　出版日期未定　書價未定
67.**佛藏經講記**　平實導師述　已於2019年7月31日出版　共21輯，每二個月出版一輯，每輯300元。
68.**阿含經講記**—將選錄四阿含中數部重要經典全經講解之，講後整理出版。
平實導師述　約二輯　每輯300元　出版日期未定
69.**寶積經講記**　平實導師述　每輯三百餘頁　優惠價300元　出版日期未定
70.**解深密經講記**　平實導師述　約四輯　將於重講後整理出版
71.**成唯識論略解**　平實導師著　五～六輯　每輯300元　出版日期未定
72.**修習止觀坐禪法要講記**　平實導師述　每輯三百餘頁
將於正覺寺建成後重講、以講記逐輯出版　出版日期未定
73.**無門關**—《無門關》公案拈提　平實導師著　出版日期未定
74.**中觀再論**—兼述印順《中觀今論》謬誤之平議。正光老師著　出版日期未定
75.**輪迴與超度**—佛教超度法會之真義。
○○法師（居士）著　出版日期未定　書價未定
76.**《釋摩訶衍論》平議**—對偽稱龍樹所造《釋摩訶衍論》之平議
○○法師（居士）著　出版日期未定　書價未定
77.**正覺發願文**註解—以真實大願為因　得證菩提
正德老師著　出版日期未定　書價未定
78.**正覺總持咒**—佛法之總持　正圜老師著　出版日期未定　書價未定
79.**三自性**—依四食、五蘊、十二因緣、十八界法，說三性三無性。
作者未定　出版日期未定

80.**道品**—從三自性說大小乘三十七道品　作者未定　出版日期未定
81.**大乘緣起觀**—依四聖諦七真如現觀十二緣起 作者未定　出版日期未定
82.**三德**—論解脫德、法身德、般若德。　作者未定　出版日期未定
83.**真假如來藏**—對印順《如來藏之研究》謬說之平議　作者未定 出版日期未定
84.**大乘道次第**　作者未定　出版日期未定　書價未定
85.**四緣**—依如來藏故有四緣。　作者未定　出版日期未定
86.**空之探究**—印順《空之探究》謬誤之平議　作者未定 出版日期未定
87.**十法義**—論阿含經中十法之正義　作者未定　出版日期未定
88.**外道見**—論述外道六十二見　作者未定　出版日期未定

# 正智出版社有限公司　書籍介紹

**禪淨圓融**：言淨土諸祖所未曾言，示諸宗祖師所未曾示；禪淨圓融，另闢成佛捷徑，兼顧自力他力，闡釋淨土門之速行易行道，亦同時揭櫫聖教門之速行易行道；令廣大淨土行者得免緩行難證之苦，亦令聖道門行者得以藉著淨土速行道而加快成佛之時劫。乃前無古人之超勝見地，非一般弘揚禪淨法門典籍也，先讀為快。平實導師著　200元。

**宗門正眼—公案拈提第一輯**：繼承克勤圜悟大師碧巖錄宗旨之禪門鉅作。先則舉示當代大法師之邪說，消弭當代禪門大師鄉愿之心態，摧破當今禪門「世俗禪」之妄談；次則旁通教法，表顯宗門正理；繼以道之次第，消弭古今狂禪；後藉言語及文字機鋒，直示宗門入處。悲智雙運，禪味十足，數百年來難得一睹之禪門鉅著也。平實導師著　500元（原初版書《禪門摩尼寶聚》，改版後補充為五百餘頁新書，總計多達二十四萬字，內容更精彩，並改名為《宗門正眼》，讀者原購初版《禪門摩尼寶聚》皆可寄回本公司免費換新，免附回郵，亦無截止期限）（2007年起，凡購買公案拈提第一輯至第七輯，每購一輯皆贈送本公司精製公案拈提〈超意境〉CD一片，市售價格280元，多購多贈）。

**禪—悟前與悟後**：本書能建立學人悟道之信心與正確知見，圓滿具足而有次第地詳述禪悟之功夫與禪悟之內容，指陳參禪中細微淆訛之處，能使學人明自真心、見自本性。若未能悟入，亦能以正確知見辨別古今中外一切大師究係真悟？或屬錯悟？便有能力揀擇，捨名師而選明師，後時必有悟道之緣。一旦悟道，遲者七次人天往返，便出三界，速者一生取辦。學人欲求開悟者，不可不讀。　平實導師著。上、下冊共500元，單冊250元。

**真實如來藏：**如來藏眞實存在，乃宇宙萬有之本體，並非印順法師、達賴喇嘛等人所說之「唯有名相、無此心體」。如來藏是涅槃之本際，是一切有智之人竭盡心智、不斷探索而不能得之生命實相；是古今中外許多大師自以爲悟而當面錯過之生命實相。如來藏即是阿賴耶識，乃是一切有情本自具足、不生不滅之眞實心。當代中外大師於此書出版之前所未能言者，作者於本書中盡情流露、詳細闡釋。眞悟者讀之，必能增益悟境、智慧增上；錯悟者讀之，必能檢討自己之錯誤，免犯大妄語業；未悟者讀之，能知參禪之理路，亦能以之檢查一切名師是否眞悟。此書是一切哲學家、宗教家、學佛者及欲昇華心智之人必讀之鉅著。　平實導師著　售價400元。

**宗門法眼—公案拈提第二輯：**列舉實例，闡釋土城廣欽老和尚之悟處；並直示這位不識字的老和尚妙智橫生之根由，繼而剖析禪宗歷代大德之開悟公案，解析當代密宗高僧卡盧仁波切之錯悟證據，並例舉當代顯宗高僧、大居士之錯悟證據（凡健在者，爲免影響其名聞利養，皆隱其名）。藉辨正當代名師之邪見，向廣大佛子指陳禪悟之正道，彰顯宗門法眼。悲勇兼出，強捋虎鬚；慈智雙運，巧探驪龍；摩尼寶珠在手，直示宗門入處，禪味十足；若非大悟徹底，不能爲之。禪門精奇人物，允宜人手一冊，供作參究及悟後印證之圭臬。本書於2008年4月改版，增寫爲大約500頁篇幅，以利學人研讀參究時更易悟入宗門正法，以前所購初版首刷及初版二刷舊書，皆可免費換取新書。平實導師著　500元（2007年起，凡購買公案拈提第一輯至第七輯，每購一輯皆贈送本公司精製公案拈提〈超意境〉CD一片，市售價格280元，多購多贈）。

**宗門道眼—公案拈提第三輯：**繼宗門法眼之後，再以金剛之作略、慈悲之胸懷、犀利之筆觸，舉示寒山、拾得、布袋三大士之悟處，消弭當代錯悟者對於寒山大士……等之誤會及誹謗。　亦舉出民初以來與虛雲和尚齊名之蜀郡鹽亭袁煥仙夫子——南懷瑾老師之師，其「悟處」何在？並蒐羅許多眞悟祖師之證悟公案，顯示禪宗歷代祖師之睿智，指陳部分祖師、奧修及當代顯密大師之謬悟，作爲殷鑑，幫助禪子建立及修正參禪之方向及知見。假使讀者閱此書已，一時尚未能悟，亦可一面加功用行，一面以此宗門道眼辨別眞假善知識，避開錯誤之印證及歧路，可免大妄語業之長劫慘痛果報。欲修禪宗之禪者，務請細讀。平實導師著　售價500元（2007年起，凡購買公案拈提第一輯至第七輯，每購一輯皆贈送本公司精製公案拈提〈超意境〉CD一片，市售價格280元，多購多贈）。

**楞伽經詳解**：本經是禪宗見道者印證所悟眞僞之根本經典，亦是禪宗見道者悟後起修之依據經典；故達摩祖師於印證二祖慧可大師之後，將此經典連同佛缽祖衣一併交付二祖，令其依此經典佛示金言、進入修道位，修學一切種智。由此可知此經對於眞悟之人修學佛道，是非常重要之一部經典。此經能破外道邪說，亦破佛門中錯悟名師之謬說，亦破禪宗部分祖師之狂禪：不讀經典、一向主張「一悟即成究竟佛」之謬執。並開示愚夫所行禪、觀察義禪、攀緣如禪、如來禪等差別，令行者對於三乘禪法差異有所分辨；亦糾正禪宗祖師古來對於如來禪之誤解，嗣後可免以訛傳訛之弊。此經亦是法相唯識宗之根本經典，禪者悟後欲修一切種智而入初地者，必須詳讀。　平實導師著，全套共十輯，已全部出版完畢，每輯主文約320頁，每冊約352頁，定價250元。

**宗門血脈—公案拈提第四輯**：末法怪象—許多修行人自以爲悟，每將無念靈知認作眞實；崇尚二乘法諸師及其徒眾，則將外於如來藏之緣起性空—無因論之無常空、斷滅空、一切法空—錯認爲　佛所說之般若空性。這兩種現象已於當今海峽兩岸及美加地區顯密大師之中普遍存在；人人自以爲悟，心高氣壯，便敢寫書解釋祖師證悟之公案，大多出於意識思惟所得，言不及義，錯誤百出，因此誤導廣大佛子同陷大妄語之地獄業中而不能自知。彼等書中所說之悟處，其實處處違背第一義經典之聖言量。彼等諸人不論是否身披袈裟，都非佛法宗門血脈，或雖有禪宗法脈之傳承，亦只徒具形式；猶如螟蛉，非眞血脈，未悟得根本眞實故。禪子欲知　佛、祖之眞血脈者，請讀此書，便知分曉。平實導師著，主文452頁，全書464頁，定價500元（2007年起，凡購買公案拈提第一輯至第七輯，每購一輯皆贈送本公司精製公案拈提〈超意境〉CD一片，市售價格280元，多購多贈）。

**宗通與說通**：古今中外，錯誤之人如麻似粟，每以常見外道所說之靈知心，認作眞心；或妄想虛空之勝性能量爲眞如，或錯認物質四大元素藉冥性（靈知心本體）能成就吾人色身及知覺，或認初禪至四禪中之了知心爲不生不滅之涅槃心。此等皆非通宗者之見地。復有錯悟之人一向主張「宗門與教門不相干」，此即尚未通達宗門之人也。其實宗門與教門互通不二，宗門所證者乃是眞如與佛性，教門所說者乃說宗門證悟之眞如佛性，故教門與宗門不二。本書作者以宗教二門互通之見地，細說「宗通與說通」，從初見道至悟後起修之道、細說分明；並將諸宗諸派在整體佛教中之地位與次第，加以明確之教判，學人讀之即可了知佛法之梗概也。欲擇明師學法之前，允宜先讀。平實導師著，主文共381頁，全書392頁，只售成本價300元。

**宗門正道—公案拈提第五輯**：修學大乘佛法有二果須證—解脫果及大菩提果。二乘人不證大菩提果，唯證解脫果；此果之智慧，名爲聲聞菩提、緣覺菩提。大乘佛子所證二果之菩提果爲佛菩提，故名大菩提果，其慧名爲一切種智—函蓋二乘解脫果。然此大乘二果修證，須經由禪宗之宗門證悟方能相應。而宗門證悟極難，自古已然；其所以難者，咎在古今佛教界普遍存在三種邪見：1.以修定認作佛法，2.以無因論之緣起性空—否定涅槃本際如來藏以後之一切法空作爲佛法，3.以常見外道邪見（離語言妄念之靈知性）作爲佛法。如是邪見，或因自身正見未立所致，或因邪師之邪教導所致，或因無始劫來虛妄熏習所致。若不破除此三種邪見，永劫不悟宗門眞義、不入大乘正道，唯能外門廣修菩薩行。平實導師於此書中，有極爲詳細之說明，有志佛子欲摧邪見、入於內門修菩薩行者，當閱此書。主文共496頁，全書512頁。售價500元（2007年起，凡購買公案拈提第一輯至第七輯，每購一輯皆贈送本公司精製公案拈提〈超意境〉CD一片，市售價格280元，多購多贈）。

**狂密與眞密**：密教之修學，皆由有相之觀行法門而入，其最終目標仍不離顯教經典所說第一義諦之修證；若離顯教第一義經典、或違背顯教第一義經典，即非佛教。西藏密教之觀行法，如灌頂、觀想、遷識法、寶瓶氣、大聖歡喜雙身修法、喜金剛、無上瑜伽、大樂光明、樂空雙運等，皆是印度教兩性生生不息思想之轉化，自始至終皆以如何能運用交合淫樂之法達到全身受樂爲其中心思想，純屬欲界五欲的貪愛，不能令人超出欲界輪迴，更不能令人斷除我見；何況大乘之明心與見性，更無論矣！故密宗之法絕非佛法也。而其明光大手印、大圓滿法教，又皆同以常見外道所說離語言妄念之無念靈知心錯認爲佛地之眞如，不能直指不生不滅之眞如。西藏密宗所有法王與徒衆，都尚未開頂門眼，不能辨別眞僞，以依人不依法、依密續不依經典故，不肯將其上師喇嘛所說對照第一義經典，純依密續之藏密祖師所說爲準，因此而誇大其證德與證量，動輒謂彼祖師上師爲究竟佛、爲地上菩薩；如今台海兩岸亦有自謂其師證量高於 釋迦文佛者，然觀其師所述，猶未見道，仍在觀行即佛階段，尚未到禪宗相似即佛、分證即佛階位，竟敢標榜爲究竟佛及地上法王，誑惑初機學人。凡此怪象皆是狂密，不同於眞密之修行者。近年狂密盛行，密宗行者被誤導者極衆，動輒自謂已證佛地眞如，自視爲究竟佛，陷於大妄語業中而不知自省，反謗顯宗眞修實證者之證量粗淺；或如義雲高與釋性圓…等人，於報紙上公然誹謗眞實證道者爲「騙子、無道人、人妖、癩蛤蟆…」等，造下誹謗大乘勝義僧之大惡業；或以外道法中有爲有作之甘露、魔術……等法，誑騙初機學人，狂言彼外道法爲眞佛法。如是怪象，在西藏密宗及附藏密之外道中，不一而足，舉之不盡，學人宜應愼思明辨，以免上當後又犯毀破菩薩戒之重罪。密宗學人若欲遠離邪知邪見者，請閱此書，即能了知密宗之邪謬，從此遠離邪見與邪修，轉入眞正之佛道。平實導師著 共四輯 每輯約400頁（主文約340頁）每輯售價300元。

**宗門正義—公案拈提第六輯：**佛教有六大危機，乃是藏密化、世俗化、膚淺化、學術化、宗門密意失傳、悟後進修諸地之次第混淆；其中尤以宗門密意之失傳，爲當代佛教最大之危機。由宗門密意失傳故，易令世尊本懷普被錯解，易令世尊正法被轉易爲外道法，以及加以淺化、世俗化，是故宗門密意之廣泛弘傳與具緣佛弟子，極爲重要。然而欲令宗門密意之廣泛弘傳予具緣之佛弟子者，必須同時配合錯誤知見之解析、普令佛弟子知之，然後輔以公案解析之直示入處，方能令具緣之佛弟子悟入。而此二者，皆須以公案拈提之方式爲之，方易成其功、竟其業，是故平實導師續作宗門正義一書，以利學人。　全書500餘頁，售價500元（2007年起，凡購買公案拈提第一輯至第七輯，每購一輯皆贈送本公司精製公案拈提〈超意境〉CD一片，市售價格280元，多購多贈）。

**心經密意**—心經與解脫道、佛菩提道、祖師公案之關係與密意。　二乘菩提所證之解脫道，實依第八識心之斷除煩惱障現行而立解脫之名；大乘菩提所證之佛菩提道，實依親證第八識如來藏之涅槃性、清淨自性、及其中道性而立般若之名；禪宗祖師公案所證之眞心，即是此第八識如來藏；是故三乘佛法所修所證之三乘菩提，皆依此如來藏心而立名也。此第八識心，即是《心經》所說之心也。證得此如來藏已，即能漸入大乘佛菩提道，亦可因證知此心而了知二乘無學所不能知之無餘涅槃本際，是故《心經》之密意，與三乘佛菩提之關係極爲密切、不可分割，三乘佛法皆依此心而立名故。今者平實導師以其所證解脫道之無生智及佛菩提之般若種智，將《心經》與解脫道、佛菩提道、祖師公案之關係與密意，以演講之方式，用淺顯之語句和盤托出，發前人所未言，呈三乘菩提之眞義，令人藉此《心經密意》一舉而窺三乘菩提之堂奧，迴異諸方言不及義之說；欲求眞實佛智者、不可不讀！主文317頁，連同跋文及序文…等共384頁，售價300元。

**宗門密意—公案拈提第七輯：**佛教之世俗化，將導致學人以信仰作爲學佛，則將以感應及世間法之庇祐，作爲學佛之主要目標，不能了知學佛之主要目標爲親證三乘菩提。大乘菩提則以般若實相智慧爲主要修習目標，以二乘菩提解脫道爲附帶修習之標的；是故學習大乘法者，應以禪宗之證悟爲要務，能親入大乘菩提之實相般若智慧中故，般若實相智慧非二乘聖人所能知故。此書則以台灣世俗化佛教之三大法師，說法似是而非之實例，配合眞悟祖師之公案解析，提示證悟般若之關節，令學人易得悟入。平實導師著，全書五百餘頁，售價500元（2007年起，凡購買公案拈提第一輯至第七輯，每購一輯皆贈送本公司精製公案拈提〈超意境〉CD一片，市售價格280元，多購多贈）。

**淨土聖道**—兼評選擇本願念佛：佛法甚深極廣，般若玄微，非諸二乘聖僧所能知之，一切凡夫更無論矣！所謂一切證量皆歸淨土是也！是故大乘法中「聖道之淨土、淨土之聖道」，其義甚深，難可了知；乃至眞悟之人，初心亦難知也。今有正德老師眞實證悟後，復能深探淨土與聖道之緊密關係，憐憫衆生之誤會淨土實義，亦欲利益廣大淨土行人同入聖道，同獲淨土中之聖道門要義，乃振奮心神、書以成文，今得刊行天下。主文279頁，連同序文等共301頁，總有十一萬六千餘字，正德老師著，成本價200元。

**起信論講記**：詳解大乘起信論心生滅門與心眞如門之眞實意旨，消除以往大師與學人對起信論所說心生滅門之誤解，由是而得了知眞心如來藏之非常非斷中道正理；亦因此一講解，令此論以往隱晦而被誤解之眞實義，得以如實顯示，令大乘佛菩提道之正理得以顯揚光大；初機學者亦可藉此正論所顯示之法義，對大乘法理生起正信，從此得以眞發菩提心，眞入大乘法中修學，世世常修菩薩正行。平實導師演述，共六輯，都已出版，每輯三百餘頁，售價各250元。

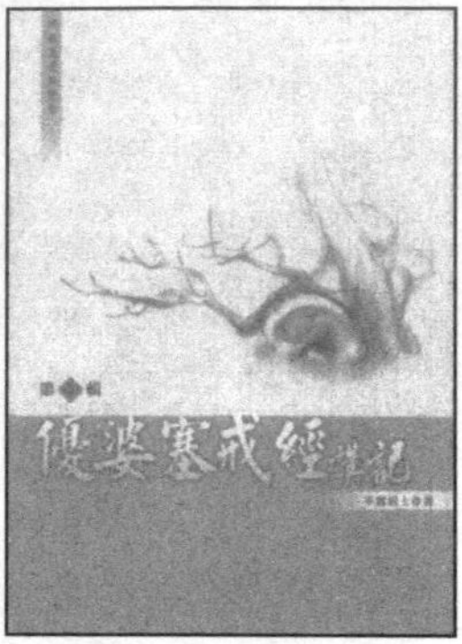


**優婆塞戒經講記**：本經詳述在家菩薩修學大乘佛法，應如何受持菩薩戒？對人間善行應如何看待？對三寶應如何護持？應如何正確地修集此世後世證法之福德？應如何修集後世「行菩薩道之資糧」？並詳述第一義諦之正義：五蘊非我非異我、自作自受、異作異受、不作不受……等深妙法義，乃是修學大乘佛法、行菩薩行之在家菩薩所應當了知者。出家菩薩今世或未來世登地已，捨報之後多數將如華嚴經中諸大菩薩，以在家菩薩身而修行菩薩行，故亦應以此經所述正理而修之，配合《楞伽經、解深密經、楞嚴經、華嚴經》等道次第正理，方得漸次成就佛道；故此經是一切大乘行者皆應證知之正法。平實導師講述，每輯三百餘頁，售價各250元；共八輯，已全部出版。

**真假活佛**—略論附佛外道盧勝彥之邪說：人人身中都有眞活佛，永生不滅而有大神用，但眾生都不了知，所以常被身外的西藏密宗假活佛籠罩欺瞞。本來就眞實存在的眞活佛，才是眞正的密宗無上密！諾那活佛因此而說禪宗是大密宗，但藏密的所有活佛都不知道、也不曾實證自身中的眞活佛。本書詳實宣示眞活佛的道理，舉證盧勝彥的「佛法」不是眞佛法，也顯示盧勝彥是假活佛，直接的闡釋第一義佛法見道的眞實正理。眞佛宗的所有上師與學人們，都應該詳細閱讀，包括盧勝彥個人在內。正犀居士著，優惠價140元。

**阿含正義**—唯識學探源：廣說四大部《阿含經》諸經中隱說之眞正義理，一一舉示佛陀本懷，令阿含時期初轉法輪根本經典之眞義，如實顯現於佛子眼前。並提示末法大師對於阿含眞義誤解之實例，一一比對之，證實唯識增上慧學確於原始佛法之阿含諸經中已隱覆密意而略說之，證實世尊確於原始佛法中已曾密意而說第八識如來藏之總相；亦證實世尊在四阿含中已說此藏識是名色十八界之因、之本—證明如來藏是能生萬法之根本心。佛子可據此修正以往受諸大師（譬如西藏密宗應成派中觀師：印順、昭慧、性廣、大願、達賴、宗喀巴、寂天、月稱、……等人）誤導之邪見，建立正見，轉入正道乃至親證初果而無困難；書中並詳說三果所證的心解脫，以及四果慧解脫的親證，都是如實可行的具體知見與行門。全書共七輯，已出版完畢。平實導師著，每輯三百餘頁，售價300元。

**超意境CD**：以平實導師公案拈提書中超越意境之頌詞，加上曲風優美的旋律，錄成令人嚮往的超意境歌曲，其中包括正覺發願文及平實導師親自譜成的黃梅調歌曲一首。詞曲雋永，殊堪翫味，可供學禪者吟詠，有助於見道。內附設計精美的彩色小冊，解說每一首詞的背景本事。每片280元。【每購買公案拈提書籍一冊，即贈送一片。】

**我的菩提路第一輯**：凡夫及二乘聖人不能實證的佛菩提證悟，末法時代的今天仍然有人能得實證，由正覺同修會釋悟圓、釋善藏法師等二十餘位實證如來藏者所寫的見道報告，已爲當代學人見證宗門正法之絲縷不絕，證明大乘義學的法脈仍然存在，爲末法時代求悟般若之學人照耀出光明的坦途。由二十餘位大乘見道者所繕，敘述各種不同的學法、見道因緣與過程，參禪求悟者必讀。全書三百餘頁，售價300元。

**我的菩提路第二輯**：由郭正益老師等人合著，書中詳述彼等諸人歷經各處道場學法，一一修學而加以檢擇之不同過程以後，因閱讀正覺同修會、正智出版社書籍而發起抉擇分，轉入正覺同修會中修學；乃至學法及見道之過程，都一一詳述之。其中張志成等人係由前現代禪轉進正覺同修會，張志成原爲現代禪副宗長，以前未閱本會書籍時，曾被人藉其名義著文評論平實導師（詳見《宗通與說通》辨正及《眼見佛性》書末附錄…等）；後因偶然接觸正覺同修會書籍，深覺以前聽人評論平實導師之語不實，於是投入極多時間閱讀本會書籍、深入思辨，詳細探索中觀與唯識之關聯與異同，認爲正覺之法義方是正法，深覺相應；亦解開多年來對佛法的迷雲，確定應依八識論正理修學方是正法。乃不顧面子，毅然前往正覺同修會面見平實導師懺悔，並正式學法求悟。今已與其同修王美伶（亦爲前現代禪傳法老師），同樣證悟如來藏而證得法界實相，生起實相般若眞智。此書中尚有七年來本會第一位眼見佛性者之見性報告一篇，一同供養大乘佛弟子。全書四百頁，售價300元。

**我的菩提路第三輯**：由王美伶老師等人合著。自從正覺同修會成立以來，每年夏初、冬初都舉辦精進禪三共修，藉以助益會中同修們得以證悟明心發起般若實相智慧；凡已實證而被平實導師印證者，皆書具見道報告用以證明佛法之眞實可證而非玄學，證明佛法並非純屬思想、理論而無實質，是故每年都能有人證明正覺同修會的「實證佛教」主張並非虛語。特別是眼見佛性一法，自古以來中國禪宗祖師實證者極寡，較之明心開悟的證境更難令人信受；至2017年初，正覺同修會中的證悟明心者已近五百人，然而其中眼見佛性者至今唯十餘人爾，可謂難能可貴，是故明心後欲冀眼見佛性者實屬不易。黃正倖老師是懸絕七年無人見性後的第一人，她於2009年的見性報告刊於本書的第二輯中，爲大眾證明佛性確實可以眼見；其後七年之中求見性者都屬解悟佛性而無人眼見，幸而又經七年後的2016冬初，以及2017夏初的禪三，復有三人眼見佛性，希冀鼓舞四眾佛子求見佛性之大心，今則具載一則於書末，顯示求見佛性之事實經歷，供養現代佛教界欲得見性之四眾弟子。全書四百頁，售價300元。

我的菩提路第四輯：由陳晏平等人著。中國禪宗祖師往往有所謂「見性」之言，所言多屬看見如來藏具有能令人發起成佛之自性，並非《大般涅槃經》中　如來所說之眼見佛性。眼見佛性者，於親見佛性之時，即能於山河大地眼見自己佛性，亦能於他人身上眼見自己佛性及對方之佛性，如是境界無法為尚未實證者解釋；勉強說之，縱使眞實明心證悟之人聞之，亦只能以自身明心之境界想像之，但不論如何想像多屬非量，能有正確之比量者亦是稀有，故說眼見佛性極為困難。眼見佛性之人若所見極分明時，在所見佛性之境界下所眼見之山河大地、自己五蘊身心皆是虛幻，自有異於明心者之解脫功德受用，此後永不思證二乘涅槃，必定邁向成佛之道而進入第十住位中，已超第一阿僧祇劫三分有一，可謂之為超劫精進也。今又有明心之後眼見佛性之人出於人間，將其明心及後來見性之報告，連同其餘證悟明心者之精彩報告一同收錄於此書中，供養眞求佛法實證之四眾佛子。全書380頁，售價300元，已於2018年6月30日發行。

我的菩提路第五輯：林慈慧老師等人著，本輯中所舉學人從相似正法中來到正覺同修會的過程，各人都有不同，發生的因緣亦是各有差別，然而都會指向同一個目標——證實生命實相的源底，確證自己生從何來、死往何去的事實，所以最後都證明佛法眞實而可親證，絕非玄學；本書將彼等諸人的始修及末後證悟之實例，羅列出來以供學人參考。本期亦有一位會裡的老師，是從1995年即開始追隨　平實導師修學，1997年明心後持續進修不斷，直到2017年眼見佛性之實例，足可證明《大般涅槃經》中世尊開示眼見佛性之法正眞無訛，第十住位的實證在末法時代的今天仍有可能，如今一併具載於書中以供學人參考，並供養現代佛教界欲得見性之四眾弟子。全書四百頁，售價300元，已於2019年12月31日發行。

我的菩提路第六輯：劉正莉老師等人著。書中詳敘學佛路程之辛苦萬端，直至得遇正法之後如何修行終能實證，現觀眞如而入勝義菩薩僧數。本輯亦錄入一位1990年明心後追隨平實導師學法弘法的老師，不數年後又再眼見佛性的實證者，文中詳述見性之過程，欲令學人深信眼見佛性其實不難，冀得奮力向前而得實證。然古來能得明心又得見性之祖師極寡，禪師們所謂見性者往往屬於明心時親見第八識如來藏具備能使人成佛之自性，即名見性，例如六祖等人，是明心時看見了如來藏具有能使人成佛的自性，當作見性，其實只是明心而階眞見道位，尚非眼見佛性。但非《大般涅槃經》中所說之「眼見佛性」之實證。今本書提供十幾篇明心見道報告及眼見佛性者的見性報告一篇，以饗讀者，預定2020年8月31日出版。全書384頁，300元。

**鈍鳥與靈龜**：鈍鳥及靈龜二物，被宗門證悟者說爲二種人：前者是精修禪定而無智慧者，也是以定爲禪的愚癡禪人；後者是或有禪定、或無禪定的宗門證悟者，凡已證悟者皆是靈龜。但後者被人虛造事實，用以嘲笑大慧宗杲禪師，說他雖是靈龜，卻不免被天童禪師預記「患背」痛苦而亡：「鈍鳥離巢易，靈龜脫殼難。」藉以貶低大慧宗杲的證量。同時將天童禪師實證如來藏的證量，曲解爲意識境界的離念靈知。自從大慧禪師入滅以後，錯悟凡夫對他的不實毀謗就一直存在著，不曾止息，並且捏造的假事實也隨著年月的增加而越來越多，終至編成「鈍鳥與靈龜」的假公案、假故事。本書是考證大慧與天童之間的不朽情誼，顯現這件假公案的虛妄不實；更見大慧宗杲面對惡勢力時的正直不阿，亦顯示大慧對天童禪師的至情深義，將使後人對大慧宗杲的誣謗至此而止，不再有人誤犯毀謗賢聖的惡業。書中亦舉證宗門的所悟確以第八識如來藏爲標的，詳讀之後必可改正以前被錯悟大師誤導的參禪知見，日後必定有助於實證禪宗的開悟境界，得階大乘眞見道位中，即是實證般若之賢聖。全書459頁，售價350元。

**維摩詰經講記**：本經係 世尊在世時，由等覺菩薩維摩詰居士藉疾病而演說之大乘菩提無上妙義，所說函蓋甚廣，然極簡略，是故今時諸方大師與學人讀之悉皆錯解，何況能知其中隱含之深妙正義，是故普遍無法爲人解說；若強爲人說，則成依文解義而有諸多過失。今由平實導師公開宣講之後，詳實解釋其中密意，令維摩詰菩薩所說大乘不可思議解脫之深妙正法得以正確宣流於人間，利益當代學人及與諸方大師。書中詳實演述大乘佛法深妙不共二乘之智慧境界，顯示諸法之中絕待之實相境界，建立大乘菩薩妙道於永遠不敗不壞之地，以此成就護法偉功，欲冀永利娑婆人天。已經宣講圓滿整理成書流通，以利諸方大師及諸學人。全書共六輯，每輯三百餘頁，售價各250元。

**真假外道**：本書具體舉證佛門中的常見外道知見實例，並加以教證及理證上的辨正，幫助讀者輕鬆而快速的了知常見外道的錯誤知見，進而遠離佛門內外的常見外道知見，因此即能改正修學方向而快速實證佛法。游正光老師著　。成本價200元。

**勝鬘經講記**：如來藏爲三乘菩提之所依，若離如來藏心體及其含藏之一切種子，即無三界有情及一切世間法，亦無二乘菩提緣起性空之出世間法；本經詳說無始無明、一念無明皆依如來藏而有之正理，藉著詳解煩惱障與所知障間之關係，令學人深入了知二乘菩提與佛菩提相異之妙理；聞後即可了知佛菩提之特勝處及三乘修道之方向與原理，邁向攝受正法而速成佛道的境界中。平實導師講述，共六輯，每輯三百餘頁，售價各250元。

**楞嚴經講記**：楞嚴經係密教部之重要經典，亦是顯教中普受重視之經典；經中宣說明心與見性之內涵極爲詳細，將一切法都會歸如來藏及佛性—妙眞如性；亦闡釋佛菩提道修學過程中之種種魔境，以及外道誤會涅槃之狀況，旁及三界世間之起源。然因言句深澀難解，法義亦復深妙寬廣，學人讀之普難通達，是故讀者大多誤會，不能如實理解佛所說之明心與見性內涵，亦因是故多有悟錯之人引爲開悟之證言，成就大妄語罪。今由平實導師詳細講解之後，整理成文，以易讀易懂之語體文刊行天下，以利學人。全書十五輯，全部出版完畢。每輯三百餘頁，售價每輯300元。

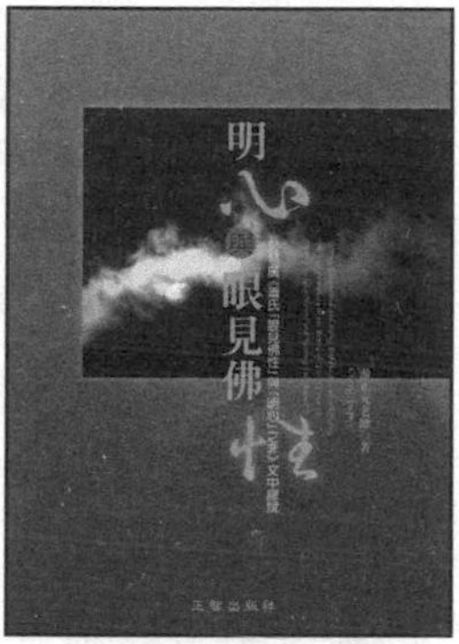


**明心與眼見佛性**：本書細述明心與眼見佛性之異同，同時顯示了中國禪宗破初參明心與重關眼見佛性二關之間的關聯；書中又藉法義辨正而旁述其他許多勝妙法義，讀後必能遠離佛門長久以來積非成是的錯誤知見，令讀者在佛法的實證上有極大助益。也藉慧廣法師的謬論來教導佛門學人回歸正知正見，遠離古今禪門錯悟者所墮的意識境界，非唯有助於斷我見，也對未來的開悟明心實證第八識如來藏有所助益，是故學禪者都應細讀之。　游正光老師著　共448頁　售價300元。

**菩薩底憂鬱CD**：將菩薩情懷及禪宗公案寫成新詞，並製作成超越意境的優美歌曲。1.主題曲〈菩薩底憂鬱〉，描述地後菩薩能離三界生死而迴向繼續生在人間，但因尚未斷盡習氣種子而有極深沈之憂鬱，非三賢位菩薩及二乘聖者所知，此憂鬱在七地滿心位方才斷盡；本曲之詞中所說義理極深，昔來所未曾見；此曲係以優美的情歌風格寫詞及作曲，聞者得以激發嚮往諸地菩薩境界之大心，詞、曲都非常優美，難得一見；其中勝妙義理之解說，已印在附贈之彩色小冊中。2.以各輯公案拈提中直示禪門入處之頌文，作成各種不同曲風之超意境歌曲，值得玩味、參究；聆聽公案拈提之優美歌曲時，請同時閱讀內附之印刷精美說明小冊，可以領會超越三界的證悟境界；未悟者可以因此引發求悟之意向及疑情，眞發菩提心而邁向求悟之途，乃至因此眞實悟入般若，成眞菩薩。3.正覺總持咒新曲，總持佛法大意；總持咒之義理，已加以解說並印在隨附之小冊中。本CD共有十首歌曲，長達63分鐘，附贈二張購書優惠券。每片280元。

**禪意無限CD**：平實導師以公案拈提書中偈頌寫成不同風格曲子，與他人所寫不同風格曲子共同錄製出版，幫助參禪人進入禪門超越意識之境界。盒中附贈彩色印製的精美解說小冊，以供聆聽時閱讀，令參禪人得以發起參禪之疑情，即有機會證悟本來面目，實證大乘菩提般若。本CD共有十首歌曲，長達69分鐘，每盒各附贈二張購書優惠券。每片280元。

**金剛經宗通**：三界唯心，萬法唯識，是成佛之修證內容，是諸地菩薩之所修；般若則是成佛之道（實證三界唯心、萬法唯識）的入門，若未證悟實相般若，即無成佛之可能，必將永在外門廣行菩薩六度，永在凡夫位中。然而實相般若的發起，全賴實證萬法的實相；若欲證知萬法的眞相，則必須探究萬法之所從來，則須實證自心如來─金剛心如來藏，然後現觀這個金剛心的金剛性、眞實性、如如性、清淨性、涅槃性、能生萬法的自性性、本住性，名爲證眞如；進而現觀三界六道唯是此金剛心所成，人間萬法須藉八識心王和合運作方能現起。如是實證

《華嚴經》的「三界唯心、萬法唯識」以後，由此等現觀而發起實相般若智慧，繼續進修第十住位的如幻觀、第十行位的陽焰觀、第十迴向位的如夢觀，再生起增上意樂而勇發十無盡願，方能滿足三賢位的實證，轉入初地；自知成佛之道而無偏倚，從此按部就班、次第進修乃至成佛。第八識自心如來是般若智慧之所依，般若智慧的修證則要從實證金剛心自心如來開始；《金剛經》則是解說自心如來之經典，是一切三賢位菩薩所應進修之實相般若經典。這一套書，是將平實導師宣講的《金剛經宗通》內容，整理成文字而流通之；書中所說義理，迥異古今諸家依文解義之說，指出大乘見道方向與理路，有益於禪宗學人求開悟見道，及轉入內門廣修六度萬行。已於2013年9月出版完畢，總共9輯，每輯約三百餘頁，售價各250元。

**空行母—性別、身分定位，以及藏傳佛教**：本書作者爲蘇格蘭哲學家，因爲嚮往佛教深妙的哲學內涵，於是進入當年盛行於歐美的假藏傳佛教密宗，擔任卡盧仁波切的翻譯工作多年以後，被邀請成爲卡盧的空行母（又名佛母、明妃），開始了她在密宗裡的實修過程；後來發覺在密宗雙身法中的修行，其實無法使自己成佛，也發覺密宗對女性岐視而處處貶抑，並剝奪女性在雙身法中擔任一半角色時應有的身分定位。當她發覺自己只是雙身法中被喇嘛利用的工具，沒有獲得絲毫應有的尊重與基本定位時，發現了密宗的父權社會控制女性的本質；於是作者傷心地離開了卡盧仁波切與密宗，但是卻被恐嚇不許講出她在密宗裡的經歷，也不許她說出自己對密宗的教義與教制下對女性剝削的本質，否則將被咒殺死亡。後來她去加拿大定居，十餘年後方才擺脫這個恐嚇陰影，下定決心將親身經歷的實情及觀察到的事實寫下來並且出版，公諸於世。出版之後，她被流亡的達賴集團人士大力攻訐，誣指她爲精神狀態失常、說謊……等。但有智之士並未被達賴集團的政治操作及各國政府政治運作吹捧達賴的表相所欺，使她的書銷售無阻而又再版。正智出版社鑑於作者此書是親身經歷的事實，所說具有針對「藏傳佛教」而作學術研究的價值，也有使人認清假藏傳佛教剝削佛母、明妃的男性本位實質，因此洽請作者同意中譯而出版於華人地區。珍妮·坎貝爾女士著，呂艾倫 中譯，每冊250元。

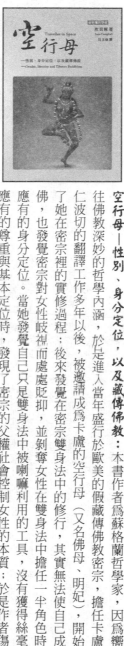

**霧峰無霧—給哥哥的信**　本書作者藉兄弟之間信件往來論義，略述佛法大義；並以多篇短文辨義，舉出釋印順對佛法的無量誤解證據，並一一給予簡單而清晰的辨正，令人一讀即知。久讀、多讀之後即能認清楚釋印順的六識論見解，與眞實佛法之牴觸是多麼嚴重；於是在久讀、多讀之後，於不知不覺之間提升了對佛法的極深入理解，正知正見就在不知不覺間建立起來了。當三乘佛法的正知見建立起來之後，對於三乘菩提的見道條件便將隨之具足，於是聲聞解脫道的見道也就水到渠成；接著大乘見道的因緣也將次第成熟，未來自然也會有親見大乘菩提之道的因緣，悟入大乘實相般若也將自然成功，自能通達般若系列諸經而成實義菩薩。作者居住於南投縣霧峰鄉，自喻見道之後不復再見霧峰之霧，故鄉原野美景一一明見，於是立此書名爲《霧峰無霧》；讀者若欲撥霧見月，可以此書爲緣。游宗明　老師著　已於2015年出版　售價250元。

**霧峰無霧—第二輯—救護佛子向正道**　本書作者藉釋印順著作中之各種錯謬法義提出辨正，以詳實的文義一一提出理論上及實證上之解析，列舉釋印順對佛法的無量誤解證據，藉此教導佛門大師與學人釐清佛法義理，遠離岐途轉入正道，然後知所進修，久之便能見道明心而入大乘勝義僧數。被釋印順誤導的大師與學人極多，很難救轉，是故作者大發悲心深入解說其錯謬之所在，佐以各種義理辨正而令讀者在不知不覺之間轉歸正道。如是久讀之後欲得斷身見、證初果，即不爲難事；乃至久之亦得大乘見道而得證眞如，脫離空有二邊而住中道，實相般若智慧生起，於佛法不再茫然，漸漸亦知悟後進修之道。屆此之時，對於大乘般若等深妙法之迷雲暗霧亦將一掃而空，生命及宇宙萬物之故鄉原野美景一一明見，是故本書仍名《霧峰無霧》，爲第二輯；讀者若欲撥雲見日、離霧見月，可以此書爲緣。游宗明　老師著　已於2019年出版　售價250元。

**假藏傳佛教的神話—性、謊言、喇嘛教**：本書編著者是由一首名爲「阿姊鼓」的歌曲爲緣起，展開了序幕，揭開假藏傳佛教—喇嘛教—的神秘面紗。其重點是蒐集、摘錄網路上質疑「喇嘛教」的帖子，以揭穿「假藏傳佛教的神話」爲主題，串聯成書，並附加彩色插圖以及說明，讓讀者們瞭解西藏密宗及相關人事如何被操作爲「神話」的過程，以及神話背後的眞相。作者：張正玄教授。售價200元。

**達賴真面目—玩盡天下女人**：假使您不想戴綠帽子，請記得詳細閱讀此書；假使您不想讓好朋友戴綠帽子，請您將此書介紹給您的好朋友。假使您想保護家中的女性，也想要保護好朋友的女眷，請記得將此書送給家中的女性和好友的女眷都來閱讀。本書爲印刷精美的大本彩色中英對照精裝本，爲您揭開達賴喇嘛的眞面目，內容精彩不容錯過，爲利益社會大眾，特別以優惠價格嘉惠所有讀者。編著者：白志偉等。大開版雪銅紙彩色精裝本。售價800元。

**童女迦葉考—論呂凱文〈佛教輪迴思想的論述分析〉之謬**：童女迦葉是佛世率領五百大比丘遊行於人間的歷史事實，是以童貞行而依止菩薩戒弘化於人間的大菩薩，不依別解脫戒（聲聞戒）來弘化於人間。這是大乘佛教與聲聞佛教同時存在於佛世的歷史明證，證明大乘佛教不是從聲聞法中分裂出來的部派佛教的產物，卻是聲聞佛教分裂出來的部派佛教聲聞凡夫僧所不樂見的史實；於是古今聲聞法中的凡夫都欲加以扭曲而作詭說，更是末法時代高聲大呼「大乘非佛說」的六識論聲聞凡夫極力想要扭曲的佛教史實之一，於是想方設法扭曲迦葉菩薩爲聲聞僧，以及扭曲迦葉童女爲比丘僧等荒謬不實之論著便陸續出現，古時聲聞僧寫作的《分別功德論》是最具體之事例，現代之代表作則是呂凱文先生的〈佛教輪迴思想的論述分析〉論文。鑑於如是假藉學術考證以籠罩大眾之不實謬論，未來仍將繼續造作及流竄於佛教界，繼續扼殺大乘佛教學人法身慧命，必須舉證辨正之，遂成此書。平實導師 著，每冊180元。

**末代達賴—性交教主的悲歌**：簡介從藏傳偽佛教（喇嘛教）的修行核心—性力派男女雙修，探討達賴喇嘛及藏傳偽佛教的修行內涵。書中引用外國知名學者著作、世界各地新聞報導，包含：歷代達賴喇嘛的祕史、達賴六世修雙身法的事蹟，以及《時輪續》中的性交灌頂儀式……等；達賴喇嘛書中開示的雙修法、達賴喇嘛的黑暗政治手段；達賴喇嘛所領導的寺院爆發喇嘛性侵兒童；新聞報導《西藏生死書》作者索甲仁波切性侵女信徒、澳洲喇嘛秋達公開道歉、美國最大假藏傳佛教組織領導人邱陽創巴仁波切的性氾濫，等等事件背後眞相的揭露。作者：張善思、呂艾倫、辛燕。售價250元。

**黯淡的達賴—失去光彩的諾貝爾和平獎**：本書舉出很多證據與論述，詳述達賴喇嘛不爲世人所知的一面，顯示達賴喇嘛並不是眞正的和平使者，而是假借諾貝爾和平獎的光環來欺騙世人；透過本書的說明與舉證，讀者可以更清楚的瞭解，達賴喇嘛是結合暴力、黑暗、淫欲於喇嘛教裡的集團首領，其政治行爲與宗教主張，早已讓諾貝爾和平獎的光環染污了。 本書由財團法人正覺教育基金會寫作、編輯，由正覺出版社印行，每冊250元。

**第七意識與第八意識？—穿越時空「超意識」**：「三界唯心，萬法唯識」是佛教中應該實證的聖教，也是《華嚴經》中明載而可以實證的法界實相。唯心者，三界一切境界、一切諸法唯是一心所成就，即是每一個有情的第八識如來藏，不是意識心。唯識者，即是人類各各都具足的八識心王——眼識、耳鼻舌身意識、意根、阿賴耶識，第八阿賴耶識又名如來藏，人類五陰相應的萬法，莫不由八識心王共同運作而成就，故說萬法唯識。依聖教量及現量、比量，都可以證明意識是二法因緣生，是由第八識藉意根與法塵二法爲因緣而出生，又是夜夜斷滅不存之生滅心，即無可能反過來出生第七識意根、第八識如來藏，當知不可能從生滅性的意識心中，細分出恆審思量的第七識意根，更無可能細分出恆而不審的第八識如來藏。本書是將演講內容整理成文字，細說如是內容，並已在《正覺電子報》連載完畢，今彙集成書以廣流通，欲幫助佛門有緣人斷除意識我見，跳脫於識陰之外而取證聲聞初果；嗣後修學禪宗時即得不墮外道神我之中，得以求證第八識金剛心而發起般若實智。平實導師 述，每冊300元。

**中觀金鑑—詳述應成派中觀的起源與其破法本質**：學佛人往往迷於中觀學派之不同學說，被應成派與自續派所迷惑；修學般若中觀二十年後自以爲實證般若中觀了，卻仍不曾入門，甫聞實證般若中觀者之所說，則茫無所知，迷惑不解；隨後信心盡失，不知如何實證佛法；凡此，皆因惑於這二派中觀學說所致。自續派中觀所說同於常見，以意識境界立爲第八識如來藏之境界，應成派所說則同於斷見，但又同立意識爲常住法，故亦具足斷常二見。今者孫正德老師有鑑於此，乃將起源於密宗的應成派中觀學說，追本溯源，詳考其來源之外，亦一一舉證其立論內容，詳加辨正，令密宗雙身法祖師以識陰境界而造之應成派中觀學說本質，詳細呈現於學人眼前，令其維護雙身法之目的無所遁形。若欲遠離密宗此二人派中觀謬說，欲於三乘菩提有所進道者，允宜具足閱讀並細加思惟，反覆讀之以後將可捨棄邪道返歸正道，則於般若之實證即有可能，證後自能現觀如來藏之中道境界而成就中觀。本書分上、中、下三冊，每冊250元，全部出版完畢。

**人間佛教—實證者必定不悖三乘菩提**：「大乘非佛說」的講法似乎流傳已久，卻只是日本人企圖擺脫中國正統佛教的影響，而在明治維新時期才開始提出來的說法；台灣佛教、大陸佛教的淺學無智之人，由於未曾實證佛法而迷信日本人錯誤的學術考證，錯認爲這些別有用心的日本佛學考證的講法爲天竺佛教的眞實歷史；甚至還有更激進的反對佛教者提出「釋迦牟尼佛並非眞實存在，只是後人捏造的假歷史人物」，竟然也有少數人願意跟著「學術」的假光環而信受不疑，於是開始有一些佛教界人士造作了反對中國佛教而推崇南洋小乘佛教的行爲，使佛教的信仰者難以檢擇，導致一般大陸人士開始轉入基督教的盲目迷信中。在這些佛教及外教人士之中，也就有一分人根據此邪說而大聲主張「大乘非佛說」的謬論，這些人以「人間佛教」的名義來抵制中國正統佛教，公然宣稱中國的大乘佛教是由聲聞部派佛教的凡夫僧所創造出來的。這樣的說法流傳於台灣及大陸佛教界凡夫僧之中已久，卻非眞正的佛教歷史中曾經發生過的事，只是繼承六識論的聲聞法中凡夫僧依自己的意識境界立場，純憑臆想而編造出來的妄想說法，卻已經影響許多無智之凡夫僧俗信受不移。本書則是從佛教的經藏法義實質及實證的現量內涵本質立論，證明大乘佛法本是佛說，是從《阿含正義》尚未說過的不同面向來討論「人間佛教」的議題，證明「大乘眞佛說」。閱讀本書可以斷除六識論邪見，迴入三乘菩提正道發起實證的因緣；也能斷除禪宗學人學禪時普遍存在之錯誤知見，對於建立參禪時的正知見有很深的著墨。 平實導師 述，內文488頁，全書528頁，定價400元。

**喇嘛性世界—揭開假藏傳佛教譚崔瑜伽的面紗：**這個世界中的喇嘛，號稱來自世外桃源的香格里拉，穿著或紅或黃的喇嘛長袍，散布於我們的身邊傳教灌頂，吸引了無數的人嚮往學習；這些喇嘛虔誠地爲大衆祈福，手中拿著寶杵（金剛）與寶鈴（蓮花），口中唸著咒語：「唵．嘛呢．叭咪．吽……」，咒語的意思是說：「我至誠歸命金剛杵上的寶珠伸向蓮花寶穴之中」！「喇嘛性世界」是什麼樣的「世界」呢？本書將爲您呈現喇嘛世界的面貌。當您發現眞相以後，您將會唸：「噢！喇嘛．性．世界，譚崔性交嘛！」作者：張善思、呂艾倫。售價200元。

**見性與看話頭：**黃正倖老師的《見性與看話頭》於《正覺電子報》連載完畢，今結集出版。書中詳說禪宗看話頭的詳細方法，並細說看話頭與眼見佛性的關係，以及眼見佛性者求見佛性前必須具備的條件。本書是禪宗實修者追求明心開悟時參禪的方法書，也是求見佛性者作功夫時必讀的方法書，內容兼顧眼見佛性的理論與實修之方法，是依實修之體驗配合理論而詳述，條理分明而且極爲詳實、周全、深入。本書內文375頁，全書416頁，售價300元。

**實相經宗通：**學佛之目的在於實證一切法界背後之實相，禪宗稱之爲本來面目或本地風光，佛菩提道中稱之爲實相法界；此實相法界即是金剛藏，又名佛法之祕密藏，即是能生有情五陰、十八界及宇宙萬有（山河大地、諸天、三惡道世間）的第八識如來藏，又名阿賴耶識心，即是禪宗祖師所說的眞如心，此心即是三界萬有背後的實相。證得此第八識心時，自能瞭解般若諸經中隱說的種種密意，即得發起實相般若——實相智慧。每見學佛人修學佛法二十年後仍對實相般若茫然無知，亦不知如何入門，茫無所趣；更因不知三乘菩提的互異互同，是故越是久學者對佛法越覺茫然，都肇因於尚未瞭解佛法的全貌，亦未瞭解佛法的修證內容即是第八識心所致。本書對於修學佛法者所應實證的實相境界提出明確解析，並提示趣入佛菩提道的入手處，有心親證實相般若的佛法實修者，宜詳讀之，於佛菩提道之實證即有下手處。平實導師述著，共八輯，已於2016年出版完畢，每輯成本價250元。

**真心告訴您(一)—達賴喇嘛在幹什麼?**這是一本報導篇章的選集，更是「破邪顯正」的暮鼓晨鐘。「破邪」是戳破假象，說明達賴喇嘛及其所率領的密宗四大派法王、喇嘛們，弘傳的佛法是仿冒的佛法；他們是假藏傳佛教，是坦特羅(譚崔性交)外道法和藏地崇奉鬼神的苯教混合成的「喇嘛教」，推廣的是以所謂「無上瑜伽」的男女雙身法冒充佛法的假佛教，詐財騙色誤導眾生，常常造成信徒家庭破碎、家中兒少失怙的嚴重後果。「顯正」是揭櫫眞相，指出眞正的藏傳佛教只有一個，就是覺囊巴，傳的是 釋迦牟尼佛演繹的第八識如來藏妙法，稱爲他空見大中觀。正覺教育基金會即以此古今輝映的如來藏正法正知見，在眞心新聞網中逐次報導出來，將箇中原委「眞心告訴您」，如今結集成書，與想要知道密宗眞相的您分享。售價250元。

**法華經講義：**此書爲平實導師始從2009/7/21演述至2014/1/14之講經錄音整理所成。世尊一代時教，總分五時三教，即是華嚴時、聲聞緣覺教、般若教、種智唯識教、法華時；依此五時三教區分爲藏、通、別、圓四教。本經是最後一時的圓教經典，圓滿收攝一切法教於本經中，是故最後的圓教聖訓中，特地指出無有三乘菩提，其實唯有一佛乘；皆因眾生愚迷故，方便區分爲三乘菩提以助眾生證道。世尊於此經中特地說明如來示現於人間的唯一大事因緣，便是爲有緣眾生「開、示、悟、入」諸佛的所知所見——第八識如來藏妙眞如心，並於諸品中隱說「妙法蓮花」如來藏心的密意。然因此經所說甚深難解，眞義隱晦，古來難得有人能窺堂奧；平實導師以知如是密意故，特爲末法佛門四眾演述《妙法蓮華經》中各品蘊含之密意，使古來未曾被古德註解出來的「此經」密意，如實顯示於當代學人眼前。乃至〈藥王菩薩本事品〉、〈妙音菩薩品〉、〈觀世音菩薩普門品〉、〈普賢菩薩勸發品〉中的微細密意，亦皆一併詳述之，開前人所未曾言之密意，示前人所未見之妙法。最後乃至以〈法華大義〉而總其成，全經妙旨貫通始終，而依佛旨圓攝於一心如來藏妙心，厥爲曠古未有之大說也。平實導師述，共有25輯，已於2019/05/31出版完畢。每輯300元。

**西藏「活佛轉世」制度—附佛、造神、世俗法：**歷來關於喇嘛教活佛轉世的研究，多針對歷史及文化兩部分，於其所以成立的理論基礎，較少系統化的探討。尤其是此制度是否依據「佛法」而施設？是否合乎佛法眞實義？現有的文獻大多含糊其詞，或人云亦云，不曾有明確的闡釋與如實的見解。因此本文先從活佛轉世的由來，探索此制度的起源、背景與功能，並進而從活佛的尋訪與認證之過程，發掘活佛轉世的特徵，以確認「活佛轉世」在佛法中應具足何種果德。定價150元。

**真心告訴您(二)—達賴喇嘛是佛教僧侶嗎？補祝達賴喇嘛八十大壽：**這是一本針對當今達賴喇嘛所領導的喇嘛教，冒用佛教名相、於師徒間或師兄姊間，實修男女邪淫，而從佛法三乘菩提的現量與聖教量，揭發其謊言與邪術，證明達賴及其喇嘛教是仿冒佛教的外道，是「假藏傳佛教」。藏密四大派教義雖有「八識論」與「六識論」的表面差異，然其實修之內容，皆共許「無上瑜伽」四部灌頂爲究竟「成佛」之法門，也就是共以男女雙修之邪淫法爲「即身成佛」之密要，雖美其名曰「欲貪爲道」之「金剛乘」，並誇稱其成就超越於（應身佛）釋迦牟尼佛所傳之顯教般若乘之上；然詳考其理論，則或以意識離念時之粗細心爲第八識如來藏，或以中脈裡的明點爲第八識如來藏，或如宗喀巴與達賴堅決主張第六意識爲常恆不變之眞心者，分別墮於外道之常見與斷見中；全然違背 佛說能生五蘊之如來藏的實質。售價300元。

**涅槃—解說四種涅槃之實證及內涵：**眞正學佛之人，首要即是見道，由見道故方有涅槃之實證，證涅槃者方能出生死，但涅槃有四種：二乘聖者的有餘涅槃、無餘涅槃，以及大乘聖者的本來自性清淨涅槃、佛地的無住處涅槃。大乘聖者實證本來自性清淨涅槃，入地前再取證二乘涅槃，然後起惑潤生捨離二乘涅槃，繼續進修而在七地心前斷盡三界愛之習氣種子，依七地無生法忍之具足而證得念念入滅盡定；八地後進斷異熟生死，直至妙覺地下生人間成佛，具足四種涅槃，方是眞正成佛。此理古來少人言，以致誤會涅槃正理者比比皆是，今於此書中廣說四種涅槃、如何實證之理、實證前應有之條件，實屬本世紀佛教界極重要之著作，令人對涅槃有正確無訛之認識，然後可以依之實行而得實證。本書共有上下二冊，每冊各四百餘頁，對涅槃詳加解說，每冊各350元。

**佛藏經講義**：本經說明爲何佛菩提難以實證之原因，都因往昔無數阿僧祇劫前的邪見，引生此世求證時之業障而難以實證。即以諸法實相詳細解說，繼之以念佛品、念法品、念僧品，說明諸佛與法之實質；然後以淨戒品之說明，期待佛弟子四眾堅持清淨戒而轉化心性，並以往古品的實例說明，教導四眾務必滅除邪見轉入正見中，然後以了戒品的說明和囑累品的付囑，期望末法時代的佛門四眾弟子皆能清淨知見而得以實證。平實導師於此經中有極深入的解說，總共21輯，每輯300元，於2019/07/31開始發行。

**修習止觀坐禪法要講記**：修學四禪八定之人，往往錯會禪定之修學知見，欲以無止盡之坐禪而證禪定境界，卻不知修除性障之行門才是修證四禪八定不可或缺之要素，故智者大師云「性障初禪」；性障不除，初禪永不現前，云何修證二禪等？又：行者學定，若唯知數息，而不解六妙門之方便善巧者，欲求一心入定，未到地定極難可得，智者大師名之爲「事障未來」：障礙未到地定之修證。又禪定之修證，不可違背二乘菩提及第一義法，否則縱使具足四禪八定，亦不能實證涅槃而出三界。此諸知見，智者大師於《修習止觀坐禪法要》中皆有闡釋。作者平實導師以其第一義之見地及禪定之實證證量，曾加以詳細解析。將俟正覺寺竣工啓用後重講，不限制聽講者資格；講後將以語體文整理出版。欲修習世間定及增上定之學者，宜細讀之。平實導師述著。

**解深密經講記**：本經係 世尊晚年第三轉法輪，宣說地上菩薩所應熏修之唯識正義經典，經中所說義理乃是大乘一切種智增上慧學，以阿陀那識—如來藏—阿賴耶識爲主體。禪宗之證悟者，若欲修證初地無生法忍乃至八地無生法忍者，必須修學《楞伽經、解深密經》所說之八識心王一切種智；此二經所說正法，方是眞正成佛之道；印順法師否定第八識如來藏之後所說萬法緣起性空之法，是以誤會後之二乘解脫道取代大乘眞正成佛之道，尚且不符二乘解脫道正理，亦已墮於斷滅見中，不可謂爲成佛之道也。平實導師曾於本會郭故理事長往生時，於喪宅中從首七開始宣講，於每一七各宣講三小時，至第十七而快速略講圓滿，作爲郭老之往生佛事功德，迴向郭老早證八地、速返娑婆住持正法。茲爲今時後世學人故，將擇期重講《解深密經》，以淺顯之語句講畢後，將會整理成文，用供證悟者進道；亦令諸方未悟者，據此經中佛語正義，修正邪見，依之速能入道。平實導師述著，全書輯數未定，每輯三百餘頁，將於未來重講完畢後逐輯出版。

**阿含經講記—小乘解脫道之修證**：數百年來，南傳佛法所說證果之不實，所說解脫道之虛妄，所弘解脫道法義之世俗化，皆已少人知之；從南洋傳入台灣與大陸之後，所說法義虛謬之事，亦復少人知之；今時台灣全島印順系統之法師居士，多不知南傳佛法數百年來所說解脫道之義理已然偏斜、已然世俗化、已非眞正之二乘解脫正道，猶極力推崇與弘揚。彼等南傳佛法近代所謂之證果者皆非眞實證果者，譬如阿迦曼、葛印卡、帕奧禪師、一行禪師……等人，悉皆未斷我見故。近年更有台灣南部大願法師，高抬南傳佛法之二乘修證行門爲「捷徑究竟解脫之道」者，然而南傳佛法縱使眞修實證，得成阿羅漢，至高唯是二乘菩提解脫之道，絕非究竟解脫，無餘涅槃中之實際尙未得證故，法界之實相尙未了知故，習氣種子待除故，一切種智未實證故，焉得謂爲「究竟解脫」？即使南傳佛法近代眞有實證之阿羅漢，尙且不及三賢位中之七住明心菩薩本來自性清淨涅槃智慧境界，則不能知此賢位菩薩所證之無餘涅槃實際，仍非大乘佛法中之見道者，何況普未實證聲聞果乃至未斷我見之人？謬充證果已屬逾越，更何況是誤會二乘菩提之後，以未斷我見之凡夫知見所說之二乘菩提解脫偏斜法道，焉可高抬爲「究竟解脫」？而且自稱「捷徑之道」？又妄言解脫之道即是成佛之道，完全否定般若實智、否定三乘菩提所依之如來藏心體，此理大大不通也！平實導師爲令修學二乘菩提欲證解脫果者，普得迴入二乘菩提正見、正道中，是故選錄四阿含諸經中，對於二乘解脫道法義有具足圓滿說明之經典，預定未來十年內將會加以詳細講解，令學佛人得以了知二乘解脫道之修證理路與行門，庶免被人誤導之後，未證言證，梵行未立，干犯道禁自稱阿羅漢或成佛，成大妄語，欲升反墮。本書首重斷除我見，以助行者斷除我見而實證初果爲著眼之目標，若能根據此書內容，配合平實導師所著《識蘊眞義》《阿含正義》內涵而作實地觀行，實證初果非爲難事，行者可以藉此三書自行確認聲聞初果爲實際可得現觀成就之事。此書中除依二乘經典所說加以宣示外，亦依斷除我見等之證量，及大乘法中道種智之證量，對於意識心之體性加以細述，令諸二乘學人必定得斷我見、常見，免除三縛結之繫縛。次則宣示斷除我執之理，欲令升進而得薄貪瞋痴，乃至斷五下分結…等。平實導師將擇期講述，然後整理成書。共二冊，每冊三百餘頁。每輯300元。

**＊喇嘛教修外道雙身法，墮識陰境界，非佛教＊**

**＊弘揚如來藏他空見的覺囊派才是眞正藏傳佛教＊**

**總經銷：聯合發行股份有限公司**

231 新北市新店區寶橋路 235 巷 6 弄 6 號 4F

Tel.02－2917-8022（代表號） Fax.02－2915-6275（代表號）

**零售：**1.**全台連鎖經銷書局：**

三民書局、誠品書局、何嘉仁書店

敦煌書店、紀伊國屋、金石堂書局、建宏書局

諾貝爾圖書城、墊腳石圖書文化廣場

2.**台北市：**佛化人生 **大安區**羅斯福路 3 段 325 號 6 樓之 4　台電大樓對面

3.**新北市：**春大地書店 **蘆洲區**中正路 117 號

4.**桃園市：**御書堂 **龍潭區**中正路 123 號

5.**新竹市：**大學書局 **東區**建功路 10 號

6.**台中市：**瑞成書局 **東區**雙十路 1 段 4 之 33 號

佛教詠春書局 **南屯區**永春東路 884 號

文春書店 **霧峰區**中正路 1087 號

7.**彰化市：**心泉佛教文化中心 南瑤路 286 號

8.**高雄市：**政大書城 **前鎮區**中華五路 789 號 2 樓（高雄夢時代店）

明儀書局 **三民區**明福街 2 號

青年書局 **苓雅區**青年一路 141 號

9.**台東市：**東普佛教文物流通處 博愛路 282 號

10.**其餘鄉鎮市經銷書局：**請電詢總經銷**聯合**公司。

11.**大陸地區請洽：**

**香港：**樂文書店

旺角店 :香港九龍旺角西洋菜街 62 號 3 樓

電話 : (852) 2390 3723　email: luckwinbooks@gmail.com

銅鑼灣店 :香港銅鑼灣駱克道 506 號 2 樓

電話 : (852) 2881 1150　email: luckwinbs@gmail.com

**廈門：**廈門外圖臺灣書店有限公司

地址：廈門市思明區湖濱南路809 號 廈門外圖書城3 樓 郵編：361004

電話：0592-5061658（臺灣地區請撥打 86-592-5061658）

E-mail：JKB118＠188.COM

12.**美國：世界日報圖書部：**紐約圖書部　電話 7187468889#6262

洛杉磯圖書部　電話 3232616972#202

13.**國內外地區網路購書：**

**正智出版社 書香園地**　http://books.enlighten.org.tw/

（書籍簡介、經銷書局可直接聯結下列網路書局購書）

**三民 網路書局**　http://www.sanmin.com.tw

**誠品 網路書局**　http://www.eslitebooks.com

**博客來 網路書局**　http://www.books.com.tw

**金石堂** 網路書局 http://www.kingstone.com.tw

**聯合** 網路書局 http:// www.nh.com.tw

**附註：**1.請儘量向各經銷書局購買：郵政劃撥需要八天才能寄到（本公司在您劃撥後第四天才能接到劃撥單，次日寄出後第二天您才能收到書籍，此六天中可能會遇到週休二日，是故共需八天才能收到書籍）若想要早日收到書籍者，請劃撥完畢後，將劃撥收據貼在紙上，旁邊寫上您的姓名、住址、郵區、電話、買書詳細內容，直接傳眞到本公司 02-28344822，並來電 02-28316727、28327495 確認是否已收到您的傳眞，即可提前收到書籍。 2.因台灣每月皆有五十餘種宗教類書籍上架，書局書架空間有限，故唯有新書方有機會上架，通常每次只能有一本新書上架；本公司出版新書，大多上架不久便已售出，若書局未再叫貨補充者，書架上即無新書陳列，則請直接向書局櫃台訂購。 3.若書局不便代購時，可於晚上共修時間向正覺同修會各共修處請購（共修時間及地點，詳閱**共修現況表**。每年例行年假期間請勿前往請書，年假期間請見共修現況表）。 4.郵購：郵政劃撥帳號 19068241。 5.正覺同修會會員購書都以八折計價（戶籍台北市者爲一般會員，外縣市爲護持會員）都可獲得優待，欲一次購買全部書籍者，可以考慮入會，節省書費。入會費一千元（第一年初加入時才需要繳），年費二千元。**6.尚未出版之書籍，請勿預先郵寄書款與本公司，謝謝您！** 7.若欲一次購齊本公司書籍，或同時取得正覺同修會贈閱之全部書籍者，請於正覺同修會共修時間，親到各共修處請購及索取；**台北市讀者**請洽：103 台北市承德路三段 267 號 10 樓（捷運淡水線 圓山站旁）請書時間：週一至週五爲 18.00~21.00，第一、三、五週週六爲 10.00~21.00，雙週之週六爲 10.00~18.00 請購處專線電話：25957295-分機 14（於請書時間方有人接聽）。

**敬告大陸讀者：**

大陸讀者購書、索書捷徑（尚未在大陸出版的書籍，以下二個途徑都可以購得，電子書另包括結緣書籍）：

**1.廈門外國圖書公司**：廈門市思明區湖濱南路 809 號 廈門外圖書城 3F
郵編：361004　電話：0592-5061658　網址：http://www.xibc.com.cn/

**2.電子書**：正智出版社有限公司及正覺同修會在台灣印行的各種局版書、結緣書，已有『**正覺電子書**』陸續上線中，提供讀者於手機、平板電腦上購書、下載、閱讀正智出版社、正覺同修會及正覺教育基金會所出版之電子書，詳細訊息敬請參閱『正覺電子書』專頁：http://books.enlighten.org.tw/ebook

關於平實導師的書訊，請上網查閱：

成佛之道　http://www.a202.idv.tw

正智出版社 書香園地　http://books.enlighten.org.tw/

**中國網**採訪佛教正覺同修會、正覺教育基金會訊息：

http://big5.china.com.cn/gate/big5/fangtan.china.com.cn/2014-06/19/content_32714638.htm

http://pinpai.china.com.cn/

★ 正智出版社有限公司售書之稅後盈餘，全部捐助財團法人正覺寺籌備處、佛教正覺同修會、正覺教育基金會，供作弘法及購建道場之用；懇請諸方大德支持，功德無量。

**★ 聲　明 ★**

本社於 2015/01/01 開始調整本目錄中部分書籍之售價，以因應各項成本的持續增加。

＊ 喇嘛教修外道雙身法、墮識陰境界，非佛教 ＊

＊ 弘揚如來藏他空見的覺囊派才是真正藏傳佛教 ＊

國家圖書館出版品預行編目(CIP)資料

法華經講義 / 平實導師述. -- 初版. -
- 臺北市 : 正智, 2015.05 面 ; 公分
ISBN 978-986-56553-0-3 (第一輯：平裝)
ISBN 978-986-56554-6-4 (第二輯：平裝)
ISBN 978-986-56555-6-3 (第三輯：平裝)
ISBN 978-986-56556-1-7 (第四輯：平裝)
ISBN 978-986-56556-9-3 (第五輯：平裝)
ISBN 978-986-56557-9-2 (第六輯：平裝)
ISBN 978-986-56558-2-2 (第七輯：平裝)
ISBN 978-986-56558-9-1 (第八輯：平裝)
ISBN 978-986-56559-8-3 (第九輯：平裝)
ISBN 978-986-93725-2-7 (第十輯：平裝)
ISBN 978-986-93725-4-1 (第十一輯：平裝)
ISBN 978-986-93725-6-5 (第十二輯：平裝)
ISBN 978-986-93725-7-2 (第十三輯：平裝)
ISBN 978-986-94970-3-9 (第十四輯：平裝)
ISBN 978-986-94970-7-7 (第十五輯：平裝)
ISBN 978-986-94970-9-1 (第十六輯：平裝)
ISBN 978-986-95830-1-5 (第十七輯：平裝)
ISBN 978-986-95830-4-6 (第十八輯：平裝)
ISBN 978-986-95830-9-1 (第十九輯：平裝)
ISBN 978-986-96548-1-4 (第二十輯：平裝)
ISBN 978-986-96548-5-2 (第二十一輯：平裝)
ISBN 978-986-97233-0-5 (第二十二輯：平裝)
ISBN 978-986-97233-2-9 (第二十三輯：平裝)
ISBN 978-986-97233-4-3 (第二十四輯：平裝)
ISBN 978-986-97233-6-7 (第二十五輯：平裝)
1. 法華部
221.5 104004638

# 法華經講義——第十五輯

著述者：平實導師
音文轉換：章乃鈞、高惠齡、劉惠莉、蔡正利、黃昇金
校　對：章乃鈞 陳介源 孫淑貞 傅素嫻 王美伶
出版者：正智出版社有限公司
電話：○二 28327495 28316727（白天）
傳眞：○二 28344822
111 台北郵政 73-151 號信箱
郵政劃撥帳號：一九○六八二四一
正覺講堂：總機○二 25957295（夜間）
總經銷：聯合發行股份有限公司
231 新北市新店區寶橋路 235 巷 6 弄 6 號 4 樓
電話：○二 29178022（代表號）
傳眞：○二 29156275
初版首刷：二○一七年九月三十日 二千冊
初版四刷：二○二○年六月二十四日 二千冊
定　價：三○○元